Dietmar Stutzer
Die Säkularisation 1803
Der Sturm auf Bayerns Kirchen und Klöster

Ein Band der Reihe
„Rosenheimer Raritäten"

rosenheimer
raritäten

Dietmar Stutzer

DIE SÄKULARISATION
1803 Der Sturm auf Bayerns Kirchen und Klöster

rosenheimer

Inhalt

Auszug aus dem Pensionsgesuch des „Tafeldeckers" von Benedikt-beuern.

Vorwort

Das hier vorgelegte Buch soll weder ein geschichtliches Lehrbuch noch eine historisierende Erzählung sein. Es hat sich vielmehr zur Aufgabe gemacht, gesichertes und weithin auch neues geschichtliches Wissen in ,,unwissenschaftlicher Form" darzubieten. Dies bedeutet vor allem den Verzicht auf den sonst unbedingt notwendigen und für jeden Historiker nützlichen wissenschaftlichen Apparat, worunter die Geschichtswissenschaft Quellen und Anmerkungen, Verweise auf Belegstellen und die Verwendung der international üblichen Zitierweise und der entsprechenden Nomenklatur versteht.

Dieser Verzicht auf wissenschaftlichen Apparat und auch auf wissenschaftliche Schreibweise soll es erleichtern, einem möglichst großen Leserkreis Zugang zu einem faszinierenden und bisher nur teilweise erforschten historischen Geschehen zu bieten, dessen Zeugen die mobile Gesellschaft von heute bei all ihren Wochenendausflügen begegnet. Diese Ausflüge gelten, bewußt oder unbewußt, zu einem großen Teil der Suche nach der Begegnung mit der Geschichte und nach ihrer Erfahrung. Gerade wegen dieses ausgeprägten Bedürfnisses nach der Erfahrung der Geschichte waren Verlag und Verfasser der Meinung, daß es vertreten werden kann, wenn hier ein bisher seltener Versuch gemacht wird, geschichtliches Wissen so aufzubereiten und darzubieten, daß auch der Nichtfachmann leichten Zugang zu diesem Wissensstoff findet. Diesem Ziel sollte insbesondere auch der Verzicht auf die in der wissenschaftlichen Geschichtsschreibung übliche Trennung von Tatbestandsschilderung und Erläuterung in Haupttext und Anmerkung dienen. Was in einem wissenschaftlichen Werk sonst in den Anmerkungen steht, sollte hier Bestandteil des berichtenden Haupttextes selbst sein.

Dieser Versuch des Verzichtes auf wissenschaftlichen Apparat und auf exaktes Zitieren sowie genaues Angeben der

Quellen soll nicht heißen, daß solche Quellen nicht benutzt worden sind. Was es an gedruckten Quellen für dieses Werk gibt, findet sich in dem Literaturverzeichnis im Anhang des Buches, bei dem die wissenschaftliche Form der Angabe von Literaturquellen gewahrt ist. Dieses Verzeichnis soll nicht nur dem Nachweis von Quellen dienen, sondern dem interessierten Leser, der den Stand der wissenschaftlichen Forschung zur Säkularisation feststellen will, eine Hilfe bei der Auffindung der einschlägigen Literatur sein.

Den Hauptteil der Quellen bildet der etwa 1 200 m umfassende Bestand an Klosterliteralien der Bayerischen Staatsarchive. Bis 1977 waren sie noch an vier Stellen aufbewahrt, im Hauptstaatsarchiv München und in den Staatsarchiven für Oberbayern, Niederbayern und Schwaben. Heute sind sie sämtlich in den neuen Räumen des Hauptstaatsarchivs in München zusammengefaßt. Der Bestand zeigt heute noch, wie sehr das Archivgut während der Säkularisation vermischt wurde. Vielfach existieren gar keine Inhaltsübersichten und Signaturen, zu einem anderen Teil stimmen die vorhandenen Inhaltsübersichten mit dem tatsächlichen Inhalt nicht überein. Deshalb, aber auch weil in Kürze die Bayerischen Staatsarchive die Klosterliteralien völlig neu geordnet und mit neuen Inhaltsverzeichnissen und Signaturen versehen haben werden, erschien es nicht sinnvoll, die große Zahl von etwa 3 000 Signaturen, die für diesen Stoff verwendet wurden, hier anzugeben. Die dabei entstehenden Zahlenkombinationen würden fast jedem Leser ein Buch mit sieben Siegeln bleiben.

Die wichtigsten Autoren, auf die sich die Darstellung stützt, wurden im Text genannt. Es sind dies Karl Otmar von Aretin, Karl Bosl, Friedrich Prinz und Eberhard Weis. Ihre Werke, zum Teil im Handbuch der bayerischen Geschichte, und ihre Forschungsergebnisse bildeten die wesentlichsten gedruckten Quellen.

Dem Verlag ist für das Wagnis, ein geschichtliches Werk in dieser Form herauszubringen, ganz besonders aber für die großzügige und attraktive Ausstattung zu danken. Ein besonderer Dank des Verfassers gebührt Ministerialrat Dr. Eberhard Dünninger vom Bayerischen Staatsministerium für Unterricht und Kultus, der dieses Buch angeregt hat.

Grafrath, im September 1978.

Der Vorsatz zur Tegernseer Besitzbeschreibung aus dem 13. Jahrhundert mit dem Titel „Reiß die gueter betreffend".

In der Morgendämmerung des bayerischen Staates

Innerhalb des europäischen Staatengefüges ist Bayern der älteste heute noch bestehende Staat. Das alte bayerische Fünfeck, das heute etwa mit dem Begriff „Altbayern" einschließlich der Oberpfalz beschrieben wird, bildet schon seit dem 6. Jahrhundert n. Chr. den räumlichen Kern ein und derselben staatlichen Einheit. Zugleich aber ist Bayern auch seit seiner Frühzeit innerhalb des europäischen Staatenverbandes immer der Staat des inneren Widerstreits der Kräfte gewesen.

Der Kampf der Landesgewalten

Durch 1400 Jahre Landesgeschichte zieht sich in zwar langsamer, aber stetig wachsender Ausprägung der innere Kampf der Landesgewalten miteinander und untereinander: Der Landesherr mußte versuchen, sich gegen seinen Adel zu behaupten, so wie der Adel gegen das jeweilige Fürstenhaus oder, wie in der Karolingerzeit, gegen das von einer übergeordneten Gewalt eingesetzte Beamtentum. Die Kirche hat gegen den Adel gekämpft und ist zugleich von ihm als Gegenkraft gegen die Landesgewalt geschützt und gefördert worden. Innerhalb der Kirche selbst haben jahrhundertelang die Bischöfe und die Orden mit ihren Klöstern untereinander um Selbständigkeit und Hoheit gerungen.

Jeder von ihnen hat versucht, den eigenen Macht- und Einflußraum gegen den anderen zu behaupten, aber auch auf dessen Kosten auszugestalten. Was der eine tat, wurde immer wieder vom anderen übernommen und oft verbessert weitergeführt. Das galt für die Einschmelzung der römischen Überlieferungen und Strukturen, die Bayern aus den römischen Provinzen Rätien und Noricum übernehmen konnte, ebenso

10

wie für die Einfügung eines größeren slawischen Siedlungs- und Volksteiles in Karantanien, dem heutigen Kärnten, und später für die Methode der Siedlungs- und Erschließungspolitik durch die Gründung von Klöstern mit eigenwirtschaftlichen Unternehmen und größeren Ortsherrschaftsgebieten. Diese Entwicklung konnte sich in Bayern bereits auf einer geschriebenen und weitgehend sicheren, rechtlichen Grundlage, dem Recht der Lex bawariorum, vollziehen, dem ersten Gesetzbuch der alten Bayern zur Zeit der Agilolfinger. Dieses Gesetzbuch hat vor allem auf wirtschaftlichem und sozialem Gebiet Normen gesetzt und mit diesen Normen wesentlich dazu beigetragen, daß trotz der Bestimmung, daß den Agilolfingern die erbliche Herrschaft im Land der Bayern gebührt, der örtliche und landsässige Adel und in seinem Gefolge die Kirche, und hier wieder besonders ihre Klöster, einen breiten selbständigen Herrschafts- und Wirkungsraum entwickeln konnten. Friedrich Prinz hat deshalb das frühe und hochmittelalterliche Bayern eine ,,Adelsherrschaft mit fürstlicher Spitze" genannt, in der sich beide Partner, der Adel wie die Fürstenfamilie, ihre Herrschaftsräume innerhalb des Staates wieder mit einem Dritten, nämlich der Kirche geteilt haben. Diese Teilung hat sich freiwillig vollzogen; sowohl der Adel, und dies vor allem im westlichen, also im heutigen Altbayern, wie auch das Fürstenhaus hatten die Kirche mit ihren Orden selbst ins Land geholt und mit Besitz und Rechten ausgestattet.

Aus der Sicht der Wirtschaftsgeschichte läßt sich sagen, daß dies die besondere Methode des alten Bayern war, seinen Lebens- und Herrschaftsraum, der einmal vom Nordgau an der böhmischen Grenze und in der Nähe von Nürnberg bis nach Verona und vom Lech bis in den Wiener Wald reichte, zu besiedeln, zu kultivieren und mit einer Wirtschafts- und Sozialstruktur auszustatten. Es wurden nicht, wie im karolingischen Westen entlang des Rheines und in den fränkischen Kerngebieten, die ehemaligen römischen Stadtsiedlungen übernommen und stark ausgebaut – das bekannteste Beispiel dafür ist Köln –, unter den Siedlungsbedingungen Bayerns zogen es vielmehr schon die Agilolfinger vor, auf Städtegründungen zu verzichten und eine möglichst gleichmäßige Besiedlung durch Klostergründungen zu erreichen; von ihnen hat es im frühen Mittelalter, also in den ersten Jahrhunderten des bayerischen Staates, in seinem damaligen Herrschaftsgebiet, das den größten Teil des heutigen Österreichs, Südtirol und die Mark Verona umfaßte, 158 gegeben. Sie waren netzartig über das Land verteilt und erfüllten die gleichen Funktionen wie die antiken Städte nördlich der Alpen, etwa Passau, Regensburg, Künzing oder Wien, die man sich als kleine Militärstädte mit einem breiten Gürtel von handwerklichen Siedlungen vorzustellen hat, in denen Aufgaben der Warenversorgung und des Marktumschlages erfüllt wurden. Die Klöster hatten noch weit umfangreichere Aufgaben: sie mußten Urbarmachung und Besiedlung ihres jeweiligen Einflußraumes organisieren und waren darüber hinaus für die Seelsorge, das Bildungs- und das Gesundheitswesen der dabei entstehenden Bevölkerungsstrukturen verantwortlich. In Bayern handelt es sich deshalb bei den Klostergründungen der Zeit von 590–760 allesamt um ländliche Gründungen, und fast jedes dieser Klöster war ein Rodungskloster mit der Aufgabe, die Waldrodung und die Anlage von landwirtschaftlich nutzbaren Fluren in den breiten Waldgürteln, die Bayern im Voralpenraum durchzogen, zu leiten. Die inselartigen Siedlungsstrukturen der bayerischen Frühzeit, die in manchen Landschaften, etwa in den östlichen Randzonen von München, mit ihren Dorfkernen, die weit älter sind als die Hauptstadt selbst, noch zu erkennen sind, haben hier ihre Wurzeln.

Bayern konnte die Orden nicht nur deshalb ansiedeln und für den Landesausbau in Anspruch nehmen, weil das bayerische Großreich der Agilolfinger durch seine Ausdehnung nach Süden und die Übernahme römischer Traditionen direkte Verbindung in den später italienischen Raum besaß, wo sich um das Zentrum Cassino und die Regel des heiligen Benedikt eine Fülle von Ordensgründungen vollzogen hatte. Hinzu kam, daß die Landesherren ebenso wie die großen Adelsfamilien nach einer religiösen Festigung ihrer Herrschaft, geradezu nach einer Rechtfertigung ihres Anspruches, Landesherren zu sein, durch die Religion suchten. Schon dies war ein wesentlicher Antrieb für die in Bayern so frühzeitig auftretende und später von den meisten anderen deutschen Territorialstaaten übernommene Intensität bei der Gründung von Ordensniederlassungen zur Organisation des Landesausbaues und der Siedlung. Ganz zwangsläufig wurde mit dieser Bewegung der Widerstreit der Kräfte, also das geschichtliche Prinzip, das der Entfaltung und Sicherung von Freiheiten für die Bevölkerung am günstigsten ist, auch in der frühmittelalterlichen Kirche verwirklicht; denn diese Kirche war selber in sich ihrerseits zweigeteilt, nämlich in die bischöfliche Amtskirche und die Orden, die nicht nur in der Verkündigung und in der Landespolitik zu wirken hatten, sondern hauptsächlich große Wirtschaftsunternehmen waren.

Jahrhundertelang haben die Bischöfe nach der totalen Herrschaft über die bayerischen Ordensklöster gestrebt und sie zeitweise zu einem großen Teil auch erreicht, so daß es im 9. und 10. Jahrhundert in den meisten Klöstern kaum noch Äbte gegeben hat. Erst die Ungarnstürme um 950 schufen hier eine völlig neue Lage, und diese erlaubte es den Orden, vor allem zur Erfüllung der von neuem entstandenen Aufgaben im Wiederaufbau der Siedlungs- und Versorgungsstruktur des Landes ihre alten Freiheitsräume zurückzugewinnen. Um sich gegen die Herrschaftsansprüche ihrer Bischöfe abzuschirmen, haben die bayerischen Orden immer wieder Rückhalt bei ihren adeligen Gründern sowie deren Nachfolgern und bei den jeweiligen Landesherren gesucht und gefunden, so oft auch die Landesherrschaft über Bayern mit dem

Abtreten der Agilolfinger bis zu den Wittelsbachern gewechselt hat. Umgekehrt mußte sich freilich die weltliche Gewalt ebenfalls gegenüber ihrem wichtigsten Instrument der Innenpolitik soweit zurückhalten, daß die Orden keinen Anlaß hatten, totalen Schutz bei den Bischöfen zu suchen. In dieser Zone des Widerstreits der Interessen und Gewalten konnte sich der Grundraster der Sozialstruktur Bayerns und seiner Siedlungsgestalt durch ein halbes Jahrtausend entfalten und seinen Bestand sichern.

Es hat kaum einen Augenblick der bayerischen Geschichte gegeben, in dem diese drei Gewalten, in sich selber nochmals mehrgeteilt und ab dem hohen Mittelalter durch die Städte und Märkte ergänzt, nicht in jenem Widerstreit miteinander gelegen, sich nicht gegenseitig behindert und nicht ihrer gegenseitigen Macht Grenzen gesetzt, sich andererseits aber nicht zugleich gegenseitig angetrieben und herausgefordert hätten. Dieser Kampf der Gewalten miteinander hat dem, was man in der späten Antike und im frühen Mittelalter, ausgerichtet an römischen Vorbildern, einfach „das Volk" genannt hat und das erst im hohen Mittelalter zu einer Art Genossenschaft von Bauern, Arbeitnehmern, Landhandwerkern und Stadtbürgern wurde, Raum gelassen, sich zu entwickeln, sich in Gruppen und Schichten zu differenzieren und vor allem auch sozial und wirtschaftlich aufzusteigen.

Die Geschichtsforscher Otmar von Aretin, Karl Bosl, Friedrich Prinz und Eckart Schremmer haben nachgewiesen, daß das besondere Kennzeichen der bayerischen Geschichtsentwicklung durch ein rundes Jahrtausend der im Grunde ununterbrochene soziale Aufstieg der Landesbewohner gewesen ist. Er ist im wesentlichen das Ergebnis der speziellen bayerischen Methode, den eigenen staatlichen Lebensraum zu gestalten und zu besiedeln, die in der Herbeirufung von Orden und in der Gründung eines landesweiten Netzes von Niederlassungen dieser Orden bestand.

Die Ordensniederlassungen
und das Villikationsprinzip

Diese Niederlassungen waren alle nach dem Villikations-
prinzip aufgebaut. Schon der Name läßt den römischen Ursprung erkennen: er leitet sich von dem römischen Wort „vil-
la" ab, das ursprünglich keineswegs ein luxuriöses Landhaus,
sondern eine ländliche Niederlassung eines sozial hochge-
stellten Land- und Herrschaftseigentümers bezeichnete, dem
ein bodenwirtschaftlicher Eigenbetrieb und handwerkliche
Zuliefer- und Versorgungseinrichtungen angegliedert waren.
Nach diesem Grundmuster sind die klösterlichen Siedlungen
Bayerns aufgebaut worden; so haben sie sich bis zu ihrem
Ende 1803 erhalten, so sind sie zu einem guten Teil nach der
Wiedererrichtung von Ordensniederlassungen ab 1835 von
neuem entstanden, und so bestehen sie auch bis heute weiter.
Im Zentrum einer solchen Niederlassung stand ein größerer
landwirtschaftlicher Eigenbetrieb, der im Ursprungsland der
Orden, im römischen Reich, vor allem durch intensiven
Pflanzenbau, durch Weinkulturen, überhaupt durch die Anlage von Intensivkulturen jeder Art genutzt wurde. In den
Urformen der christlichen Mönchsgemeinschaften in der Zeit
der Kirchenväter des 4. Jahrhunderts n. Chr. sind solche Verfahren der „vita rusticana", die uns heute wie intensive Gar-
ten- und Weinbaugenossenschaften anmuten, praktiziert
worden. Auch der heilige Benedikt von Nursia, der eigentliche Schöpfer der organisierten Mönchsgemeinschaften, hat
sich bei der Formulierung seiner Regel an diesen für den Na-
turraum des Mittelmeers typischen Bodennutzungs- und Ar-
beitsformen orientiert.

Mit ihrer Verpflanzung in den bayerischen Nordalpen-
raum mußten sich die Benediktiner – alle Urklostergründun-

gen Bayerns mit Ausnahme von Weltenburg gehen auf sie zurück – an völlig veränderte Naturräume anpassen. Die Klostergründungen erfolgten in Waldlandschaften, vielfach in der Stauregenzone des Voralpenraumes, es war notwendig, das bodenwirtschaftliche Zentrum jeder Niederlassung zunächst einmal dem Wald abzugewinnen. Deshalb ist dieses Herz jedes Rodungsklosters in Bayern von Anfang an eine Kombination zwischen Land- und Forstwirtschaft gewesen, wobei auch die Landwirtschaft von Anfang an auf zwei spezialisierte Bodennutzungsformen hin ausgerichtet wurde: einmal auf den großflächigen Getreidebau, zum anderen auf die intensive spezialisierte Viehwirtschaft, in der bis ins 19. Jahrhundert, also durch rund 1100 Jahre, die Rinderhaltung vorherrschte.

Für den landwirtschaftlichen Eigenbetrieb eines Klosters hat sich bald der Ausdruck ,,Meierhof'' entwickelt, mit dem ausgedrückt werden sollte, daß hier gleichsam der ,,Hausmeier'' des kleinen Klosterreiches bestimmte, also diese Betriebseinheit das Verwaltungs- und Wirtschaftszentrum bildete. Hier wurden Getreide für den Eigenbedarf und zur Erzeugung von Saatgut, für die Rodung und die klösterliche Kolonisation angebaut und daneben pflanzliche Rohstoffe, z.B. Flachs, für die Gewinnung von Gütern des täglichen Bedarfes, produziert. In den Außenbezirken, vor allem in den Höhenzonen des Gebirges, legten die Klöster die ,,swaiga'', die Viehhöfe an, auf denen sie spezialisierte Viehhaltung und Milch- und Käseproduktion betrieben. In dem altbayerischen Dialektausdruck ,,Schwaige'' und in dem Eigennamen ,,Schwaighofer'' hat sich diese Bezeichnung nicht nur sprachlich, sondern auch nach ihrem landwirtschaftlichen Sinn bis heute erhalten.

Um diesen bodenwirtschaftlichen Kern jeder Klosterniederlassung, jeder Villikation, lag ein Ring von Gewerken und Handwerken, die einmal den landwirtschaftlichen Betrieben zulieferten, zum anderen für die Versorgung der ,,familia'' zu sorgen hatten, also der sehr umfangreichen Gruppe von Dienstnehmern und Unfreien, die in den Wirtschaftsbetrieben tätig waren. Selbstverständlich gehörte auch die Versorgung der Bewohner der „Klosterstädte des Mittelalters", also der Konventsangehörigen zu den Aufgaben dieser Gewerke. In der Frühzeit und im Hochmittelalter waren Klöster, wie Tegernsee oder Niederaltaich, in der Tat kleine Städte mit mehreren hundert Konventsangehörigen und oft mehreren tausend Arbeitern und Handwerkern.

In diesem System erkennt man früher als in den meisten anderen deutschen Staaten bereits die Grundzüge der Arbeitnehmergesellschaft. Um das selbstbewirtschaftete Zentrum jedes Klosters wuchs ein sich ständig vergrößernder Ring von Rodungen und Kolonisationen. Man gewann dem Wald nicht nur neue Siedlungsräume und landwirtschaftliche Kulturflächen ab, vor allem hat man in diesen Außenzonen jeder Ordensniederlassung eigene Siedlungen gegründet, bei denen es sich wahrscheinlich zunächst um selbstbewirtschaftete Außenposten und kleinere Höfe der Klosterbetriebe selbst handelte. In einem langen geschichtlichen Prozeß entstanden daraus dann selbständige Bauernhöfe und Dorfgemeinschaften. Friedrich Prinz hat nachgewiesen, daß durch die Ordenssiedlung in der bayerischen Frühzeit und die Schaffung immer größerer Rodungsinseln in Bayern früher als in den übrigen Staaten, die später das Heilige Römische Reich Deutscher Nation gebildet haben, jener freiheitsschöpfende Prozeß der „Verdinglichung von Lasten" eingesetzt hat, der den Kern der Entstehung einer selbständigen bäuerlichen Sozialgruppe bildet.

Unter diesem wissenschaftlichen Begriff hat man sich einen historischen Prozeß von einer etwa 3–400 jährigen Dauer vorzustellen. Er bestand darin, daß die ursprüngliche Unfreiheit aller, die nicht dem Adel oder der Amtskirche angehörten und die im wesentlichen persönliche körperliche Arbeit einschließlich Kriegsdienst in den Eigenwirtschaften und

Truppen des Adels und des Landesherrn leisten mußten, abgelöst wurde durch die Verpflichtung zur Abgabe von Sachen aus der Eigenwirtschaft, also zur Erfüllung dinglicher Lasten. Dieser Prozeß ist etwa so verlaufen, daß vor allem die klösterlichen Grund- und Kolonisationsherren in ihren Rodungs- und Kultivierungsgebieten immer mehr Angehörige ihrer „familia", also besitzlose Arbeitnehmer und Unfreie auf eigenen Hofstellen und Heimstätten angesiedelt haben. Diese Ansiedlung konnte ihren Zweck nur erreichen, wenn den Siedlern ein ausreichendes Maß an wirtschaftlicher Selbständigkeit und Eigenverantwortung zugestanden wurde. Im Grunde erfolgte die klösterliche Außen- und Hofsiedlung nach einem Prinzip strenger Funktions- und Arbeitsteilung. Die Klosterherrschaft stellte den Boden und alle sächlichen Betriebsmittel, der „Colone" stellte die Arbeitskraft – er hatte also, um es modern auszudrücken, die Chance, ohne Kapital ein selbständiger Unternehmer zu werden.

Nimmt man das Beispiel des bayerischen Urklosters Benediktbeuern – es hieß zur Zeit seiner Gründung 739 nur „Beuron" und stand nach dem Wort des Historikers Karl Alexander von Müller „in der Morgendämmerung des bayerischen Staates" –, das seine Kolonisation mit großen Schritten in einer elliptischen Bewegung durch das ganze westliche Oberbayern bis in den Raum Landsberg und bis kurz vor Augsburg ausgedehnt hat, dann wird deutlich, daß etwa die Benediktbeurer Colonen von Ober- und Unterbrunn bei Starnberg, von Brandenberg bei Grafrath oder Scheuring bei Landsberg in einer Entfernung von 60–90 km von der Klostervillikation nicht auf Befehle des Klostermeiers für ihren Arbeitseinsatz und die Verwendung ihrer Arbeitskraft warten konnten. Sie mußten Dispositionsfreiheit in ihrer Arbeitswirtschaft auf ihren Siedlerstellen haben. Um sie ihnen zu gewähren, hat sich mit jeder Gründung einer neuen klösterlichen Siedlungsstelle ein Stück bäuerlicher Wirtschafts- und Lebensfreiheit mehr verwirklicht, der bayerische Bauer,

MAPPA B. BVRANA.

Vorstellend alle diejenige Gerichter vnd Orthschaf-
ten Baierns, in welchen das Löbl. Kloster
B=Bevrn einige Vnterthanen hat.

P. V. R.

*Eine kartographische Übersicht über den Benediktbeurer Besitz
des 16. Jahrhunderts. Damals umfaßte sein Gerichts- und Ver-
waltungsgebiet etwa zwei Landkreise von heute.*

19

so, wie ihn auch noch die Gegenwart kennt, ist als selbständige besondere Gruppe auf dieser Grundlage entstanden. Die Abgabe- und Erfüllungspflicht gegenüber der Herrschaft verlagerte sich dabei auf die Ablieferung von Produkten und Sachen, die Verdinglichung der Lasten rückte in den Vordergrund und ist in der Geschichte Bayerns vom Ende des 8. Jahrhunderts bis ins 11. Jahrhundert zu einer Grundlage geworden, auf der sich die Grundherrschaft ausbildete. Ein Rest der alten Kennzeichen des Unfreien hat sich bis 1803 erhalten, die Verpflichtung zum Scharwerk, also zur Arbeitsleistung mit Mann und Gespann auf dem Eigenbetrieb des Grundherrn, aber Bayern war der erste Staat des alten deutschen Reiches, in dem, beginnend im 17. Jahrhundert, schon 1723 die Möglichkeit der Ablösung dieser Scharwerke durch Geldabgaben bestand. Man kann daher sagen, daß dieser Prozeß der Verdinglichung der Lasten mit der Schöpfung immer weitergehender bäuerlicher Freiheiten in Bayern fast tausend Jahre hindurch angehalten hat.

Das besondere Kennzeichen dieser Art der Siedlungspolitik war aber nun, daß die Klöster anders als der Adel, der ursprünglich ebenfalls nach dem gleichen Muster mit der Villikationsverfassung gewirtschaftet hat, ihre Villikationen, also ihre großen Eigenbetriebe beibehalten haben. Im hohen Mittelalter kann man sogar eine deutliche Verstärkung dieser Verfassung, und zwar durch den Ausbau der gewerblichen und handwerklichen Betriebsteile erkennen. Diese Verstärkung ging von den Mühlen und den Brauereien aus und erfaßte nach und nach auch die übrigen Gewerbeunternehmen der Klöster, dazu mit der dann einsetzenden Intensivierung der Landwirtschaft ab dem 13. Jahrhundert aber auch wieder die Meierhöfe und Schwaigen. Bei den großen Klöstern und Stiften Bayerns und Österreichs hat sich deshalb immer eine Arbeitnehmergesellschaft halten können, die mit der zweiten großen Klostergründungswelle des 11. und 12. Jahrhunderts – sie stützte sich auf die Ausbreitung der Orden der Augustiner, der Prämonstratenser und der Zisterzienser – sogar noch eine wesentliche Festigung erfuhr. Karl Bosl und Friedrich Prinz haben deutlich gemacht, daß diese Frühform der Arbeitnehmergesellschaft von einer hohen sozialen Mobilität und Energie gekennzeichnet war. Aus der hochmittelalterlichen Form der ,,familia'' der großen Klostervillikationen sind die ersten gewerblichen und städtischen Unternehmer Süddeutschlands, die später freien städtischen zünftischen Handwerker und vor allem die großen Handelsunternehmer des hohen Mittelalters im Donau- und Alpenraum hervorgegangen. Daneben ist es einer großen Zahl von früheren Dienstnehmern der großen Villikationen der Bischöfssitze, der Klöster und einiger Adeliger gelungen, über die sogenannte Ministerialität, also die Beamtenlaufbahn der Landesherren, bis in den sich langsam bildenden Dienstadel und schließlich in den Hochadel aufzusteigen.

Diese Entwicklung läßt es nicht mehr als übertrieben erscheinen, zu sagen, daß die Vielfalt der inneren Gewalten des alten Bayern und vor allem die auf das Land konzentrierte Siedlung und der Aufbau einer gleichmäßigen Wirtschafts- und Sozialstruktur sehr frühzeitig auch zu einer Schichtengleichheit und zu einer, wenn auch begrenzten, aber doch für jeden erkennbaren Chance der sozialen Entwicklung geführt hat.

Die Aufspaltung der Orden

Ein besonderes Kennzeichen der inneren Entwicklung Bayerns ist daneben aber auch noch die Aufspaltung der Orden untereinander. Die großen Ordensreformen des hohen Mittelalters, die von der französischen Abtei Cluny und von der Abtei Gorze im östlichen Lothringen ausgegangen sind und besonders über das Schwarzwaldkloster Hirsau auch Eingang in den deutschen Raum gefunden haben, waren einmal der Anlaß für die Gründung einer Fülle neuer Orden, von denen die Zisterzienser und die Prämonstratenser sowie die Augustinerchorherren die bekanntesten geworden sind; zum anderen führten sie zu einer Intensivierung der wirtschaftlichen, wissenschaftlichen und sozialen Tätigkeit bei den bereits vorhandenen Orden, im wesentlichen also bei den Benediktinern. Bayern hat die Chancen, die in dieser großen Bewegung, und ganz besonders in der Konkurrenz der Orden untereinander für die Landes- und Staatsentwicklung gelegen haben, intensiv genutzt. Ausgehend von der Gründung des Passauer Bischofs Altmann, der 1072 mit St. Nikola vor Passau das erste Augustinerchorherrenstift nördlich der Alpen geschaffen und anschließend dafür gesorgt hat, daß sich dieser Orden im österreichischen Donauraum durch Neugründungen oder durch Ordenswechsel bei schon vorhandenen Klosterstiftungen ausbreiten konnte, wurden im 11. und 12. Jahrhundert in Bayern 17 Augustinerchorherrenklöster gegründet, von denen die meisten im Alpenvorland lagen. Viele von ihnen gehen auf die Welfen oder den mittleren Landadel zurück. Das berühmteste von den Welfen gestiftete Augustinerchorherrenkloster ist Rottenbuch über der Ammer, das weitreichenden Einfluß auf die geistige Entwicklung der Orden im hohen Mittelalter nehmen konnte.

Hauptzweck dieser Gründungen war aber vor allem das Ausfüllen von Lücken im Landesausbau und in der ländlichen Infrastruktur. Dazu eignete sich der Orden der Augustinerchorherren besonders gut, weil ihn seine Satzung, die sich direkt an die Programme des Kirchenvaters, des heiligen Augustinus, anlehnt, weniger zu wirtschaftlicher als zu seelsorgerischer und wissenschaftlicher Tätigkeit bestimmt. Beim Aufbau eines schon im Mittelalter dichten Netzes von Pfarreien und Landschulen und beim später folgenden Ausbau der weiterführenden Schulen, der sogenannten Seminarien, für die Landbevölkerung geht es im wesentlichen um augustinische Leistungen. Zu ihnen war dieser Orden deshalb besonders befähigt, weil seine Existenz einen Kompromiß zwischen der des Mönchs und der des Klerikers darstellt und die Kanonikerregel dem einzelnen Chorherren zwar wissenschaftliche und pädagogische Tätigkeit aufträgt, ihm bei der Wahl der Wissensgebiete, denen er sich zuwendet, aber ebensoviel Freiheit läßt wie die benediktinische Regel dem Benediktinermönch bei der Auswahl der Arbeitsgebiete, auf denen er tätig sein will.

Friedrich Prinz hat Bayern und die bayerische Ostmark, also das heutige Ober- und Niederösterreich, zur Zeit der staatlichen Gemeinschaft die eigentliche Heimat der Augustinerchorherren genannt. Wie treffend diese Kennzeichnung ist, das wird besonders an dem Kompromiß deutlich, den die in erster Linie seelsorgerisch und wissenschaftlich orientierten Regularkanoniker unter den Bedingungen des alten Bayern mit den schon vorhandenen Existenzformen der Benediktiner eingehen mußten. Obwohl ihnen wirtschaftliche und unternehmerische Tätigkeit im Grunde eher fremd ist, haben die Augustinerchorherren nach dem Willen der Stifter ihrer Klöster in Bayern und Österreich ähnlich große vielseitige Wirtschaftsunternehmen aufgebaut und geführt wie die Benediktiner. Für die Bevölkerung ergab sich dadurch nicht nur ein zusätzliches Angebot an Arbeitsplätzen, es entstanden auch Wahlmöglichkeiten beim Arbeitsplatzwechsel, und vor allem wurde dadurch das große Kennzeichen der bayerischen Wirtschafts- und Sozialgeschichte stark ausgeprägt, nämlich die hohe Handwerker- und Gewerbedichte auf dem Land.

Ähnlich wirkten die fast gleichzeitig oder nur um wenige Jahrzehnte später erfolgten Gründungen von Prämonstratenserklöstern und vor allem von Niederlassungen der Zisterzienser in Bayern. Die Prämonstratenser führen sich auf die gleichen geistigen und geschichtlichen Wurzeln zurück wie die Augustinerchorherren und haben sich auch jahrhundertelang selbst als „Chorherren des Heiligen Augustinus nach den Regeln von Premontré" bezeichnet. Die Namensgebung erklärt sich aus der eigenständigen Ordensgründung des

Xantner Chorherren und späteren Bischofs von Magdeburg, des heiligen Norbert, der mit einigen Gleichgesinnten in einem abgelegenen Tal von Premontré bei Laon in Nordfrankreich 1097 die erste Prämonstratenserniederlassung gegründet hat.

Für das europäische Sozial- und Wirtschaftsleben, vor allem aber auch für das Kulturleben haben die Prämonstratenser aus zwei Gründen eine ganz besondere Bedeutung erlangt. Einmal sind sie die Schöpfer eines ganz bestimmten und bis dahin unbekannten Organisationssystems, nämlich der sogenannten Zirkarie, ein Ausdruck, mit dem die lockere Zusammenfassung und gemeinschaftliche Führung von prämonstratensischen Niederlassungen eines bestimmten geographischen oder politischen Raumes bezeichnet wurde. So gab es auf dem Höhepunkt der Ausbreitung des Prämonstratenserordens in Europa im 13. und 14. Jahrhundert, als etwa 1000 Niederlassungen dieser Gemeinschaft bestanden, zum Beispiel eine spanische, eine französische, eine burgundische und eine deutsche Zirkarie der Prämonstratenser. Der Gedanke, große Organisationsverbände und weiträumige Entscheidungsstrukturen zu bilden, der von diesem Orden praktiziert wurde, hat in Europa die Entstehung von Verwaltungs-, Organisations- und Verbandsstrukturen erheblich beeinflußt. Zum anderen haben die Prämonstratenser, was sich direkt auf ihren Gründer Norbert von Xanten zurückführen läßt, den augustinischen Auftrag der pastoralen und wissenschaftlichen Wirksamkeit erweitert und mit einem neuen Schwerpunkt versehen, nämlich dem Wirken in der Liturgie. Dies hat die Prämonstratenser dazu befähigt, später die höchsten Formen des künstlerischen und liturgischen Ausdrucks zu entwickeln und zu verwirklichen, eine Fähigkeit, die für Bayern überragende Bedeutung erlangt hat, von der noch zu sprechen sein wird.

Zur gleichen Zeit und in nicht wenigen Fällen auch in deutlicher Konkurrenz zu den Orden der Augustiner- und der

24

Prämonstratenserchorherren hat sich in ganz Europa der Zisterzienserorden ausgebreitet, und zwar so rasch und so stark, daß in der Geschichte das 12. und der Beginn des 13. Jahrhunderts das „Jahrhundert der Zisterzienser" genannt werden. Diese Gründung vollzog sich in einem recht langen und vor allem schmerzhaften geistigen Auseinandersetzungsprozeß zuerst in Südfrankreich unter Beteiligung französischer und englischer Benediktiner und schließlich in Burgund, wo der Orden nach dem burgundischen Ort Citeaux seinen Namen bekommen hat, und war ein Akt der benediktinischen Orthodoxie. Die Gründer des Zisterzienserordens haben vor allem die Gebote der Handarbeit und der wirtschaftlichen Eigentätigkeit in der Benediktinerregel sehr ernst genommen. Ihnen ging es darum, eine Form des Ordenslebens zu schaffen, die schon von der Organisation und der Zielsetzung her der Erfüllung dieser beiden Gebote besonders günstige Voraussetzungen bot. Deshalb wurden von den Zisterziensern ursprünglich Grund- und Gerichtsherrschaftsrechte eines Klosters und das Fordern und Nehmen von Abgaben bäuerlicher oder handwerklicher Untertanen abgelehnt. Die Zisterzienserregel bestimmte im hohen Mittelalter, daß der gesamte Orden wie das einzelne Kloster bis hin zu dem einzelnen Mönch von ihrer eigenen Arbeit zu leben hätten. Dabei stand die landwirtschaftliche Betätigung auf größeren landwirtschaftlichen Betriebseinheiten im Vordergrund.

Ein Orden mit solchen Bestimmungen paßte den Landesherren aller damaligen europäischen Staaten bis nach Ostpolen außerordentlich gut in ihre innenpolitischen Konzepte. Sie brauchten organisatorisch durchgebildete Gemeinschaften, denen sie Aufgaben der Rodung und vor allem der landwirtschaftlichen Entwicklung übertragen konnten. Die Zisterzienser sind mit der Übernahme dieser Aufgaben zu einem großen Teil die Träger des landwirtschaftlichen Fortschritts des hohen Mittelalters vom späten 11. Jahrhundert bis zum Ende des 13. Jahrhunderts geworden. Dieser Fortschritt hat sich ganz besonders auf produktionstechnischem Gebiet vollzogen. Die alte Dreifelderwirtschaft mit einer Einteilung der Fluren in ein Sommerfeld, ein Winterfeld und ein Brachefeld, in den klösterlichen Meierhöfen und den Königshöfen der Karolingerzeit bereits praktiziert, wurde zum beherrschenden landwirtschaftlichen Bodennutzungssystem, das bis etwa 1815 bestehen blieb. Das Pferd, bis dahin fast nur als Transportmittel und als herrschaftliches und militärisches Reittier verwendet, fand nun auch in die Landwirtschaft als Zugtier Eingang – womit ebenfalls die Voraussetzungen für eine Ausbreitung des Karrenpfluges mit Sterz, Pflugschar und Streichbrett gegeben waren; das Wenden des Bodens aber stellte produktionstechnisch einen wesentlichen Fortschritt gegenüber der bis dahin üblichen Methode dar, die Bodenoberfläche mit einem Pflughaken zu ritzen. In den Gebieten mit intensiverem Getreidebau, wie in Brabant, am Niederrhein oder bei Soest in Westfalen und in der hessischen Wetterau, läßt sich um diese Zeit auch schon auf den großen landwirtschaftlichen Betrieben der Zisterzienser, den Grangien, die Ablösung der Sichel durch die Sense als Übergang zu einem neuen Arbeitsverfahren der Getreideernte erkennen.

Mittelpunkt und Träger dieses landwirtschaftlichen Fortschritts waren die ,,grauen Mönche" – den Zisterziensern schreibt ihre Regel eine unauffällige graue Mönchskutte als besonderes Armutszeichen vor – nicht nur deshalb, weil ihre Regel bestimmt, daß ein Kloster im wesentlichen von den Erträgen selbstbewirtschafteter größerer landwirtschaftlicher Betriebe zu leben und daß jeder Mönch bis zum Abt, mag er nun examinierter Theologe sein oder nicht, selbst in der Landwirtschaft zu arbeiten hat. Vor allem eigneten sich die Zisterzienser deshalb als Kolonisatoren, weil sie ein Organisationssystem erfanden, das für die gesamte europäische Wirtschaft bis auf den heutigen Tag, und zwar am meisten in ihren industriellen Formen, überragende Bedeutung gewonnen hat, nämlich das Filiationssystem, wörtlich übersetzt das System von „Tochtergesellschaften" (filia).

Was damit gemeint ist, läßt sich am besten an dem Beispiel der bayerischen Zisterzienserklöster deutlich machen. Dieser Orden war im alten Bayern zwar immer nur mit höchstens sieben Niederlassungen vertreten, von denen zwei Frauenklöster waren, aber die meisten dieser sieben Niederlassungen gewannen wegen ihrer Größe und ihrer Wirkung für die Entwicklung der bayerischen Landwirtschaft besondere Bedeutung. Zwar ist Raitenhaslach bei Burghausen die älteste bayerische Zisterze, die bedeutendste ist aber immer Aldersbach in Niederbayern gewesen. Von dort aus wurden die Zisterzienserklöster Gotteszell, Fürstenzell, Fürstenfeld und das Frauenkloster Seligenthal bei Landshut nicht nur eingerichtet, sondern auch wirtschaftlich geführt. Eine zisterziensische Filiation bestand in einem organisatorischen und wirtschaftlichen Verbund mehrerer einzelner Ordensniederlassungen, die von einer Zentralabtei aus wirtschaftlich geführt und entwickelt wurden.

Das bayerische Aldersbach bildete für seine Filiation gewissermaßen die Konzernspitze. Von dort aus wurden alle Entscheidungen und Planungen von grundsätzlicher Bedeutung vorbereitet und durchgeführt, es bestand auch zugleich ein innerer Austausch und Ausgleich an wirtschaftlichen und technischen Hilfsmitteln jeder Art, so daß eine solche Filiation letztlich eine größere mittelalterliche Unternehmenseinheit mit mehreren Betriebsstätten darstellte. Zwar hat sich dieses System im Laufe der Jahrhunderte stark gelockert – auch Aldersbach konnte zum Beispiel nicht verhindern, daß seine Filiation Gotteszell immer mehr verarmte –, aber das ändert nichts daran, daß in diesem von den Zisterziensern geschaffenen Organisationssystem das Grundmuster zu erkennen ist, nach dem sich Jahrhunderte später vor allem industrielle Unternehmenszusammenhänge und Konzerne, aber auch Berufsverbände und Banken organisiert haben.

Solche Zeichnungen machen den hohen Stand der Kunst der Vergangenheit verständlich. Auch einfache Darstellungen für Verwaltungszwecke wurden wie Kunstwerke bearbeitet, ein bayerischer Handwerksmeister

Perspectivische Zeichnung des Klosters Gotteszell

Weg nach Rusmansstaden

von damals beherrschte die Zeichenkunst als Selbstverständlichkeit. So konnte der Maurermeister von Gotteszell sein Kloster mit dem Kalvarienberg für eine ortstopographische Darstellung wie ein Kunstwerk wiedergeben.

Dieses Ideengut, das aus so vielen verschiedenen Quellen stammt, war mit unterschiedlicher Stärke seit dem 11. Jahrhundert in Bayern wirksam. Ähnlich wie im gesamtstaatlichen Raum hat sich auch in den Zonen des wirtschaftlichen und sozialen Lebens, die von den Orden beeinflußt wurden, die Vielfalt der inneren Gewalten wiederholt und zu fruchtbaren Situationen des Widerstreits und der Konkurrenzen geführt. Dabei kann man davon sprechen, daß die Augustiner und die Prämonstratenser in der Entwicklung des Bildungs-, Schul- und Sozialwesens, vor allem ersichtlich aus der von ihnen gefundenen und durchgeführten Pfarrorganisation, ihre tiefsten Spuren hinterlassen haben, während die Benediktiner und die Zisterzienser für die Formung des bayerischen Wirtschaftslebens, den Landesausbau und ganz besonders für die Ausbildung eines wirtschaftlich und sozial selbständigen Bauernstandes, ergänzt durch ländliche Handwerkerexistenzen, besondere Bedeutung erlangt haben. Den Zisterziensern kann man es durch ihre Intensivierung der Landwirtschaft im hohen Mittelalter auch zuschreiben, daß ganz Europa in diesem geschichtlichen Zeitraum eine so intensive und weiträumige Entwicklung von Städten erreichen konnte, die nicht nur auf einzelne besonders begünstigte Standorte, wie sie sich etwa am Rhein fanden, beschränkt blieb.

Die von den Zisterziensern ausgehende und von dem im Entstehen begriffenen Bauernstand getragene Intensivierung der Landwirtschaft führte zur Bildung landwirtschaftlicher Marktüberschüsse, die nach Absatz verlangten. Die Einrichtung von Märkten wurde damit dringlich, für die Gebiets- und Landesherrschaften aber auch einträglich. Das zeigt sich besonders deutlich an der Entwicklung des städtearmen Bayerns, das während der längsten Zeit seiner Geschichte im Grunde nur die beiden Städte München und Landshut, im übrigen aber als beherrschende Stadtform die Marktstadt auf dem Land gekannt hat. Städtische Freiheiten, vor allem die Gewerbefreiheiten, aus denen sich durch die Vertretung der

Handwerkerorganisationen in den Räten der Städte dann auch Bürgerfreiheiten entwickeln konnten, sind in Bayern im wesentlichen aus Marktfreiheiten, also aus der Marktfunktion zentraler Orte für die Landwirtschaft entstanden.

Bisher wenig beachtet, aber deswegen nicht etwa unwichtig ist schließlich noch die Bildung und Formung der ersten Arbeitnehmergesellschaften im Einflußraum der Benediktiner- und Zisterzienserklöster. Karl Bosl und Friedrich Prinz haben mehrfach darauf aufmerksam gemacht, daß sich die „familia" der früh- und hochmittelalterlichen Klöster, also die Dienstboten-, Handwerker- und Arbeitnehmergruppe, die sich um die Villikation einer Ordensniederlassung gebildet hat, nach Struktur, Beweglichkeit, Fähigkeit zum sozialen Aufstieg und nach ihrem Lohnsystem in den Grundzügen bereits mit Arbeitnehmergruppen viel späterer Geschichtsperioden vergleichen läßt. Die sozialgeschichtliche Einzelforschung über die Klosterunternehmen kann das nur bestätigen. In der Tat haben namentlich die Benediktiner und die Zisterzienser mit ihren großen gemischten Eigenunternehmen bereits um das Jahr 1000 Arbeitnehmergruppen gebildet, die große Ähnlichkeit mit denen industrieller Gesellschaften zeigen.

Grundlagen dieser Bildungen waren nicht nur die vielfältigen und stark verzweigten Eigenunternehmen, sondern auch das Lohnsystem mit seinem hohen Grad an sozialer Sicherheit, das den Arbeitnehmern eine Versorgung garantierte, die in vieler Hinsicht den heutigen Systemen zum Vorbild gedient haben könnte. Der Ursprung dieses Systems ist wahrscheinlich die Benediktinerregel mit ihrem Gebot, daß der Abt allen, die ihm anvertraut sind, geben muß, was sie brauchen, solange sie es brauchen. Bayern ist nun der europäische Staat, in dem sich das Grundmuster der Villikationsverfassung in etwa 60 Ordensbesitzungen bis 1803, also fast bis an die geschichtliche Schwelle der Gegenwart, erhalten hat. Deswegen kann man auch annehmen, daß die Grundzüge dieses Arbeitnehmersicherungssystems von Bayern im Geschichtsprozeß bestehen blieben, bis sie in die Industriegesellschaft übernommen werden konnten. Die Geschichtsforschung hat auf diesem Gebiet noch ein weites Arbeitsfeld vor sich, da man die geschichtlichen Nachrichten darüber erst zu entdecken beginnt.

Die Entwicklung der Hofmarksverfassung

In Bayern ist im „Herbst des Mittelalters", wie der niederländische Historiker Huizinga das 15. und die erste Hälfte des 16. Jahrhunderts genannt hat, eine Entwicklung eingetreten, für die es in den übrigen deutschen Staaten kein Gegenstück gibt, die aber für die innere Struktur Bayerns bis heute überragende Bedeutung erkennen läßt. Es ist die Entwicklung der Hofmarksverfassung. Wenn man es mit modernen Worten ausdrücken will, dann ist die Hofmark eine eigenartige Mischung zwischen einer politischen Gemeinde und einem Gerichtsbezirk. Sie darf nicht mit einer Grundherrschaft verwechselt werden. Die Grundherrschaft war ein eigentumsrechtliches und wirtschaftliches Gebilde, letztlich eine Risikogemeinschaft auf diesen beiden Gebieten, in der sich Grundherr und Bauer in das Eigentum an dem bäuerlichen Anwesen, aber auch in dessen Risiken geteilt haben. Die Grundherrschaft in Bayern bedeutete das Ober- und Miteigentum der kirchlichen und adeligen Grundherren an den bäuerlichen Betrieben ihres Gebietes, aber auch ihre Pflicht zur Not- und Kapitalhilfe und vor allem zur Mitfinanzierung von Investitionen. Dafür hatten sie ein Mitspracherecht bei der Besetzung und Vererbung der Bauernhöfe – das in Bayern allerdings seit dem 15. Jahrhundert fast nur noch auf dem Papier bestand – und das Recht auf Abgaben aus den Erträgen der Betriebe. Eine Grundherrschaft konnte ein zusammenhängendes Gebiet sein, war es aber meistens nicht, zur Benediktbeurer Grundherrschaft gehörten zum Beispiel weit entfernte und vom Kloster und seinem Gebiet durch andere Grundherrschaften getrennte einzelne Höfe, Weiler und Dörfer in ganz Oberbayern, im Herzogtum Schwaben und in Nordtirol.

Bei einer Hofmark dagegen ging es um mehr als um ein wirtschaftliches und eigentumsrechtliches Einfluß- und Interessengebiet. Sie war grundsätzlich ein zusammenhängender Raum von Siedlungen, über deren Bewohner der Hofmarksherr die niedere Gerichtsbarkeit und die örtliche Verwaltungshoheit ausübte. Zur Niedergerichtsbarkeit gehörte vor allem das untere Strafrecht, das einfache Zivilrecht – den bayerischen Hofmarksuntertanen stand aber seit dem 16. Jahrhundert immer der Weg zu staatlichen Appellations- und Obergerichten als Revisionsinstanzen offen –, das Urkunds- und Verkehrsrecht und das örtliche Ordnungs- und Polizeirecht. Für diese Leistungen mußten die Untertanen Abgaben entrichten, die damals Jurisdiktionsgefälle genannt wurden. Der Weg zu diesem Rechtssystem führt durch eine weite Strecke bayerischer Geschichte. Seine Ausbildung beginnt im späten 12. und im 13. Jahrhundert, vor allem im Gebiet der Grund- und Gerichtsherrschaften der Klöster, und breitete sich dann in den Einflußbereich des Adels aus. Es gibt eine Fülle von Dekreten und Papieren der Wittelsbachischen Landesherrschaft zu den sogenannten Landesfreiheiten. Mit diesem Wort wurden die niedergerichtlichen Herrschaftsrechte der drei Stände Bayerns, der Prälaten, d.h. der geistlichen Grund- und Gerichtsherrn, des Adels und der Städte sowie der gefreiten Märkte bezeichnet. Auch städtische kommunale Körperschaften konnten Hofmarksherren sein, so daß besonders den Handwerksmeistern der Zünfte, die in den Räten saßen, der Weg in die Ausübung dieses privilegierten Systems offenstand, das vor allem für die Prälaten und den Adel gedacht war.

Im Zuge der ewigen Finanzschwierigkeiten der bayeri-

schen Landesherren und der Entwicklung einer Steuerverwaltung – Pankraz Fried hat aufgezeigt, daß erst im 14. Jahrhundert die innere Verwaltung Bayerns so weit ausgebaut
war, daß regelmäßig staatliche Steuern eingehoben werden
konnten, was vorher nicht durchführbar gewesen ist – erfuhr
das System der Landesfreiheiten und der Hofmarksverfassung in der ersten Hälfte des 16. Jahrhunderts einen raschen
Ausbau. Die bayerischen Herzöge waren zwar Landesherren, aber damit noch längst nicht absolute Herrscher. Wenn
sie Geld brauchten, und es hat nie einen bayerischen Landesherrn gegeben, der nicht ständig in Geldverlegenheiten gewesen wäre, dann mußten sie sich dieses Geld von den Ständen
bewilligen lassen, die den Staatskörper und damit die Bevölkerung gegen den Landesherrn vertraten. In Bayern hat diese
ständische Verfassung immer inneres Leben und Gewicht besessen. Bis 1807 konnte es nicht vorkommen, daß sich die
Stände einfach nach Hause schicken ließen wie in Preußen
oder daß man sie mit Militär auseinandergetrieben hat, wie
das mehr als einmal in Österreich passiert ist. Auch über 150
Jahre lang überhaupt nicht einberufen und gehört zu werden,
so in Frankreich vor der Revolution von 1789 geschehen, hätten sich die Stände Bayerns niemals gefallen lassen. In gewis-
ser Weise ist der weißblaue Staat durch diesen ewigen Kampf
zwischen den Landesherren und den Ständen und den Ständen untereinander seit dem 15. Jahrhundert schon so etwas
wie ein parlamentarischer Staat, natürlich in einer anderen
Form als heute, gewesen. Karl Bosl hat das in seiner Geschichte der Repräsentation und des Parlamentarismus in
Bayern sehr deutlich dargestellt.

Die Stände haben sich ihre Zustimmung zu Steuerforde-
rungen der Landesherren bezahlen lassen, und zwar in erster
Linie durch Zugeständnisse bei den Landesfreiheiten, also bei
ihren Rechten als Ortsherrschaften und Niedergerichtsher-
ren. Dieser Tauschhandel findet in der bayerischen Geschichte im 60. Brief zur Landesfreiheit vom 20. Dezember

1557 durch Herzog Albrecht V. seinen Höhepunkt. In diesem 60. Brief – 59 waren ihm also schon vorausgegangen – bestätigt Herzog Albrecht noch einmal ausführlich die Hofmarksrechte, beschreibt ihren Inhalt und grenzt sie gegen die Ober- und Kriminalgerichtsbarkeit des Staates, besonders gegen den „Malefiz" ab, also das staatliche Gerichts- und Strafmonopol gegenüber sogenannten todeswürdigen Verbrechen. Die wichtigste Bestimmung des 60. Briefes ist aber wohl die, daß jeder Hofmarksherr seine erweiterten niedergerichtlichen Befugnisse auch bezahlen muß, nämlich durch die Einrichtung einer Verwaltung, die wir heute bürgernah nennen würden. Der 60. Brief bestimmte, daß jede Hofmarksherrschaft einen Richter beschäftigen mußte, sofern nicht die bereits vorhandene Verwaltungs- und Gerichtsstruktur sicherstellte, daß kein Untertan weiter als drei Wegstunden von der nächsten „Anlaufstelle" für die örtliche Gebiets- und Gerichtsverwaltung entfernt war. Diese Bestimmung bedeutete hauptsächlich ein Zugeständnis an die „einschichtigen Untertanen", also an diejenigen Bewohner Bayerns, die mit ihren Anwesen nicht in dörflichen oder dorfähnlichen Siedlungsverbänden, sondern in der „Einschicht", also auf Einödhöfen und Kleinweilern gesiedelt hatten. Bis 1557 unterstanden sie ausschließlich der staatlichen Gerichtsbarkeit, von nun an wurden sie weitgehend ebenfalls zu Angehörigen der Niedergerichtsbezirke der Stände, aber als Gegenleistung dafür hatten die Hofmarksherrschaften ihre Leistungsstrukturen wesentlich zu erweitern und auszubauen und dafür entsprechend mehr Geld auszugeben. Der Zwang, grundsätzlich für jede Hofmark einen Richter zu beschäftigen, der ein examinierter Jurist von der alten bayerischen rechts- und wirtschaftswissenschaftlichen Universität Ingolstadt sein mußte, war eine hohe finanzielle Belastung. Die Richter der Klostergerichtsbezirke zum Beispiel, die den größten Aufgabenbereich besaßen, verdienten das Achtzehn- bis Dreißigfache des Einkommens der Handwerker und

Dienstboten auf den Wirtschaftsbetrieben der Klöster. Für den Adel sah die Rechnung meistens noch viel ungünstiger aus, weil er in der Regel weit kleinere, bevölkerungsschwächere Hofmarken innehatte als die Prälaten, so daß sich die Kosten noch wesentlich schwerer aufbringen ließen.

Das bayerische Landhandwerk

Diese staatliche Zwangsbestimmung, verbunden mit einer Festigung der Rechte der Hofmarksherren, eine eigene Handwerker- und Siedlungspolitik in ihren Gebieten zu treiben, die von Kurfürst Maximilian I. 1635 noch einmal bestätigt wurde, hat für die Siedlungs- und Wirtschaftsstruktur Bayerns überragende Bedeutung gewonnen. Sie wurde nämlich zum Motor der bayerischen Binnenkolonisation und der Territorialisierung des Gewerbes, wie Eckart Schremmer einen im alten Deutschen Reich einmaligen Vorgang beschrieben hat. Bayern wurde dadurch zu dem Reichsterritorium, in dem es die höchste Handwerkerdichte aller deutschen Staaten und ein Landhandwerk von breitester Verteilung gab. Besonders die adeligen Hofmarksherren, zum Teil aber auch die klösterlichen waren nämlich bestrebt, ihre Hofmarken intensiv zu besiedeln und möglichst vielen Handwerkern und Gewerbetreibenden gemischte gewerblich-landwirtschaftliche Existenzgrundlagen zu bieten; und dies nicht aus Menschenfreundlichkeit, sondern um die hohen Kosten der Hofmarksverwaltung so breit als möglich zu verteilen. Eine solche Entwicklung ging nur an, weil die Hofmarksherren, an ihrer Spitze der Adel, der etwa 40 % der Bevölkerung Bayerns über seine Hofmarken beeinflussen konnte, an Ort und Stelle eine Wirtschafts- und Siedlungspolitik trieb und treiben konnte, die im Widerspruch zu den Wünschen des Landesherrn und vor allem der Zünfte stand. Während letzte bei steigender Bevölkerungszahl und immer größerer Nachfrage nach Handwerksexistenzen die vorhandenen Handwerker durch eine

Schließung der einzelnen Zünfte vor Konkurrenz zu schützen versuchten und darin die Unterstützung der Landesfürsten und der Städte des Deutschen Reiches, aber auch des Reiches selbst fanden, kümmerten sich die Hofmarksherren Bayerns kaum um diese Politik, sondern machten von ihren Rechten der Handwerkeransiedlung kräftigen Gebrauch. Bayern wurde damit das Reichsterritorium mit der stärksten Ausbreitung des zunftfreien Handwerks und der höchsten Handwerkerdichte auf dem Land, die im 18. Jahrhundert 7,2 Meister und Gesellen je hundert Einwohner erreichte, während der Durchschnitt im Reich nur bei 2,8 lag. Das gezünftete Handwerk fand harte Worte für diese Konkurrenz. Die gängigen Ausdrücke der damaligen Zeit für diese zunftfreien ländlichen Handwerker und Gewerbetreibenden waren im günstigsten Fall „Freimeister". Meistens hießen sie aber „Pfuscher, Störer oder Bönhasen" – eine Bezeichnung, deren sprachliche Herkunft und deren Sinn bis heute nicht ganz geklärt sind. Der noch in der Zeit nach 1945 gebräuchliche Ausdruck „Störschneider" in Altbayern oder die Wendung „auf die Stör gehen" verweisen auf diese alten Zustände, die sich im Sprachgebrauch erhalten haben. Übriggeblieben ist freilich auch noch ein sehr großer Nachteil dieser bayerischen Sonderentwicklung. Sie bedeutete in der wirtschaftlichen Praxis des Alltags nicht nur weitgehende Ansiedlungsfreiheit und damit freien Zugang zur Produktion, sie bedeutete auch den Ausschluß dieses Landhandwerks aus dem Kontrollsystem der Zünfte über die Qualität der Handwerksarbeit. Dieses Kontrollsystem wurde zwar oft mit heute kurios erscheinenden Methoden ausgeübt – wenn ein Bauherr mit der Arbeit seines Maurermeisters nicht zufrieden war, warf er zum Beispiel kurzerhand eine tote Katze in den Mörteltrog, mit dem Ergebnis, daß kein Geselle mehr bei ihm arbeiten und kein anderer ihm mehr einen Auftrag geben wollte, bis er die krummen Mauern nicht geradegezogen hatte –, aber im Ganzen war dieses Kontrollsystem wirksam. Es hat wesentlich zu der hohen Qualität der Handwerksprodukte der Vergangenheit, übrigens auch im bäuerlichen Bereich, und ganz besonders zu der Erhaltung der Einheit von Kunst und Handwerk beigetragen, die sich bis ins beginnende 19. Jahrhundert gehalten hat. Die Gestalter des Porzellangeschirrs in den ab 1740 in allen deutschen Territorien entstehenden Porzellanmanufakturen, die wir heute als große Künstler bewundern, waren zum Beispiel Handwerker, der berühmte Nymphenburger Gestalter, Franz Anton Bustelli, nicht ausgenommen. Ein großer Teil der technischen Erfindungen kam aus kleinen Handwerksbetrieben, besonders aus Schlossereien, die diesem Kontrollsystem der Zünfte unterstanden.

Das bayerische Landhandwerk hielt sich solchen Kontrollen fern und wurde wegen seiner völligen Zunftfreiheit auch nicht von ihnen erreicht. Als Ergebnis stand ein großer Teil der bayerischen Produkte in ganz Deutschland in einem Ruf, der ein Ruf wie Donnerhall gewesen sein muß; und das wegen ihrer miserablen Qualität, die dazu führte, daß die bayerische Produktion kaum exportfähig war. Die weißblaue Neigung zur Pfuscherei, von der nicht wenige Auftraggeber, besonders des Bauhandwerks, bis zum heutigen Tage ein Lied singen und manche von ihnen auch nicht mehr singen können, wenn sie etwa vor Ärger und Aufregung einen Herzschlag bekommen haben, was auch vorgekommen ist, haben hier ihre Wurzeln.

Immerhin – Arbeitslosigkeit, Massenarmut und den im 17. und 18. Jahrhundert so gefürchteten Massenbettel hat es in den ,,oberen und alten Churlanden", wie Bayerns Kurfürsten ihr Land nannten, und in der Oberpfalz kaum gegeben. Eckart Schremmer schreibt in seiner Darstellung der Wirtschaft Bayerns dazu: ,,Zwischen den Jahren 1500 und 1760 vermehrte sich die Gesamtzahl der Anwesen um 38 %, davon allein in den letzten 34 Jahren von 1726–1760 um 12 %. Diese Binnenkolonisation schlug sich fast ausnahmslos nieder in einer Zunahme der Söldenstellen, also der kleinbäuerlich gewerblichen Anwesen sowie der Bloßhäuslstellen. Die Söldenzahl stieg von 1500–1726 um 53 %, in der kurzen Zeit von 1726–1760 um 17 %. Die Binnenkolonisation zwischen 1500 und 1760 erfaßte überwiegend nicht den rein landwirtschaftlichen Sektor, sondern brachte die im Zusammenhang mit dem Bevölkerungswachstum zu sehende Territorialisierung des Gewerbes. Der Anteil der Bevölkerungsschicht, die auf Anwesen lebte, die für die Bewohner keine ausreichende Ackernahrung boten (Sölden), stieg zwischen 1500 und 1760 von 49,4 % auf 64 % aller Familien auf eingehöfteten Anwesen. Die Bezieher gemischter Einkommen aus Landwirtschaft, Gewerbe, Handel und Dienstleistungen nahmen, gemessen an der Gesamtzahl der Bevölkerung, eine immer gewichtigere Stellung ein."

Damit ist die besondere Form der Antwort Bayerns auf den langsamen Anstieg der Bevölkerung durch etwa 350 Jahre in sehr treffender Weise beschrieben. Durch die Hofmarksverfassung fiel diese Antwort zugunsten einer breiten Verteilung der Arbeitsplätze über das ganze Land und namentlich zugunsten der starken Förderung und des Ausbaus der gemischten landwirtschaftlich-gewerblichen Existenzformen aus. Alles, was bisher darüber bekannt ist, läßt darauf schließen, daß die wirtschaftliche Lage dieser breitesten Bevölkerungsschicht des alten Bayern zwar in sich sehr differenziert war und große Einkommensunterschiede aufweist, die vor allem durch das Gewerbe bestimmt wurden, denen sich der einzelne Landhandwerker zugewandt hatte. Insgesamt deuten aber alle bisherigen, allerdings noch ziemlich lückenhaften Ergebnisse der Geschichtsforschung darauf hin, daß diese größte Bewohnergruppe Bayerns Anschluß an das Einkommensniveau der mittelbäuerlichen Sozialgruppe und der Arbeitnehmer der größeren Unternehmen gefunden hat, die sich hauptsächlich in klösterlicher Hand befanden. Die Risikoverteilung zwischen Landwirtschaft, Gewerbe und Dienstleistung, der eigene Wohnhausbesitz und die hohe Si-

cherheit der Teilzeitbeschäftigung in den Klosterunternehmen machte diese Existenzen nicht nur krisensicher, es entstand dabei auch eine wenn auch recht eng begrenzte, aber ge-
sicherte Geldkaufkraft auf dem Lande, die bis 1800 in Bayern
eine ziemlich gleichmäßige Wirtschaftskonjunktur sicherstellte. Hinzu kam, daß die Klöster, und vielfach auch die
Ortskirchen, mit einem günstigen Kreditprogramm, das
nicht an dingliche Sicherheiten gebunden war, den Aufbau
solcher Existenzen ermöglichten.

Die Hofmarken der Klöster

Die Kirche des alten Bayern und vor allem die Klöster
nehmen in diesem besonderen bayerischen Wirtschafts- und
Sozialprozeß eine recht interessante Mittelstellung ein, und
zwar zwischen der Landesherrschaft und den Städten, die
durch Jahrhunderte die Söldensiedlung auf dem Land in jeder
Weise zu behindern und einzuschränken versuchten, und
dem Adel, der sie aufs intensivste förderte. Eckart Schremmer hat festgestellt, daß sich die ländliche Siedlung seit 1500
in den landesherrschaftlichen und städtischen Hofmarken
nur um etwa 40 %, also pro Jahr um höchstens 0,2 % ausgedehnt hat, in den geistlichen Hofmarken um 110 %, in den
adeligen dagegen um 400 %. Die großen Unterschiede im
Ortsherrschaftsverhalten zwischen den Klöstern und dem
Adel lassen sich daraus erklären, daß die Klöster wegen der
Größe ihrer Besitzungen und der dadurch bedingten recht
günstigen Verteilung der Kosten für die Hofmarks- und Gerichtsverwaltung und durch ihre umfangreichen Eigenunternehmen nicht im gleichen Maße wie der Adel von der Kosten-
entwicklung gedrängt wurden, durch Ansiedlung neue Kostenträger zu finden. Der zweite Grund lag darin, daß der
landwirtschaftliche Großbetrieb Bayerns der Vergangenheit
nie ein adeliger, sondern immer ein kirchlich-klösterlicher

war. Die Kirche hatte nicht das Bestreben, Betriebe aufzusiedeln, wie das der bayerische Adel jahrhundertelang zugunsten der landwirtschaftlichen Kleinsiedlung getan hat. Zum dritten konnten die Klöster in ihren eigenen umfangreichen und stark verzweigten Unternehmen in größerem Ausmaß arbeitsuchende Handwerker beschäftigen. Schließlich haben die großen Bauprogramme der bayerischen Kirche der Barockzeit zu einer sonst unbekannten Form der Handwerkerbeschäftigung geführt, bei der sich große Handwerkerkolonnen und -verbände bilden konnten, in denen ganz verschiedene Gewerke vereinigt waren, die dann von der Planung bis hin zur Gestaltung der Textildekoration die Gesamtausführung der großen Kloster- und Kirchenbauten übernahmen. Sie konnten schon wegen der räumlichen Lage der Baustellen kein Interesse an einer festen Ansiedlung haben.

So läßt sich beobachten, daß die bayerischen Klöster als Hofmarksherrschaften eine auch in sich sehr unterschiedliche Form der ländlichen Gewerbe- und Siedlungspolitik betrieben. Ausgesprochen zurückhaltend zeigten sich auf diesem Gebiet die Klöster in Südostoberbayern, im Rentamt Burghausen, wo sich die Handwerkersiedlung auf dem Lande am schwächsten ausgeprägt hat. Noch heute ist die Agrarstruktur des dortigen Gebietes ein Spiegel dieser Entwicklung. Im übrigen Oberbayern beteiligten sich die Klöster bereits intensiv an dieser bayerischen Binnenkolonisation, fanden aber dafür neue Formen, die sonst nicht auftreten, zum Beispiel in der Form der Wessobrunner Bau- und Stukkateursschule und der Bildung der schon beschriebenen großen Handwerkerverbände. Als ein typisches Beispiel für intensivste Hofmarkssiedlung und Arbeitsbeschaffung inmitten dieses Gebietes kann das Augustinerchorherrenstift Dießen am Ammersee gelten, das lange vor Beginn der großen Bauvorhaben des Pfaffenwinkels mit größeren Notstandsprogrammen für seine Hofmarksuntertanen begonnen hat. Die Dießener Schnitzereien und Töpfereien, die sich bis heute gehalten haben, verweisen noch auf diese Maßnahmen zurück. Ebenso verfuhr das Kloster Ettal mit Oberammergau. Die Holzschnitzereien des Passionsspieldorfes, die weit älter sind als die Passionsspieltradition, entstanden ebenfalls auf dieser Grundlage. Ettal übernahm dann ähnlich wie Dießen für sein Gebiet den Vertrieb und den Fernhandel mit diesen Erzeugnissen. In Niederbayern dagegen verhielten sich die Klostergerichtsherrschaften in ihren Hofmarken ebenso wie der Adel und konkurrierten förmlich mit ihm um die „Peuplierung", wie die Ansiedlung und Bevölkerungsverdichtung im 17. und 18. Jahrhundert genannt wurde. Niederbayern ist so die eigentliche Heimat der „Häuslleut" geworden, also jener großen und äußerst stabilen Sozialgruppe, die das geschichtliche Bild der bayerischen Gesellschaft entscheidend prägt und die im übrigen so beweglich und geistig regsam gewesen ist, daß sie gleichzeitig als „vierter Stand" die biologische und historische Grundlage für den „ersten Stand", den der Prälaten, bilden konnte. Nach den Forschungen von Edgar Krausen und nach unseren eigenen Ergebnissen kam der bayerische Klerus der Zeit vor 1800 zu 95 % aus der sogenannten unterbäuerlichen Schicht der Häusler, Söldner und Tagelöhner. Die Prälaten der Großklöster Bayerns stammten meistens aus irgendeinem Sölden- oder Bloßhäusl. Daß es im alten Bayern zum Entsetzen aller auswärtigen Besucher, nicht zuletzt der pfälzischen Beamten und Adeligen, die mit Kurfürst Karl Theodor 1778 nach München kamen, bis in die Hauptstadt hinein kaum Standesunterschiede gegeben hat, in den ländlichen Wirtshäusern die Angehörigen des Hochadels am gleichen Brotzeittisch mit ihren Bauern und Häuslern saßen und man auf dem Lande die Prälaten der Klöster einfach mit „Du, Euer Gnaden!" anredete, läßt sich zu einem großen Teil aus dieser starken Schichtenvermischung und diesem intensiven Austausch zwischen „oberen und unteren" Sozialgruppen erklären.

Man kann die Gesamtentwicklung und ihre Ergebnisse für

die Wirtschafts- und Sozialstruktur Bayerns und das Verhalten seiner Bevölkerung nicht treffender beurteilen, als es Ekkart Schremmer mit den Worten getan hat: „Die von Adel und Geistlichkeit betriebene – nicht im Einklang mit den landesherrlichen Ordnungsvorstellungen stehende – intensive Siedlung in ihren Herrschaftsgebieten, gleichviel, welche Motive ihr zugrunde lagen, war eine beachtliche Tat des bayerischen Adels und des Klerus, die bis ins 20. Jahrhundert das Gesicht Bayerns hervorragend prägte. Während der Landesherr aus gesamtwirtschaftlichen Gründen heraus unsozial erscheinende Gesetze erließ, Verbote beziehungsweise Beschränkungen von Anwesen ohne Ackerland, Heiratsbeschränkungen zur Verringerung des Bevölkerungswachstums, Verordnungen über Höchstlöhne, die auf den Versuch einer Lohndämpfung bei einer aus Furcht vor drohenden Armenlasten diskriminierten Bevölkerungsklasse hinausliefen, hat der Adel und der Klerus in seinen Herrschaftsgebieten im eigenen Interesse sozialer gehandelt."

Dieses günstige Urteil eines Wirtschaftshistorikers bestätigt, was schon am Anfang der bayerischen Geschichte steht, daß es nämlich für die Bevölkerung immer am besten ist, wenn sich im Gesamtstaat mehrere Gewalten in die Macht teilen müssen und wenn eine große Gruppe die andere behindert und ihr Grenzen setzt. Das ist nirgends deutlicher abzulesen als in der Wirtschafts- und Sozialgeschichte Bayerns, die auf mehr als der Hälfte der Landesoberfläche und bei fast 60 % der Bevölkerung bis 1800 zugleich eine Geschichte der Ausübung kirchlicher und klösterlicher Ortsherrschaften und klösterlichen Unternehmerverhaltens darstellt.

Der Prälatenbesitz garantiert den Bestand des bayerischen Staates

Karl Bosl hat das alte Bayern ein „vorparlamentarisches System" genannt. Gemeint ist damit, daß der uralte Widerstreit der Gewalten, die diesen Staat geschaffen und geprägt haben, sich im 17. und 18. Jahrhundert so verdichtet und auf zwei große Kontrahenten, nämlich den fürstlichen Landesherren und das Parlament der Stände, die Bayerische Landschaft, konzentriert hat, daß in diesem System bereits die Grundzüge einer parlamentarischen Demokratie enthalten sind: Die vollziehende Gewalt, damals vertreten durch den Landesfürsten, kämpft mit einer gewählten Vertretung der Bevölkerung um Kompetenzen und um Entscheidungsspielräume.

Dieses Grundmuster läßt sich in Bayern bis ins späte 14. Jahrhundert zurückverfolgen, als die Landtage, die es bereits vor dem Jahre 1000 gegeben hat, zu einer festen, regelmäßig tagenden und sich regelmäßig äußernden Standes- und Landesvertretung wurden. Der fundamentale Unterschied zum heutigen System bestand allerdings darin, daß auf diesen Landtagen nicht das ganze Volk, sondern nur die drei landtagsberechtigten Stände, die Prälaten, der Adel und die städtischen Körperschaften, vertretungsberechtigt waren. Zum Landtagsberechtigten wurde man nicht gewählt, sondern durch Besitznachfolge an einem Landsassengut letztlich geboren. Das ist das eigentlich Interessante an der bayerischen landständischen Verfassung, daß sie von Anfang an eine bodengebundene politische und rechtliche Qualität war und es im Gegensatz zu vielen anderen europäischen Staaten auch bis zu ihrem Ende geblieben ist. Die wirtschaftlich stärkste Gruppe der Landtagsberechtigten in Bayern mit der größten Geschlossenheit, der Prälatenstand, war nicht deshalb der erste Stand, weil es sich um Angehörige der Kirche und damit um Teilnehmer an der christlichen Verkündigung handelte, sondern weil die Ordensklöster Bodenbesitz hatten, der

„landsässig" war, dem also die rechtliche Qualität der Landstandschaft anhaftete. Mit dem Adel und den Städten verhielt es sich nicht anders. Die zeitgenössischen Handbücher über die Landtagsberechtigung in Bayern bringen das durch die Jahrhunderte immer wieder sehr klar zum Ausdruck. Da heißt es zum Beispiel: „Der Abt von Benediktbeuern wegen Benediktbeuern, Häusern, Straßberg und Wahl" oder „der Propst von Baumburg wegen Baumburg", und dann etwa „der Baron von Feuri wegen Pichelsdorf und Hilling". Damit ist jeweils gemeint, daß die Äbte oder Pröpste, die hier genannt sind, oder der Baron von Feuri wegen des Besitzes an den Gütern und dem landwirtschaftlichen Boden, der mit diesen Ortsnamen bezeichnet wird, landtagsberechtigt waren. Es hat in Bayern auch immer einige Bauern gegeben, die Landstandschaft besaßen, weil es ihnen gelungen war, durch Kauf in den Besitz eines landwirtschaftlichen Gutes zu gelangen, das landsässig war. Den gleichen Vorgang kann man auch innerhalb der Kirche verfolgen. Obwohl den Bettelorden, von denen es in Bayern ab dem 13. Jahrhundert mehr als genug gegeben hat, die Prälatenqualität ebenso verschlossen blieb wie die Landstandschaft, sind doch einige, und zwar interessanterweise gerade zwei Frauenorden, landständisch geworden, nämlich die Dominikanerinnen von Altenhohenau und die Augustinereremitinnen von Niederviehbach; denn beide hatten im Laufe ihrer Geschichte landwirtschaftliche Besitzungen erworben, die schon unter den Vorbesitzern landsässig waren. So sicherte der Bodenbesitz dem bayerischen Klerus, und ganz besonders den Klöstern ihre wirtschaftliche Existenz und bildete zugleich den Schlüssel, der in das duale Herrschaftssystem des alten Bayern und in die Mitregierung Einlaß bot, und das oft auch gegen den Landesherrn. Mitregiert wurde nämlich von den Ständen sehr kräftig, und zwar interessanterweise am meisten ab 1668, nach dem letzten Landtag im alten Bayern, bei dem alle Landtagsberechtigten zusammengerufen worden waren.

Seit diesem Jahre bildet sich nämlich in Bayern ein sehr interessanter Vorgang heraus, und zwar in Gestalt eines Wahlsystems, das sich die Stände selbst geschaffen hatten, um zu bestimmen, wer in der Landschaft vertreten sein sollte. Die Bezeichnung „Landschaft", die damals in einem vollkommen anderen Sinn Verwendung fand als heute, ist eine sprachliche Verkürzung zeitgenössischen Ursprungs. Die vollständige Bezeichnung lautet „landschaftliche Verordnung" und beschreibt einen geschäftsführenden Ausschuß, der zwischen den Landtagen die Geschäfte der Ständevertretung, bevorzugt ihre Finanzgeschäfte führte. Ursprünglich ist diese Landschaft als Geschäftsstelle der Stände zwischen den Landtagen eingerichtet worden, ihre Mitglieder wurden jeweils von den Landtagen gewählt und übten ihr Mandat bis zur nächsten Wahl aus. Im späten 16. und im 17. Jahrhundert, nicht zuletzt wegen des Dreißigjährigen Krieges, nahmen die Abstände zwischen den Landtagen so zu, daß dieses System kaum noch verwendbar war. Deshalb wurde mit dem letzten alten bayerischen Landtag die Möglichkeit der Zuwahl eingeführt. Die drei Stände hatten also von da ab die Möglichkeit, unter sich zu bestimmen, wer jeweils in der landschaftlichen Verordnung sitzen und dort letztlich die Hoheit über die Landessteuern und die eigene Steuerverwaltung ausüben sollte, denn in Bayern ist es diese Ständevertretung gewesen, die über die Steuern im damaligen Sinn bestimmte, während der Landesherr die eigene Finanzhoheit nur über Zölle, Gefälle – so hießen damals die hoheitlichen Abgaben und Gebühren – und die sogenannten Regale ausübte, zum Beispiel über das Münzregal, also das Recht, Münzen zu prägen und den wirtschaftlichen Gewinn der Münzprägung für sich zu verwenden.

Die Zusammensetzung der Verordnung gliederte sich regional und ständisch. Zunächst bestand eine Regionalgliederung nach den vier Rentämtern von Ober- und Niederbayern in Landshut, Straubing, Burghausen und München. Jedes

Rentamt entsandte als Standsteuerer je einen Steuerer der Prälaten, zwei des Adels und einen der Städte. Dazu kamen 16 Landsteuerer, die gewählt wurden, aber entweder landsässig oder „magistrabel", also im Rat einer Stadt vertreten sein mußten. Dieses Gremium bildete gewissermaßen die Vollversammlung der Landschaftsverordnung. Es besaß das Recht, Vorschläge und gutachtliche Äußerungen zu allen Fragen zu machen, die das Land betrafen, und konnte dazu vor allem Petitionen anderer, die nicht landtagsberechtigt waren, weitergeben und befürworten. Eigentliches Entscheidungsgremium war das „universale", die stimmberechtigte Verordnung, die aus 16 Verordneten, zwei Kommissaren und dem Landschaftskanzler bestand. Dort saßen vier Prälaten, vier Bürgerschafts- und acht Adelsvertreter. Insgesamt gehörten der Landschaft 50 Mitglieder an. Von 1669–1807 war dies die Vertretung der Stände Bayerns, die zugleich den Landtag ersetzte.

Wie man sieht, handelte es sich um ein recht eigenwilliges Mischsystem. Aus einem Kreis von Personen, der durch Besitz und geburtsbestimmtes Erbe an diesem Besitz von vornherein zur Landtagsvertretung privilegiert war, wurde in Wahlen ein engerer Personenkreis ausgewählt, der dann diese Privilegien auszuüben hatte. Eine Besonderheit ist dabei wieder, daß die Vertreter einer ständischen Gruppe, nämlich der Prälatenklöster, ihrerseits durch Wahlen bestimmt worden waren, und zwar durch die Abt- und Propstwahlen. Schon allein die Herkunft der bayerischen Prälaten aus den Unterschichten der Bevölkerung öffnete über dieses komplizierte und niemals durch Gesetz oder Brief festgeschriebene Verfahren auch den bayerischen Unterschichten einen Spalt des Zugangs zu einer körperschaftlichen Vertretung im staatlichen Leben. Natürlich läßt sich das alles nicht im entferntesten mit einer parlamentarischen, durch Wahlen bestimmten Repräsentanz im heutigen Sinne vergleichen. Aber zu einem geschichtlich höchst bedeutsamen Ergebnis hat diese landschaftliche Vertretung eben doch geführt, nämlich dazu, daß in Bayern niemals, am wenigsten aber in der Zeit des Absolutismus, der Absolutismus herrschen konnte. Landesherr und Stände haben miteinander gerungen, und nach dem Aussterben der altbayerischen Wittelsbacher und dem Herrschaftsantritt des Pfälzers Karl Theodor, der Bayern an Österreich gegen Belgien vertauschen wollte, hat die Landschaft auch das staatliche Eigeninteresse gegen den Fürsten vertreten, wie Otmar Aretin klargelegt hat.

Daß aber die Landschaft, und zwar von etwa 1680 an, zugleich den Staatsbestand Bayerns garantiert hat und garantieren konnte, das hat in erster Linie wirtschaftliche und finanzpolitische Ursachen. Ursprünglich kam der Landschaft eine begrenzte Hoheit und Verwaltung über die Landessteuern zu, worunter man damals die Verbrauchssteuern, ,,Aufschläge" genannt, und die Personensteuern verstand. (Einkommens- und Umsatzsteuern waren nicht bekannt und hätten auch nicht erhoben werden können.) Diese Steuern wurden von der Landschaft eingehoben, in ihrer jeweiligen Höhe festgesetzt und von ihr verwaltet. Wollte der Landesherr von diesen Steuern Geldmittel ausgeben, und es hat keinen Zeitpunkt gegeben, wo er das nicht wollte, dann mußte er sich das ebenso bewilligen lassen, wie er die Zustimmung der Landschaft zu einer Erhöhung der Hebesätze für diese Steuern brauchte. Im 18. Jahrhundert kamen dann noch die Standsteuern hinzu, gemischte Abgaben auf Besitz und Gewinn der Landstände, und ab 1756 die Sondervermögensabgabe der Klöster, die Dezimation in Höhe von 10 % ihrer Bruttoeinnahmen. Auch diese Beträge verwaltete die Landschaft, die über einen weit besseren Finanzapparat verfügte als der Kurfürst. Der Kampf um diese Rechte und ihre Erträge zieht sich durch die Jahrhunderte, besonders aber durch die vierzehn Jahrzehnte seit 1660, und obwohl die Landschaft oft genug die Oberhand behalten hat, ist es ihr doch nicht gelungen, die bayerischen Kurfürsten des Barock daran zu hindern, mit ihrer Schuldenwirtschaft zu Dauerkandidaten für den Staatsbankrott zu werden.

Im übrigen haben alle europäischen Staaten der frühen Neuzeit regelmäßig eine miserable Finanzpolitik betrieben und im Schuldenmachen auch noch die leichtsinnigsten jungen Offiziere ihrer Armeen übertroffen. Gläubiger waren meistens die großen Kaufherren und Kaufmannschaften sowie die Handelsstädte, damals bevorzugt die Niederlande, Portugal und die italienischen Handelsrepubliken, aber auch England. Unter diesen Schuldenmachern erreichte Bayern im Barock eine Spitzenstellung. Im Durchschnitt der 140 Jahre seit 1660 hatte der bayerische Staat bei einem Staatshaushalt von knapp drei Millionen Gulden einen ständigen Schuldenstand von fünfzehn Millionen Gulden, der sich allerdings oft und in kurzer Zeit stark nach oben und unten bewegte. Bayern war als Schuldner schließlich so verrufen, daß kein Europäer, der seine fünf Sinne beisammen hatte, dem jeweiligen Münchner Kurfürsten auch nur einen Kreuzer geliehen hätte, wenn ihm nicht zusätzliche Sicherheiten geboten worden wären. Der Staatsbankrott stand häufig vor der Tür, und eine Administrierung Bayerns durch das Reich war mehr als einmal schon beschlossene Sache. Dem Hause Habsburg wäre eine solche Staatspleite in München nur willkommen gewesen, denn man hätte darin eine Gelegenheit finden können, Bayern als Reichslehen einzuziehen und kurzerhand dem österreichischen Staatsverband zuzuschlagen. Um diese Katastrophe zu vermeiden, griff schließlich die Landschaft ein und übernahm unter dem alten Kurfürsten Max Emanuel – seine Fähigkeit zum Schuldenmachen hatte unter seinem fortschreitenden Alter nicht im mindesten gelitten – und unter seinen Nachfolgern dann mit den sogenannten Schuldenabledigungswerken, bei denen in ein altes und ein neues Werk unterschieden wurde, die Bedienung und Tilgung der kurfürstlichen Schulden nach Zeitplänen, die mit den Gläubigern ausgehandelt worden waren.

Diese Kapitaldienstbarkeit sollte aus den von der Landschaft ohnehin schon verwalteten und aus den ihr vom Kurfürsten neu überlassenen Steuern sichergestellt werden. Da sich aber weder die Kurfürsten am Schuldenmachen hindern ließen, noch die weltgeschichtlichen Ereignisse des 18. Jahrhunderts ohne große Ausgaben abgingen, entstanden immer neue Staatsverbindlichkeiten, die die Kreditfähigkeit Bayerns und damit den Staatsbestand immer wieder gefährdeten. Ab 1745 ging daher die Landschaftsverordnung, ohne ausdrücklich dazu berechtigt zu sein, geradezu selbstherrlich dazu über, den Besitz der Landtagsberechtigten als Sicherheit für die kurfürstlichen Schulden zu verpfänden. Das Ergebnis war, daß nach dem Urteil ausländischer Beobachter die Landschaft jeden, die Kurfürsten überhaupt keinen Kredit hatten.

Betrachtet man diesen Vorgang, der nach dem Urteil von Otmar Aretin den bayerischen Staat erhalten hat, weil er seine Kreditfähigkeit erhielt, dann stellt man einen sehr komplizierten und zugleich äußerst interessanten inneren Zweiteilungsvorgang fest. Die Landschaft mußte einmal für die vorhandenen Schulden des Staates Bürgschaft leisten. Dieses Bürgschaftssystem wurde den Gläubigern durch die Verpfändung des Prälatenbesitzes geboten, den der Markt des 18. Jahrhunderts mit etwa 21 Millionen Gulden bewertete und der damit zur dinglichen Sicherung der durchschnittlich 15 Millionen Gulden betragenden, aber oft steil nach oben gehenden Staatsschulden für voll ausreichend galt.

Gleichzeitig wurde die Landschaft zur Emissionsbank. Sie begann landschaftliche Anleihen zu geben, die von den Klöstern, dem Adel und den Städten übernommen wurden. Zugleich wurden diese Anleihen natürlich auch von der Landschaft garantiert. Mit dem Erlös aus diesen Wertpapieren wurden kurfürstliche Schulden getilgt, die Steuern, die der Landschaft zustanden, dienten zur Verzinsung der Anleihen an die Kapitalgeber. Auf diese Weise wurde eine ständige Rotation der Staatsanleihen und der Staatsschulden erreicht, die

Gläubiger wurden laufend und prompt bedient, erhielten ihre Zinsen und ihre Tilgungsraten, und der große Besitz der Stände wurde gleichzeitig für die bayerische Wirtschaft aktiviert. Was Otmar Aretin dazu gesagt hat, ist nicht übertrieben: Die Sicherung der Kreditfähigkeit Bayerns bedeutete die Sicherheit seiner Existenz als Staat nach außen, aber auch nach innen. Die Landschaft erhielt nämlich dadurch die Macht, die pfälzischen Wittelsbacher daran zu hindern, Bayern wie einen Fideikommiß zu behandeln und nach Gutdünken zu vertauschen. Die Tauschpläne Karl Theodors sind letztlich an der Macht der zur Staatsvertretung aufgestiegenen Landschaft gescheitert.

Abhängig war das Funktionieren dieses Systems von den Prälaten und ihrem Besitz. Er stellte die geschlossenste und größte einzelne Vermögensmasse innerhalb der damaligen bayerischen Wirtschaft dar und reichte zur Sicherung dieser landschaftlichen Kredit- und Bürgschaftsfunktionen für sich allein bereits voll aus. Schon deshalb hat der Klosterbesitz den bayerischen Staatsbestand des 18. Jahrhunderts garantiert. Dies gilt freilich auch noch in einem anderen, in einem wirtschafts- und sozialpolitischen Sinn.

Das eben beschriebene System hat die Bevölkerung Bayerns vor zwei Übeln bewahrt, die in den meisten übrigen europäischen Staaten, besonders aber in den deutschen Großstaaten, zu Verarmung, sozialer Unruhe und schließlich zu offenem Zusammenbruch und zur Entstehung revolutionärer Potentiale geführt hat, die am Ende im Kommunismus mündeten. Obwohl die bayerischen Landesherren als Schuldenmacher eine Spitzenstellung innehatten, sind sie durch das landschaftliche Kontroll- und Garantiesystem doch daran gehindert worden, ihr Heil in dem schrecklichsten Übel zu suchen, das ein Wirtschaftssystem seiner Bevölkerung antun kann, in dem der gewollten Inflation. Selbstverständlich ist auch Bayern von den starken Preisauftrieben des 18. Jahrhunderts nicht verschont geblieben, wohl aber von der preußischen Praxis, durch die Verschlechterung des Edelmetallgehaltes seiner Münzen vorsätzlich das Geld zu entwerten. Die beherrschende Gestalt der preußischen Politik des 18. Jahrhunderts, Friedrich II., hat sich bekanntlich auf Rat seines Berliner Hofbankiers Ephraim aus seinen ewigen Finanznöten damit geholfen, daß er die berüchtigten „Ephraimiten" in die Welt setzen ließ, Talerstücke, die nur einen Bruchteil des gesetzlich vorgesehenen Silbergehaltes hatten. Die Folge waren starke Preisauftriebe und große Vermögensverluste bei der Bevölkerung, und zuletzt Münzreduktionen, die dazu führten, daß der preußische Taler, und schließlich auch der Reichstaler, um mehr als ein Drittel ihres Wertes verloren. Der bayerische Gulden dagegen konnte als Währungseinheit stabil gehalten werden. Der infamste Auszehrungsprozeß, der niemanden härter trifft als den kleinen Mann, die Inflation, ist deshalb im Bayern des 18. Jahrhunderts nur begrenzt wirksam geworden. Es kann aber kein Zweifel daran bestehen, daß Bayerns Kurfürsten ebenso wie die Preußenkönige, und nach 1800 auch die österreichischen Kaiser, ihre Währung verschlechtert hätten, wenn ihnen kein anderer Ausweg geblieben wäre.

Mindestens die gleiche Bedeutung besaß die bayerische Schuldenwirtschaft für die Sozial- und Beschäftigungspolitik. Durch rund 140 Jahre leitete der kurfürstliche Hof ständig etwa fünf Staatshaushalte als zusätzliche „Konjunkturstützungsmittel" in die Wirtschaft. Für den Wirtschaftshistoriker sind nämlich Bauten, wie Schloß Schleißheim, oder Maßnahmen, wie die Kultivierung der Moosgebiete von Dachau oder vor Ingolstadt nichts anderes als Maßnahmen, die Konjunktur zu stützen und die Beschäftigung zu sichern. Die barocke Baupracht Bayerns ist der heute noch sichtbare Teil einer auf Arbeitsbeschaffung ausgerichteten staatlichen und kirchlichen Konjunkturpolitik.

Um in der Sprache der modernen Wirtschaftstheoretiker zu reden: Bayern war der Staat der frühen Neuzeit und des

Barock, der mit der größten Konsequenz eine Politik des „Defizit Spending" verfolgt hat. Sie bedeutet, daß Konjunktur- und Beschäftigungspolitik durch Haushaltsdefizite finanziert werden. Auf dem Umweg über die körperschaftliche Vertretung der Landschaft wurde der Prälaten- und Adelsbesitz zur Beschaffung dieser Geldmittel, die zur Finanzierung eines defizitären Staatshaushaltes benötigt wurden, herangezogen. Das soziale Verhalten der Hofmarksherrschaften wiederholt sich hier im gesamtstaatlichen Raum. Sie verpfändeten ihren Besitz, um damit den Staat in die Lage zu versetzen, die Geldmittel zu beschaffen, die zur Finanzierung der 150jährigen Vollbeschäftigung Bayerns vor 1800 nötig waren und die das Land vor allen revolutionären Umtrieben und Erschütterungen bewahrt haben. Im Mittelpunkt dieses Vorganges stand dabei der Prälaten- und Klosterbesitz, der den Kern dieses Bürgschaftssystems bildete.

So haben zur Zeit der „Carmina Burana" (13. Jh.) die Mönche von Benediktbeuern ihren Besitz beschrieben.

Wetterleuchten am Horizont der Bavaria sancta

Als in den Tagen vom 23. bis 26. März 1803 – im bayerischen Oberland herrschte spätwinterliches Wetter mit Schneegestöber und tiefhängenden Wolken – vor den 57 landständischen Klöstern und 8 Kollegiatstiften die Aufhebungskommissare aus ihren Kutschen stiegen, von den „Beikutschern" mit einem silberbeschlagenen Stock an die Tore klopfen ließen und beim Einlaß nach dem Abt oder dem Propst verlangten, um ihm das Aufhebungsdekret für sein Kloster vorzulesen, da kamen diese Vollzugsbeamten einer der größten strukturellen und sozialen Umwälzungen unseres Landes keineswegs völlig unerwartet. Es hatte schon lange am Horizont der „Bavaria sancta" geblitzt – wie alle großen historischen Bewegungen hatte sich die Säkularisation wie ein Wetterleuchten über dem Horizont der Geschichte jahrzehntelang angekündigt.

Die Aufklärung und ihre Folgen

Als wichtigste geistes- und ideengeschichtliche Grundlage der Säkularisation gilt die Aufklärung des 18. Jahrhunderts in der ganzen Fülle ihrer katholischen, protestantischen und schließlich auch atheistischen Spielarten, die allesamt in einer Säkularisierung des Geistes und des Denkens ihren Ausdruck fanden. Das 18. Jahrhundert ist die Zeit der Abkehr von der christlichen Lehre als beherrschender und lebensführender, und damit kulturbestimmender Mitte im politischen und staatlichen Raum. In einem vielhundertjährigen Prozeß, der bei Luther und seiner Reformation sichtbar wird, aber schon lange vorher in Europa untergründig gewirkt hat, kam es in der Aufklärung des 18. Jahrhunderts zum offenen geistigen

Widerstand gegen den Grundsatz, daß der christlichen Lehre und mit ihr der Kirche als der aus dieser Lehre hervorgegangenen Einrichtung der Verkündigung der erste Platz unter allen lebensführenden Mächten zukomme. Die christliche Lehre sollte von der Aufklärung nicht nur nach der letzten Richtigkeit und Gültigkeit ihrer Verkündigung gefragt werden können. Vor allem sollte diese Kirche ihre zentrale Rolle im Sozialprozeß verlieren. Sie sollte nicht mehr als die oberste Autorität über die Wertvorstellungen und Grundsätze entscheiden, nach denen diese soziale Gemeinschaft ihre Lebensordnung gestalten wollte.

Es hat im 18. Jahrhundert in ganz Europa, besonders aber im alten Deutschen Reich der Kleinstaaterei nicht an aufgeklärten Fürsten und aufklärerischen Oberschichten gefehlt, die sich eine vielfach schwärmerische Anbetung aller Aufklärungsideale angelegen sein ließen und diese auch oft unter Verzicht auf jede Form der kritischen Prüfung verfochten. Dennoch muß es als Überraschung erscheinen, daß unter all diesen Staaten gerade das Kurfürstentum Bayern in der zweiten Hälfte des 18. Jahrhunderts der wohl kirchenfeindlichste Staat auf deutschem Boden war, dessen Oberschicht mit einem vielfach geradezu blinden Eifer den Idealen eines Gemisches aus französischer, norddeutscher und Berliner Aufklärung nacheiferte. Die Kirchenpolitik der Wittelsbacher in Bayern ist immer auf Zurückdrängung, Gegengewicht und Machtbegrenzung angelegt gewesen. Diese Prinzipien lassen sich durch die Jahrhunderte verfolgen. Sie waren aber bis in die Aufklärung hinein rein politische, oft auch dynastische Prinzipien und können nicht als Abkehr von religiösen Inhalten angesehen werden. Dies änderte sich im 18. Jahrhundert. Die Kritik, zum Teil auch die offene Feindschaft, richtete sich nicht mehr nur in erster Linie gegen die Kirche als politische, rechtliche und wirtschaftliche Machtträgerin – sie hatte von dieser Macht durch tausend Jahre immer wieder kräftigen und oft auch bedenkenlosen Gebrauch gemacht, oder das wenigstens versucht –, sondern diesmal mehr gegen die Kirche als Trägerin einer Lehre, die man nicht mehr als die allein gültige für den gesamten Lebens- und Staatszusammenhang anerkennen wollte.

Dieses Infragestellen war freilich, und das gerade in Bayern, noch längst nicht gleichbedeutend mit einer Ablehnung. Gerade deshalb aber richtete sich die Säkularisierung des Geistes in der Aufklärung schließlich auf das Ziel der Säkularisation des Kirchengutes und der weltlichen Macht kirchlicher Körperschaften und Würdenträger. So gesehen verengte sich die Aufklärungsbewegung in der Säkularisation auf ein eigentumsrechtliches und wirtschaftspolitisches Ziel, in erster Linie auf die Vermögensübernahme von Wirtschaftsgütern aus der „toten Hand" der Kirche – ein Begriff, der damals aufkam und gängig wurde – in die des Staates und später der Bewirtschafter des Bodens und der Wirtschaftsgüter, vor allem also der Bauern. In jener Zeit bildete sich eine Fülle neuer staatsrechtlicher und wirtschaftspolitischer Begriffe, die alle den gleichen Inhalt und das gleiche Ziel hatten, nämlich die Zurückdrängung der Kirche und ihrer Körperschaften aus ihren weltlichen und wirtschaftlichen Positionen.

Es war von „Dezimation" die Rede, der „Schulbeytrag" wurde eingeführt, es gab „Klosterpatente" und eine „Amortisationsgesetzgebung", einen „Defensionsbeytrag", die Theorie vom „Kammerguth" kam wieder in Mode, und über allem stand das Pochen des Staates auf sein Recht, „den Kultus zu ordnen" und der Kirche nur jene „Temporalien zu belassen, die sie für die Ausübung eines würdigen Kultus unablässig benötigt". Mit all diesen zeitgenössischen barocken Wort- und Satzschöpfungen kann der Leser im Augenblick noch so gut wie gar nichts anfangen – weiter hinter werden sie im historischen Zusammenhang erklärt –, aber wer damals Ohren hatte, zu hören, der konnte aus der Verwendung dieser Begriffe in einer etwa sechzigjährigen Diskussion durchaus bereits die pochenden Schläge heraushören, mit denen der

Staat am Säkularisationstag seine Kommissare an die Klosterpforten klopfen ließ. Es darf allerdings an dieser Stelle nicht unerwähnt bleiben, daß die meisten Ordensvertreter der damaligen Zeit diese Ohren nicht hatten, um zu hören. Es gehört zu den erstaunlichsten Wahrnehmungen, die der Leser der Aktenmasse, die sich aus den Korrespondenzen der Äbte im schreibfreudigen 18. Jahrhundert gebildet hat, machen kann, festzustellen, mit welcher Blindheit, Sorglosigkeit und politischen Stimmlosigkeit die Vertreter der Orden der damaligen Zeit alles verkannt oder unbeantwortet gelassen haben, was nur allzu deutlich das künftige Schicksal ihrer Besitzungen erkennen ließ. Es hat nur wenige Ordensvertreter gegeben, die genügend politischen Tatsachensinn und genügend Nüchternheit bei der Einschätzung der Zeitströmungen hatten, um voraussehen zu können, daß die seit 1745 erkennbare Entwicklung der staatsrechtlichen und politischen Position der weltlichen Gewalt gegenüber dem Kirchengut schließlich zu irgendeiner Art von Säkularisation führen mußte. Es hat nämlich schon 1745 ein bayerisches Säkularisationsprojekt gegeben, das die Maßnahmen von 1803 gegen die Klöster mit einem hohen Grad von Ähnlichkeit vorweggenommen hat.

Das Säkularisationsprojekt Karl Albrechts

Unter dem Kurfürsten Karl Albrecht, der sich wegen des Aussterbens der Habsburger im Mannesstamm an der deutschen Kaiserkrone für erbberechtigt hielt und als Karl VII. tatsächlich auch kurze Zeit deutscher Kaiser war, gab es auf Anregung Preußens ein Säkularisationsprojekt zugunsten Bayerns. Dieses hätte zwar im Gegensatz zu 1803 die geistlichen Fürstentümer innerhalb des bayerischen Staatsgebietes unberührt gelassen, wollte aber wohl das Vermögen der Mediatklöster, also jener Ordensniederlassungen, die der staatlichen Oberhoheit voll unterstanden, uneingeschränkt auf den Staat übertragen.

Auch dieses Projekt blickt auf eine lange historische Ahnenreihe zurück. Im frühen Mittelalter, unter dem Frankenführer Karl Martell und in Bayern unter Herzog Arnulf hat es im 10. Jahrhundert bereits große Säkularisationsbewegungen gegeben, die zu einer Aufhebung der meisten Klöster auf damaligem bayerischen Boden führten. Den Bayernherzog Arnulf haben diese Maßnahmen, die schon hier aus kriegsbedingter Geldverlegenheit hervorgingen, in der Klostergeschichtsschreibung – und die Geschichtsschreibung des Mittelalters war im wesentlichen eine der Klöster – sogar den Beinamen ,,der Böse" eingetragen. Ihren wichtigsten Auftrieb erhielt die Aufhebung von Ordensniederlassungen und die Übernahme ihres Sachbesitzes durch den Staat oder durch weltliche Stiftungen aber durch die Reformation. Irgendwann einmal bildet ein solcher Schritt immer den Bestandteil politischer und sozialer Programme aller deutschen Staaten. Den Anfang machte damit die Landgrafschaft Hessen-Kassel noch zu Lebzeiten von Martin Luther. Der Kasseler Landgraf, Philipp der Großmütige, hob 1526 die 11 Klöster seines Herrschaftsgebietes auf, verfuhr dabei allerdings völlig anders als 278 Jahre später Bayern; er fundierte nämlich mit neun dieser Besitzungen die von ihm gegründete Universität Marburg und bestimmte zwei weitere zu sozialen Stiftungen, die von der hessischen Ritterschaft verwaltet werden sollten. Sie haben sich mit dieser Zwecksetzung und in ihrer ursprünglichen Form einigermaßen unverändert bis heute erhalten. Die deutschen Staaten auf niedersächsischem Boden folgten im Laufe des 16. Jahrhunderts dem hessischen Beispiel und hoben mit dem Übergang zur protestantischen Konfession ihre Klöster auf, ließen allerdings auch dabei wie Hessen die wirtschaftlichen Besitzungen unverändert bestehen. Noch heute gibt es in Niedersachsen die Klosterkammer, die 40 landwirtschaftliche Großbetriebe der Klöster und einen großen Teil der niedersächsischen Staatsforsten verwaltet. Auch Sachsen ist nach ähnlichem Muster vorgegangen, ebenso Preußen-Brandenburg.

Alle diese deutschen Säkularisationen beriefen sich auf Luther. In seinen Schriften, besonders in seiner ausdrücklich gegen die Orden gerichteten Leistninger Kastenordnung von 1531, wendet er sich schon aus rein theologischen Erwägungen gegen diese Gemeinschaften. Gott und das Heil dadurch zu suchen, daß man sich an ein Ordensgelübde band und eine Regel befolgte, die für alle gilt und nicht persönlicher Gewissensüberzeugung, sondern einer kollektiven Norm entstammt, war für Luther unvereinbar mit seinem Begriff von „evangelischer Freiheit".

Bemerkenswerterweise allerdings hat sich der Reformator nur gegen die Orden als Prinzip und gegen die „unnütze Möncherei" gewandt, aber in seinen Empfehlungen bereits das von Bayern 1803 verfolgte Prinzip der persönlichen Entschädigung der Ordensangehörigen durch Gewährung von lebenslangen Versorgungsbezügen und vor allem die Übertragung wirtschaftlicher Werte auf die staatliche Gemeinschaft zur Erfüllung öffentlicher Aufgaben vorgeschlagen. Das so außerordentlich umgestaltende und in den ganzen Wirtschaftskreislauf eingreifende Verfahren der bayerischen Säkularisation von 1803, bei dem die Güter aufgeteilt und zu Marktpreisen auf dem offenen Markt verwertet wurden, ist in den übrigen Säkularisationen des deutschen Raumes nie erwogen und praktiziert und auch 1803 von den übrigen deutschen Staaten nicht angewendet worden. Es läßt sich als spezielle bayerische Form des Merkantilismus, der Wirtschaftslehre des 18. Jahrhunderts, deuten, die von dem Verkauf eines Gutes nach Meistgebot auf dem Markt die höchsten Erträge erwartete.

Geschichtlich ist es äußerst interessant zu sehen, daß der deutsche Staat, der sich am heftigsten gegen die Reformation gewehrt hat und der nach Abschluß der gegenreformatorischen Bewegungen nach dem Dreißigjährigen Krieg die katholische Sache am konsequentesten vertreten hat, im 18. Jahrhundert seinen Nachholbedarf an Aufklärung und Kirchengegnerschaft mit der größten Konsequenz erfüllte. Dies ist eine Erscheinung, die sich in der ganzen Geschichte nachweisen läßt: Staatliche Gemeinschaften, die große historische Bewegungen erst sehr spät und eigentlich schon an ihrem Ende vollziehen und mitmachen, tun dies mit dem größten Eifer und der größten Radikalität.

Wenn auch das bayerische Säkularisationsprojekt von 1745 nicht zur Ausführung gekommen ist, so hat es doch tiefe Spuren hinterlassen, die sich alsbald in finanzpolitischen Einzelmaßnahmen äußern sollten. 1756 ließ sich der bayerische Kurfürst vom Papst die Zustimmung zu einer Sondersteuer auf das Klostervermögen, die sogenannte Dezimation, geben. Steuergeschichtlich scheint dies besonders bemerkenswert, weil es sich hier um eine Mischsteuer zwischen Vermögens-, Umsatz- und Einkommensteuer handelt. Will man diese Dezimation, die, wie schon der Name sagt, ausdrücklich zu einer Dezimierung des Vermögens und der Einkünfte der Ordensbesitzungen bestimmt war, in die Steuersystematik der damaligen Zeit einordnen, dann könnte man sagen, daß es hier um einen Zehnten des Staates auf das Klostervermögen ging. So wie die bayerische Kirche seit dem 8. Jahrhundert im wachsenden Umfang den Zehnten von der Ernte der Bauern forderte und erhielt, was nichts anderes bedeutete, als daß jede zehnte Garbe oder auch jedes zehnte Korn dem Zehndherrn gebührte, so hielt sich jetzt der Staat an den Klöstern ebenfalls mit dieser Sonderabgabe schadlos. 1762–1765 und 1783 wurde diese Dezimation erneuert. Sie ist eine echte Sondersteuer, die konfiskatorischen Charakter hatte und diesen auch nicht verleugnete.

Mit der Einführung einer Schulgesetzgebung – oder wenigstens der Anfänge dazu – durch die Schaffung des bayerischen

60

Schulfonds 1771 wurde eine weitere Abgabe der Klöster eingeführt, der „Schulbeytrag". Auch er ist eine echte gemischte Sondersteuer, die nach ganz ähnlichen Erwägungen erhoben wurde wie die Dezimation. Wieder war es eine Abgabe sowohl auf das Vermögen als auf die Einkünfte. Allerdings berechnete man diesen Schulbeitrag nicht nach den Bruttoeinkünften wie die Dezimation, deren konfiskatorischer Charakter eben darin lag, daß bei der Erhebung keinerlei vorherigen Kostenabzüge von der Bemessungsgrundlage gemacht werden konnten, sondern aus der Dezimation. Die Berechnungsgrundlage ist historisch nicht ganz geklärt, man kommt aber bei Berechnungen zu dem Ergebnis, daß der Schulbeitrag in der Regel 80 % des Dezimationsbeitrages ausmachte. Man könnte also sagen, daß beide Steuern zusammen ungefähr 16–17 % der Bruttoeinnahmen und -einkünfte eines Klosters erreichten. Diese Abgaben wurden neben den Standsteuern erhoben, die von den Angehörigen aller drei Stände, also neben den Prälaten auch vom Adel und den Städten zu bezahlen waren. 1795, während der Koalitionskriege, kam dann noch eine dritte Sondersteuer auf den Klosterbesitz, der sogenannte „Defensionsbeytrag", eine Abgabe zur Finanzierung der Kriegslasten. Sie machte etwa 2,5 % der Einnahmen und Einkünfte aus, so daß die Klöster schon allein etwa 20 % ihrer Bruttoeinnahmen in Form von Sondersteuern abzuführen hatten.

Auch auf anderen Gebieten der Wirtschaftspolitik entwikkelte Bayern in der zweiten Hälfte des 18. Jahrhunderts ein Sonderverhalten gegenüber dem Kirchenvermögen. Es fand seinen wichtigsten Ausdruck in der sogenannten Amortisationsgesetzgebung von 1765. Unter dem Begriff „Amortisation" verstand man damals etwas völlig anderes als in der Gegenwart. Heute bezeichnet er die Abschreibung, also die Wiedererneuerung des einzelnen Kapitalgutes durch den zusätzlichen Produktivitätsgewinn, den dieses Kapitalgut, zum Beispiel eine Maschine mit höherer Leistung im Einzelbetrieb wie in der Gesamtwirtschaft verdient; die Amortisationsgesetzgebung von 1765 aber bedeutete das Verbot gegenüber der Kirche und ihren Orden, neue wirtschaftliche Besitztümer oder neuen Rechtsbesitz zu dem vorhandenen hinzuzuerwerben. In der modernen Wirtschaftssprache ist dies gleichbedeutend mit einem Expansions- und Wachstumsverbot.

Die „Klostermandate" Osterwalds

Ihre geistige Wurzel hatte die Amortisationsgesetzgebung von 1765 in dem Gedankengut des von Hessen nach Bayern gekommenen Konvertiten und späteren Münchner Hofrats Peter von Osterwald und seinem Programm der sogenannten „Klostermandate". Osterwald war zwar, wie gesagt, Konvertit, war also vom protestantischen Glauben zum katholischen übergetreten, verfocht aber auch als Katholik nach dem Urteil der Geschichtsschreibung weiterhin ein stark pietistisch orientiertes Frömmigkeitsideal, das eine Teilnahme der Kirche an weltlichen Erwerbs- und Herrschaftsprozessen ablehnte. Zugleich vertrat Osterwald die Idee des absoluten Fürstenstaates mit der Auffassung, daß die fürstliche Souveränität einmal die Grundlage aller Gesetzgebung in allen zeitlichen Dingen sei, worunter man damals alles verstand, was das staatliche Leben betraf, und zum anderen, daß diese fürstliche Gesetzgebung wegen ihrer absoluten Souveränität auch die völlige Hoheit über die Kirche in allem beanspruchen könne, was nicht mit Fragen der Verkündigung und der Theologie und ihren Lehrmeinungen im Zusammenhang stand. Es ist offenkundig, daß sich diese Idee zwangsläufig in allererster Linie mit der Rolle der Kirche als weltlicher und herrschaftlicher Gewalt und als Wirtschaftsfaktor beschäftigen mußte, denn diese Rolle bildete ja zugleich die Hauptberührungsfläche zwischen kirchlicher und staatlicher Gewalt.

Wie im 18. Jahrhundert und noch bis tief ins 19. Jahrhundert hinein üblich, brachte Osterwald diese staatsrechtlichen und politischen Theorien in eine heute völlig außer Gebrauch gekommene Form: Er erfand eine Person, schrieb ihr diese Ansichten zu, gab ihr die Möglichkeit, diese ihre Meinungen, die in Wirklichkeit die seinen waren, zum großen Teil in direkter Rede und im Gespräch mit anderen erfundenen Personen vorzutragen, und ließ das Ganze anonym erscheinen. Die Person, die für ihn diese Meinungen und Theorien vorbrachte, nannte er ,,Veremund von Lochstein", seinem Werk gab er den zeittypischen Titel: ,,Veremunds von Lochstein's Gründe sowohl für als wider die geistliche Immunität in zeitlichen Dingen". Das Buch, das auf zahlreiche Publikationen und Zeitströmungen der frühen Aufklärung des 18. Jahrhunderts zurückgeht, erregte gewaltiges Aufsehen und wanderte alsbald, nämlich 1767, auf den päpstlichen Index. Gerade dieser Umstand sicherte ihm Aufmerksamkeit und mehrere Auflagen. Der Hauptgrund für den Erfolg des ,,Veremund von Lochstein", wie das Osterwaldsche Werk für die Geschichtsschreibung heißt, lag allerdings darin, daß es Zeitströmungen nicht nur aussprach, sondern auch mit einem konkreten Programm beantwortete.

Osterwald hatte zu diesem programmatischen Ausspruch bessere Möglichkeiten als die meisten übrigen und sehr zahlreichen zeitgenössischen Kritiker der weltlichen und wirtschaftlichen Rolle der Kirche, weil er es 1761 zum Direktor des Geistlichen Rathes in München gebracht hatte, der obersten bayerischen Aufsichtsbehörde über das gesamte Kirchen- und Schulwesen. Er erreichte es mit seinen Klostermandaten, daß die vorherigen gescheiterten Versuche, den Grund- und Kapitalerwerb durch die Kirche einzuschränken, die bereits 1672, 1707 und 1730 erlassen worden waren, aber sich als wirkungslos erwiesen hatten, diesmal mit den Amortisationsgesetzen eine erfolgreiche Wiederholung fanden. Außerdem sorgte Osterwald über die Neuordnung des

Geistlichen Rathes ab 1768 dafür, daß die Klöster dazu verpflichtet wurden, ihren Besitzstand und ihre Gründung durch Vorlage der Stiftungsurkunden nachzuweisen und Aufstellungen über die Zusammensetzung und den Umfang ihrer Konvente vorzulegen. Auch die Neugründung von Bruderschaften, Einrichtungen, die meistens an den Amtspfarreien geschaffen worden waren und die in der Praxis dazu dienten, die ländliche Oberschicht des jeweiligen Klostergebietes noch enger an den Ortsherrn zu binden, wurde genehmigungspflichtig. Wesentliche Bedeutung erlangte ferner die Bestimmung vom 20.12.1768, wonach die Führungspositionen in der Kirche unterhalb der Bischofsstühle nur noch kurbayerischen Untertanen vorbehalten sein sollten, was also auf eine Diskriminierung der Ordens- und Kirchenangehörigen der Nachbarstaaten hinauslief. Für die Mehrheit der bayerischen Klöster bedeutete dies einfach deswegen eine tiefgreifende Veränderung, weil sie ja „multinational" organisiert waren und nicht zuletzt durch ihren umfangreichen Besitz außerhalb der bayerischen Grenzen nicht nur ein Stück der alten europäischen Universalität des Mittelalters repräsentierten. In ihnen lebte auch, zusammen mit dem Dialekt, mit dem Volkslied, der Volkssage und dem geistlichen Mysterienspiel sowie mit den bäuerlichen und handwerklichen Betriebsformen die alte staatliche Gemeinschaft zwischen Bayern und Österreich aus der Zeit der Jahrtausendwende weiter. Deshalb hatten bis dahin österreichische, bei den Benediktinern gelegentlich aber auch schweizerische Untertanen immer die gleiche Chance zum Aufstieg in die Ordensführung gehabt wie die Untertanen Bayerns selbst.

Das dritte Klostermandat von 1769 beschnitt die Disziplinar- und Rechtsgewalt der Ordensoberen über die Angehörigen ihrer Orden, untersagte Gelübde vor dem 21. Lebensjahr und hob die Strafgewalt der Ordensführungen über die Konventualen weitgehend auf; dazu gab es den einzelnen Klosterangehörigen ein direktes Beschwerde- und Eingaberecht an den Landesherrn, ein Recht, von dem in der Folgezeit kräftiger und keineswegs immer unbegründeter Gebrauch gemacht wurde. Umgekehrt benutzte die weltliche Obrigkeit diese neuen Rechte, die unter den damaligen staatsrechtlichen Verhältnissen Gesetzesrang besaßen, gerne und ausgiebig, um energisch in Mißstände einzelner Klöster einzugreifen, was besonders die Frauenklöster zu spüren bekamen, wo wegen der meistens sehr düsteren Verhältnisse auch hinreichend Grund zum Eingreifen bestand. Schließlich verordnete der Staat auch eine Trennung der bayerischen Orden von den Provinzen und Ordenszusammenschlüssen, die sich über die eigenen Grenzen erstreckten, und setzte bei den Wahlen der Äbte und Pröpste staatliche Aufsichtskommissare ein.

Dieses ganze Reformwerk trägt deutlich die Züge des absolutistischen territorialorientierten Staates der Aufklärung. Der eigene staatliche Raum, der sich in den geographischen Grenzen des fürstlichen Herrschaftsgebietes verwirklicht, und das staatliche Eigeninteresse sowie der Machtanspruch dieses räumlich definierten Staates werden zu Werten an sich. Bis zum gewissen Grade zeichnet sich hier schon der Nationalismus und Territorialismus ab, den die Führer der französischen Revolution formulierten und den nach 1790 Frankreich politisch und militärisch verfocht. Die Nation und ihr Lebensraum treten, wenigstens teilweise, in die Rolle fast göttlich bestimmter Werte ein, die Aufklärung beginnt auf ihrem Höhepunkt diese neuen Götzen anzubeten. Es ist nur natürlich, daß die Kirche in diesem Entwicklungsprozeß der wichtigste Konfliktpartner des entstehenden aufgeklärten und absoluten Fürstenstaates sein mußte. Sie war geistig universal orientiert und hatte auch eine universale Struktur, die sich, so wie einst das Mittelalter, im Grunde nicht um Grenzen kümmerte und in einem ganz bestimmten politisch definierten Raum noch keinen absoluten Wert sah. Außerdem war, und dies gerade in Bayern, die Kirche durch ihre reichen Privilegien und durch ihren hohen Organisationsgrad zu einem „Staat im Staate" geworden, auch äußerlich sichtbar durch ihren umfangreichen und im ganzen Herrschaftsgebiet des Kurfürsten zerstreuten territorialen Einfluß- und Bestimmungsraum.

Eine Ergänzung der Osterwaldschen Klostermandate, ganz besonders aber einen Ausdruck der Aufklärung bildeten die ab 1770 erlassenen Verbote und Einschränkungen der Religionsausübung und Religionsdarstellung, die sich mehr an die Bevölkerung als an die Kirche richteten. Am 31. März 1770 erging ein staatliches Verbot für die damals in Altbayern verbreiteten Aufführungen von Passionstragödien – auch Oberammergau war betroffen – und für die Karfreitagsprozessionen; in den folgenden fünfundzwanzig Jahren wurden diese Verbote immer weiter ausgedehnt und erfaßten auch die Fronleichnamsprozessionen, die Christmetten, die Auferstehungsfeiern an Ostern und andere vom Volk geliebten großen öffentlichen Frömmigkeitsdarstellungen. Den Klöstern wurde die Ausübung des Chorgebetes und die Aufnahme neuer Novizen verboten oder die, wie man damals sagte, „Kandidatenaufstellung" eng begrenzt. Diese Maßnahmen fanden keine politische Begründung und wären auch nicht politisch oder territorialistisch begründbar gewesen. Den Autoren solcher Verordnungen, von Osterwald angefangen bis zu seinen Nachfolgern kurz vor dem Ende des Geistlichen Rathes, ging es darum, die rationalistischen Ideale der Aufklärung durchzusetzen und alle Formen der Religionsausübung und der Volkskultur, die sich auf mythologische Inhalte und auf überlieferte Formen der Frömmigkeit gründeten, zu bekämpfen. Man kann sagen, daß sich hier schon der Anspruch des absoluten Staates auf Mitsprache und Mitbestimmung des Denkens und Fühlens der Bevölkerung zeigt.

Unter den damaligen Bewohnern Bayerns, die im übrigen durchaus nicht nur aus frommen und gehorsamen Gefolgsleuten der Kirchen bestanden, sondern die sich gegen die

Übergriffe der Geistlichkeit, besonders der Prälaten, durchaus zu wehren wußten, haben diese Verbote, mit denen versucht wurde, eine rationalistische Verödung des Landes herbeizuführen, Verbitterung, Zorn und vielfach offenen Widerstand hervorgerufen. Die Mißachtung der Verbote war zum Glück für die bayerische Kultur und die Volkstumsüberlieferung so häufig, daß die Verödung nicht eintrat.

Zu der gleichen Zeit, zu der in Bayern diese Versuche der offenen staatlichen Beeinflussung und Lenkung des Denkens und Fühlens der Bevölkerung unternommen wurden, stellte bezeichnenderweise im sonst nicht weniger absolutistischen Preußen bei der Erarbeitung des Allgemeinen Preußischen Landrechts sein Schöpfer, der Schlesier Carl Gottlieb Svarez, den Grundsatz auf, daß staatliche Gesetze immer nur äußere Handlungen, niemals aber Gesinnungen binden dürften. Im damaligen Bayern war man von diesem Grundgesetz jedes Rechtsstaates, wie er sich damals zu bilden begann, in den letzten Jahrzehnten des 18. Jahrhunderts also weit entfernt.

Man kann nun sowohl zu der gesellschaftspolitischen wie der wirtschafts- und finanzpolitischen Seite der territorialistischen Politik Bayerns gegenüber der Kirche und ihren Orden vor 1800 stehen wie man will – eines ist sicher: als Beweis für die auch heute noch gern vertretene These, Bayern sei ein Staat finstersten Mittelalters und rückständiger Unwissenheit auf allen wichtigen Gebieten gewesen, kann man diese Entwicklung beim besten Willen nicht verwenden. Bis zum gewissen Grade war das damalige Bayern sogar ein fast revolutionär aufklärerischer Staat, der vieles von dem, was in Österreich Josef II. im Namen der Aufklärung und in Frankreich die Herren der neuen Republik im Namen der Revolution in Gang gesetzt haben, vorweggenommen hat. Zum Glück für die bayerische Bevölkerung waren allerdings die Gegenkräfte, insbesondere in der Kirche, immer noch so stark, daß es nicht zu einer völligen Zerschlagung der vorhandenen Sozial- und Erwerbsstrukturen kommen konnte.

Die Koalitionskriege und ihre Folgen

Es hat also schon am gesamtpolitischen Horizont Jahrzehnte vor der Säkularisation ein ständiges Wetterleuchten gegeben. Doch ist es gerade den Orden so schwer gefallen, diese Zeichen richtig zu deuten und sich darauf einzustellen. Dabei haben sie sich im Laufe der politischen Entwicklung seit der französischen Revolution immer mehr verdichtet und schließlich die Form politischer Programme angenommen. Diese Programme werden durch große internationale politische Verhandlungen in den Jahren ab 1795 gekennzeichnet. Die sogenannten Koalitionskriege unter der Führung der deutschen Großstaaten gegen das revolutionäre Frankreich und die Gegenschläge von französischer Seite führten zu einer Serie von Friedensschlüssen und Verhandlungen, bei denen immer deutlicher als einer der wichtigsten Gegenstände die Mediatisierung der geistlichen Fürstentümer des alten Deutschen Reiches hervortrat. Auf dem Rastatter Fürstenkongreß 1798 hatte bereits der bayerische Minister Georg Friedrich von Zentner ein Säkularisationsprojekt vorgetragen, das im Auftrag des Kurfürsten Karl Theodor noch kurz vor seinem Tode ausgearbeitet worden war. Es sah die Aufhebung der geistlichen Landeshoheiten, im wesentlichen also der Fürstbistümer, und ihre Eingliederung in die weltlichen Territorialstaaten des jeweiligen Gebietes vor und stellte die Säkularisation der bereits unter Staatshoheit stehenden Mediatklöster mindestens zur Diskussion.

Dazu kamen die Friedensschlüsse Frankreichs mit den deutschen Staaten von Basel, Campoformio und Luneville von 1797–1801, die das Prinzip der Entschädigung der deutschen Territorialstaaten auf Kosten der geistlichen Fürsten- und Besitztümer zunächst zum Verhandlungsgegenstand machten und schließlich politisch vereinbarten und in Vertragsform brachten. Notwendig wurde diese Diskussion durch die Abtretung aller linksrheinischen Gebiete an Frankreich im Frieden von Luneville, von der auch und gerade Bayern durch seinen pfälzischen Besitz massiv betroffen war. Frankreich hatte damit eines der ältesten und für jede französische Führung faszinierendsten Ziele seiner Politik erreicht, nämlich den Stromlauf des Rheines als Ostgrenze zu haben. Andererseits war Frankreich im Verein mit Rußland zur Achtung des Entschädigungsprinzipes bereit, weil diese Entschädigung ja weder auf Kosten Frankreichs noch Rußlands ging, die sich damals übrigens stets ,,die vermittelnden Mächte" nannten, sondern eben auf Kosten der Kirche.

Allerdings, und das muß hervorgehoben werden, sahen diese Planungen ausschließlich die Mediatisierung der geistlichen Fürstentümer vor, was bedeutete, daß die Kirchenstaaten auf damaligem deutschen Boden eine andere staatsrechtliche Qualität erhielten und ohne Veränderungen ihrer Wirtschafts- und Bevölkerungsstrukturen zu Bestandteilen weltlicher Staaten wurden. Eberhard Weis hat dies den ,,außenpolitischen Teil" der Säkularisation genannt.

Von einer Übernahme der Klosterbesitzungen und ihrer Verwertung auf den Handelsmärkten, wie später dann von Bayern praktiziert, redete man zwar auf Veranlassung Bayerns auf dem Rastatter Kongreß, doch kam es dabei nicht zu Verhandlungen und schon gar nicht zu einem Vertrag. Die drei Friedensschlüsse von Basel, Campoformio und Luneville beschäftigten sich überhaupt nicht mit diesem Gegenstand. Es ist das Werk der ebenso geschickt wie konsequent und rücksichtslos operierenden bayerischen Diplomatie gewesen, daß es schließlich doch zu diesem zweiten Teil der Säkularisation, der Klosteraufhebung in ihrer bekannten Form, gekommen ist. Den bayerischen Diplomaten diente dazu der Reichsdeputationshauptschluß von Regensburg, der mit kaiserlicher Gegenzeichnung vom 25.2.1803 zum gültigen Reichsgesetz geworden war. Die Reichsdeputation mit Tagungsort in Regensburg war nach den oben erwähnten Friedensschlüssen und nach den Plänen des Rastatter Kongresses eingesetzt worden, um einen Durchführungs-, Organisations- und Rechtsplan für das Gesamtwerk der Säkularisation aufzustellen. Auch die Reichsdeputation hatte sich zunächst mit der Frage der Klosteraufhebung überhaupt nicht beschäftigt. Die bayerische Diplomatie erreichte es aber, dieses Problem dann doch auf die Tagesordnung zu bringen mit dem Ergebnis, daß die Deputation den Landesfürsten die Aufhebung der Mediatklöster freigestellt, sie aber nicht förmlich beschlossen hat. Bayern sorgte dann dafür, daß das Vermögen der Mediatklöster bereits ab November 1802 stillschweigend als Bestandteil der Entschädigungsmasse galt, die den Reichsfürsten zufließen sollte und die ursprünglich eben nur in den politischen Herrschaftsrechten der geistlichen Reichsfürsten gesehen wurde. Hier spielte eine kurfürstliche Verordnung vom 3.11.1802 eine wesentliche Rolle. Kaum hatte München wenigstens eine Diskussion über die Frage erreicht, ob nun das Klostervermögen ebenfalls eingezogen werden solle oder nicht, da erließ die Generallandesdirektion, die damals die oberste Behörde der inneren Verwaltung darstellte, auch schon eine Verordnung, mit der sie das Klostervermögen innerhalb Bayerns kurzerhand zum Bestandteil der Entschädigungsmasse erklärte. Gleichzeitig nahm sie den Klosterverwaltungen das selbständige Wirtschaftsrecht und ordnete eine genaue Untersuchung ihrer Vermögens- und Ertragsverhältnisse an. Ausgenommen blieben davon zunächst allerdings noch die Frauenklöster, bei denen sich auch München noch unschlüssig war, ob es sie aufheben solle oder nicht. Die sehr gewichtigen und später nur unvollkommen gelösten sozialen Probleme, die hier entstehen würden, sind von den Oberbeamten der Münchner Regierung durchaus gesehen worden.

Im ganzen kann man sagen, daß die Säkularisation in Bayern politisch und auch rechtlich eine Art Handstreich gewesen ist, der nur möglich war, weil man sich über Rechtsfragen hinweggesetzt hat. Wie bei der Entscheidung vom 3.11.1802 fehlte dann auch wenige Monate später bei der eigentlichen Aufhebung die sichere Rechtsgrundlage. Die notwendigen Verordnungen und Durchführungsvorschriften wurden am 15.2.1803 unmittelbar nach Ende der Beratungen der Reichsdeputation in Regensburg, aber deutlich vor der Rechtskraft des entsprechenden Reichsgesetzes erlassen, die organisatorischen Vorbereitungen waren abgeschlossen, bevor Bayern überhaupt zu solchen Maßnahmen berechtigt war. Der bayerische Kurstaat hat somit auf die innere Entwicklung aller deutschen Staaten, die ihm bei der Klosteraufhebung gefolgt sind, tiefgreifenden Einfluß genommen.

Mit gutem Recht hebt die Geschichtsschreibung als Erklärung für dieses Vorgehen immer wieder die katastrophale wirtschaftliche Lage Bayerns der ersten Jahre nach 1800 hervor. Die ,,weißblaue Großmacht im Schuldenmachen" hatte durch die politische und militärische Entwicklung dieser Jahre schwerste Rückschläge hinnehmen müssen. Das Land war seit 1795 durch die Koalitionskriege und durch Truppenbewegungen auf seinem Gebiet immer wieder schwer in Mitleidenschaft gezogen worden. Die oberbayerische Landwirtschaft blickte außerdem seit 1797 auf drei Hageljahre zurück. Hinzu kamen die großen inneren Umwälzungen als Folge des Reformprogrammes von Montgelas, die den Staat besonders wegen der Umbildung der inneren Verwaltung empfindlich gegen Störungen machten. Die Haushaltslage war wegen der Kriegslasten, aber auch wegen der seit Jahrzehnten verfehlten staatlichen Wirtschaftspolitik aufs äußerste angespannt, die Schulden betrugen wieder über 20 Millionen Gulden. Mitten in dieser ohnehin gefährdeten Situation wurde Bayern an der Seite Österreichs am 2. Dezember 1801 in die Katastrophe von Hohenlinden hineingerissen, verlor bei der schweren Niederlage der verbündeten Truppen gegen Frankreich fast 6000 Mann und stand mit ungedeckten staatlichen Verbindlichkeiten von noch einmal 6 Millionen Gulden, vom österreichischen Verbündeten völlig im Stich gelassen, allein Frankreich gegenüber. Es ist verständlich, daß die bayerische Regierung unter solchen Umständen nach rasch mobilisierbaren Finanzreserven suchte und dabei zwangsläufig auf die einzige vorhandene Quelle stieß, nämlich auf das Klostervermögen, das für den Staat ohnehin zur Disposition stand, eigentlich solange es ihn gab. Interessanterweise kam fast durch die ganze Staatsgeschichte Bayerns immer wieder der Gedanke auf, ob denn nicht das gesamte Klostergut, und hier wieder an erster Stelle der selbstgenutzte land- und forstwirtschaftliche Bodenbesitz fester Bestandteil des „Kammergutes" sei, das einer Ordensgemeinschaft nur zur Verwaltung und Nutzung überlassen wurde, vom Landesherrn als dem wahren Eigentümer aber jederzeit wieder in Eigennutzung oder Eigenverwertung zurückgeführt werden könne.

Diese Rechtserwägungen lebten im 18. Jahrhundert neu auf und fanden in niemand Geringerem als Immanuel Kant einen Fürsprecher. Die Rechtstheorie vom Grundstockvermögen des Staates, das nur gegen neue Vermögenswerte ausgetauscht oder in solche umgewandelt, aber nicht in seinem Bestand geschmälert werden darf, kündigt sich hier an. Zugleich werden aber auch Elemente einer neuen Theorie des Eigentumsrechtes spürbar. Die Aufklärung war soweit gegangen, die Grundsatzfrage aufzuwerfen, ob denn überhaupt andere als natürliche Personen und die staatliche Gemeinschaft zum Erwerb von echtem Eigentum fähig seien. Man lehnte den mittelalterlichen Lehensgedanken ab und erkannte ein Unauflöslichkeitsprinzip von gegenseitigen Rechten und Pflichten zwischen Lehensherren und Lehensnehmern nicht mehr an. Der Begriff des Privateigentums, wie wir ihn heute verwenden, hat hier seine Wurzeln.

Bayern ist auch auf diesem Gebiet mindestens so weit gegangen wie die Urheber der französischen Revolution. Eine Kabinettsordre des neuen bayerischen Kurfürsten Maximilian II. Josef vom 25.1.1802, die eine umfassende Untersuchung des wirtschaftlichen Standes der ständischen Klöster ankündigte, bringt dies auch deutlich zum Ausdruck. Man geht davon aus, daß die Klöster und Stifte kein echtes Eigentum im Sinne von Verfügungs- und Erbeigentum über ihre Besitzungen, sondern nur ein jederzeit widerrufbares Verwaltungs- und Nutzungsrecht über diesen Teil des „gestifteten Kammergutes" hätten. Nun sei es an der Zeit, zu prüfen, ob die Ordensgemeinschaften einen Gebrauch von diesen Nutzungsrechten machten, der den Vorstellungen des wahren Eigentümers über ein zweckmäßiges Verhältnis von Aufwand und Ertrag entspreche. Sollte diese Prüfung ein negatives Ergebnis erbringen, dann sei es geboten, diesen Teil des Kammergutes einer besseren Nutzung im Sinne eines höheren privatwirtschaftlichen Ertrages zuzuführen.

Bayern und der Merkantilismus

Dieses Denken ist dem bayerischen Staat von den Kritikern der Säkularisation oft zum Vorwurf gemacht worden. Hier aber sollte man Vorsicht üben, denn einmal war es die Zeit des Merkantilismus, also der wirtschaftspolitischen und wirtschaftstheoretischen Denkweise des Absolutismus, zum anderen haben die Orden durch viele Mängel in ihrer Wirtschaftsführung dem Staat allen Grund gegeben, aus damaliger Sicht daran zu zweifeln, ob hier denn nun ein so großer Teil des Volksvermögens und der örtlichen Herrschaftsrechte wirklich in den richtigen Händen seien.

Um zunächst ein paar Bemerkungen zum Merkantilismus als Wirtschaftstheorie des 17. und 18. Jahrhunderts voranzustellen, ist es nötig, auf eine außerordentlich interessante und in dieser Form in den anderen deutschen Staaten der damaligen Zeit kaum bekannte Gegenläufigkeit der geistigen Entwicklungen in Bayern hinzuweisen. Wie vorhin aufgezeigt, war Bayern bei der praktischen Umsetzung von Ideengut der

Aufklärung ein ausgesprochen „fortschrittlicher", fast schon
ein „revolutionärer Staat", insbesondere in seiner Kirchenpolitik, der auf diesem Gebiet Preußen und Österreich weit
vorausgegangen ist. Das gleiche gilt auch für die Rechtspolitik. Mit dem Kreittmayrschen Landrecht von 1756 war Bayern Preußen schon hinsichtlich der Niederschrift eines einheitlichen Zivil- und Strafrechtes mit dem dazu gehörigen
Verfahrensrecht um etwa vierzig Jahre voraus. Bei der praktischen Anwendung und Durchsetzung trennen Bayern und
Preußen in der Rechtspolitik sogar etwa hundert Jahre. Es ist
nämlich Preußen eigentlich nie gelungen, seinen theoretisch
großartigen Wurf des Allgemeinen Preußischen Landrechts
von 1794, das übrigens etwa 18 000 Paragraphen umfaßte,
wirklich in die Tat umzusetzen. Das alte Österreich ist sogar
über den Versuch eines einheitlichen Strafgesetzbuches, der
„cautio criminalis" aus den siebziger Jahren des 18. Jahrhunderts, überhaupt nicht hinausgekommen.

Auf dem Gebiet der Wirtschaftstheorie und der Wirtschaftspolitik zeigt sich eine genau umgekehrte Reihenfolge.
Während in Österreich und Preußen um 1740–1750 die Periode des Hochmerkantilismus herrscht und man dort am
Ende des 18. Jahrhunderts die Grundprinzipien dieser wirtschaftstheoretischen Denkweise bereits verlassen hat, ist sie
in Bayern um 1800, und zwar gerade bedingt durch das intensive wirtschaftspolitische Handeln im Gefolge der Säkularisation, eigentlich erst auf ihrem Höhepunkt angelangt.

Der Merkantilismus im späten 17. Jahrhundert, vor allem
von Naturwissenschaftlern und Ärzten gedanklich entwik-
kelt und in Form von regelrechten volkswirtschaftlichen
Lehrbüchern niedergeschrieben, stellt die erste umfassende
Wirtschaftstheorie Europas dar. Er hat eine neue Anschau-
ung von der Wirtschaft begründet, beschreibt sie als eigenständigen Lebensbereich und als Ganzes, das seinen eigenen
Gesetzen folgt, und macht insbesondere den Menschen sei-
nerzeit bewußt, daß die einzelnen Wirtschaftsbereiche in en-

gen Wechselbeziehungen zueinander stehen. In der Aufklärung wird der Merkantilismus, der besonders für eine Förderung des Gewerbes und der Manufakturen eintrat, zum wirtschaftstheoretischen Ausdruck des absoluten Staates. Die allgemeine Glückseligkeit erscheint als Staatszweck und als wichtigste Aufgabe für das Handeln desjenigen, der den Staat vertritt und verkörpert und der sich für diese Vertretung allein vor Gott und nicht vor den Ständen oder dem Volk zu verantworten hat, also des absoluten Fürsten. Alle zusammen arbeiten nicht nur für ihre eigene Wohlfahrt, sondern auch zum Besten des Staates. Alle wirtschaftlichen Produktionsmittel müssen so eingesetzt werden, daß dieser Zweck der allgemeinen Wohlfahrt erreicht wird. Jeder Wirtschaftstreibende, der über Produktionsmittel verfügt, hat die Pflicht, dem Fürsten als dem Vertreter des allgemeinen Besten bei der Lösung dieser Aufgabe nützlich zu sein, indem er die von ihm genutzten Wirtschaftsgüter dem jeweils höchsten Ertrag zuführt.

Dieser Ertrag galt als einziger Maßstab für den Wirtschaftserfolg eines Betriebes oder eines ganzen Zweiges. Gemessen hat ihn der Merkantilismus in seiner reinen Form am Kapitalertrag, der in Geld berechnet wurde. Auch die Bewertung der Wirtschaftsgüter richtete sich ausschließlich nach diesem Maßstab. Was ein Bauernhof, ein Rittergut oder ein Mietshaus wert waren, das ermittelte man durch Feststellung des Reinertrages, der dann mit einem Kapitalfaktor von 18 oder 24, je nachdem, ob der Kapitalmarktzins 5 oder 4 % betrug, ,,zu Capital gerechnet" wurde. Ein Gut, das 1200 Gulden Reinertrag brachte, war dann beispielsweise 21 000 Gulden wert. Alle übrigen Wirtschaftsvorgänge, die sich nicht in Geld ausdrücken, blieben dabei unbeachtet. Diese Denkweise wandte man nicht nur auf die Naturalvorgänge, zum Beispiel den Selbstverbrauch in einem landwirtschaftlichen Betrieb oder in einem Handwerksunternehmen, sondern auch auf die sozialen Bereiche an. Soziale Leistungen, etwa durch Arbeitsplatzbereitstellung oder lebenslange Versorgung, wurden nicht bewertet, waren als Bestandteil des Wirtschaftssystems auch gar nicht bekannt oder eigentlich nicht erkannt.

Preußen und Österreich rückten seit 1780 von diesem Denken ab. Unter dem Einfluß der französischen Physiokratie, in Deutschland publizistisch vertreten von dem Badenser Schlettwein und dem Hugenotten Mauvillon, die die Kreisläufe der Wirtschaftsgüter entdeckt und beschrieben hat, wurde dieses streng merkantilistische Denken aufgegeben; man begann die Wirtschaft als Kreislaufsystem zu begreifen und zu versuchen, diese Kreisläufe durch Statistik zu erfassen und ihren Umfang zu beschreiben.

In Bayern hat dagegen das Denken der Physiokraten keinen Eingang gefunden, der bayerische Staat betrieb noch 1800 eine rein merkantilistische Wirtschaftspolitik, die ihre Werturteile über den Erfolg eines einzelnen Unternehmens oder einer Branche ausschließlich am Kapitalertrag orientierte. Außerdem spielte die zweite große Aussage des Merkantilismus, daß nämlich die Glückseligkeit eines Staates von seiner Volksmenge abhinge, im bayerischen Denken deshalb eine große Rolle, weil die ländliche Siedlung durch Begründung von Kleinerwerbsstellen hier seit dreihundert Jahren im Mittelpunkt der inneren wirtschaftlichen Entwicklung stand. Unter solchen Bedingungen mußte die Gleichung einfach sein: Die tägliche Praxis liefert genügend Beweise dafür, daß die Bewirtschaftung des Bodens als wichtigster Wirtschaftsfaktor in kleinen Einheiten und Flächen den höchsten Kapitalertrag erbringt und gleichzeitig erlaubt, auf der vorhandenen Fläche höchstmögliche Bewohnerzahlen unterzubringen. Für die staatliche Wirtschaftspolitik Bayerns hatte deshalb der „gemeine Nutzen der Gutszertrümmerung", wie es in der Sprache des Merkantilismus hieß, also die Aufteilung großer Bodenflächen auf möglichst viele kleine Bewirtschafter, in jeder Hinsicht absoluten Vorrang.

Schon deshalb mußte Bayern den großen Besitzkomplexen der Klöster ablehnend gegenüberstehen. Man hatte sie in Verdacht, daß sie nicht geeignet waren, den höchstmöglichen Ertrag aus dem Boden und aus den sonstigen wirtschaftlichen Hilfsmitteln, die ihnen überlassen waren, zu erzielen, und hielt sie schon deshalb für „schädlich für das gemeine Beste". Der absolutistische bayerische Fürstenstaat verwirklichte hier die eigentliche Wurzel und den Mittelpunkt der Wirtschafts- und Sozialpolitik seiner ganzen Geschichte bis zur äußersten Konsequenz: die elementare Feindschaft gegen den Großbesitz, gegen die große wirtschaftliche Einheit und gegen den Konzern. Im Grunde bedeutete so die Auseinandersetzung des merkantilistischen bayerischen Fürstenstaates mit dem Wirtschaftsbesitz der Kirche und der Klöster den Abschluß der Entwicklung Bayerns zum Bauernland.

Es muß aber auch gesagt werden, daß die Klöster an handfesten Beweisen für die Richtigkeit des Verdachtes, sie ließen es an Bemühungen zur Erzielung des höchstmöglichen wirtschaftlichen Ertrages fehlen, nicht gespart haben. Der Staat hat sich lange Zeit Mühe gegeben, das Grundübel der Unternehmensführung aller Klöster, das schlechte Rechnungswesen, zu verbessern. Ein Beispiel dafür bietet ein sehr interessantes wirtschaftshistorisches Originaldokument, nämlich ein Erlaß vom 13.8.1789.

Carl Theodor,

von Gottes Gnaden, Pfalzgraf bey Rhein, Herzog in ob = und niedern Baiern, des heil. röm. Reichs Erztruchseß, und Churfürst, zu Gülich, Cleve, und Berg Herzog 2c. 2c.

Unsern Gruß zubor *Würdiger in Zoll!* ———
Lieb = und Getreue. Daß bey frommen, und milden Stiftungen ordentliche Rechnungsablagen nicht nur nützlich, sondern auch nothwendig seyen, dieses erfordert um so weniger einen weitern Beweis, als zum voraus schon bekannt ist, daß man hierdurch erst eine nähere Beurtheilung der Einnahm = und Ausgaben, sofort eine gründlichere Uebersicht, wie erstere zu verbessern, und letztere zu vermindern seyn möchten, erlange. Und gleichwie nun die Stift, und Klöster vorzüglich unter die frommen, und milden Stiftungen zu zählen, diese aber meistens keine ordentlich, oder zuverläßige Rechnungen zustellen, sondern vielmehr, wo nicht alles überhaupt, doch so summarisch hinzuschreiben pflegen, daß man niemalen etwas mit Grunde zu beurtheilen im Stande ist; so finden Wir Uns allerdings bemüßiget, wie bey anderen frommen Stiftungen, also auch bey denen Stift, und Klöstern eine allgemeine, und gleichförmige Rechnungsform einzuführen, und auf dieser um so mehr unabänderlich zu bestehen, als eben die Erfahrung zeiget, daß meistens jene Stift, und Klöster in Verfall gerathen, oder demselben wirklich noch ganz nahe kommen, die entweders gar keine, oder wenigstens keine zuverläßige, oder ordentliche Rechnungen führten, und also niemalen die Einsicht bekamen wie die Ausgaben gegen den Einnahmen in einer Verhältniß stehen, noch weniger aber die Erkenntniß erlangten, wie dießfalls eine Verbesserung zu machen seye. Zu diesem Ende haben Wir also nicht nur ordentliche Rechnungs = Formularien verfassen, und

her=

Der Staat greift ein

CARL THEODOR,
von Gottes Gnaden, Pfalzgraf bey Rhein,
Herzog in ob- und niedern Baiern, des heil.
roem. Reichs
Erztruchseß, und Churfuerst, zu Guelich, Cleve, und
Berg Herzog etc. etc.

Unsern Gruß zuvor. . . Lieb- und Getreue. . .
Daß bey frommen, und milden Stiftungen ordentliche Rechnungsablagen nicht nur nuetzlich,
sondern auch nothwendig seyen, dieses erfordert
um so weniger einen weitern Beweis, als zum
voraus schon bekannt ist, daß man hierdurch erst
eine naehere Beurtheilung der Einnahm- und
Ausgaben, sofort eine gruendliche Uebersicht,
wie erstere zu verbessern, und letztere zu vermindern seyn moechten, erlange. Und gleichwie
nun die Stift, und Kloester vorzueglich unter die
frommen, und milden Stiftungen zu zaehlen,
diese aber meistens keine ordentlich, oder zuverlaeßige Rechnungen zustellen, sondern vielmehr,
wo nicht alles ueberhaupt, doch so summarisch
hinzuschreiben pflegen, daß man niemalen etwas
mit Grunde zu beurtheilen im Stande ist; so finden Wir Uns allerdings bemueßiget, wie bey anderen frommen Stiftungen, also auch bey denen
Stift, und Kloestern eine allgemeine, und gleich-
foermige Rechnungsform einzufuehren, und auf
dieser um so mehr unabaenderlich zu bestehen,
als eben die Erfahrung zeiget, daß meistens jene
Stift, und Kloester in Verfall gerathen, oder demselben wirklich noch ganz nahe kommen, die

entweders gar keine, oder wenigstens keine zuverlaeßige, oder ordentliche Rechnungen fuehrten, und also niemalen die Einsicht bekamen wie die Ausgaben gegen den Einnahmen in einer Verhaeltniß stehen, noch weniger aber die Erkenntniß erlangten, wie dießfalls eine Verbesserung zu machen seye. Zu diesem Ende haben Wir also nicht nur ordentliche Rechnungs-*Formularien* verfassen, und herstellen lassen, sondern auch denenselben *Formularien* ueber Grund- Saal- Laager- Kapital- und *Depositions*-Buecher so anderes, als welche ebenfalls meistentheils mangelhaft, und unordentlich befunden werden, angehaengt, wodurch alles so vorgestellt worden, wie jeder Gegenstand am leichtesten uebersehen, und gepruefet werden moege.

Und zumalen sammtlich diese *Formularien*, wovon Wir euch gegenwaertig die benoethigte *Exemplarien* beyschließen, vermoeg gnaedigsten *Rescripts* vom 17ten April laufenden Jahrs von Unser hoechsten Stelle selbsten gnaedigst bestaettiget, und in Druck zu legen anbefohlen worden; so ist denselben um so mehr gehorsamst nachzuleben, als hiedurch ohnehin nichts anderes als das Beste euer. . . zum Augenmerk genommen worden ist. Zwar doerfte euch anfaenglich ein so anderes etwas schwer, oder nach der Lage euer nicht allerdings anwendbar, auch mancher Artikel gar nicht nothwendig zu seyn scheinen. Allein! wenn die Gegenstaende ordentlich vertheilet, jene Rubriquen, die bey euch nicht einschlaegig, weggelassen, und so andere, die etwann gegenwaertig nicht vorkommen, doch aber sonsten herkommens sind, gehoerigen Orts eingeschaltet, ueberhaupts aber die *Manualien* richtig, und zuverlaeßig gehalten werden, auch die bey euch uebliche *Local*-Messerey, und Gewicht in die muenchnerische, oder allgemeine Landsmesserey, und Gewicht *reducirt*, somit erstere nur in *Context* vormerkungsweis vorgetragen, letztere aber ordentlich ausgeworfen wird; so zweifeln Wir ganz und gar nicht, daß sich die allenfalls hervorthuende Schwierigkeiten von selbsten heben werden. Sollte sich aber ohngeachtet dessen jedannoch noch ein, und anderer Zweifel ergeben, und euch in die Nothwendigkeit versetzen derentwillen naehere, und bestimmtere Auskunft erholen zu muessen; so lassen Wir euch hiemit ohnverhalten, daß Wir eben deßwegen dieses ganze Geschaeft *sub hodierno* Unserem wirklichen Sekretaer, und Rechnungskommissaer Johann Georg Loeffler uebertragen, und die erforderliche Weisung hiezu ertheilet haben: so daß ihr euch in dergleichen Faellen jedesmal an selben wenden, und die benoethigt weitere *Information* erholen moeget. Damit Wir aber auch seiner Zeit ersehen koennen, welche Stift, und Kloester, besonders aber, wie ihr dieser euer Stift und Kloster so gutgemeinten Fuerkehrung entsprochen, und Unserer Willensmeinung nachgelebt habt; so befehlen Wir euch hiemit gnaedigst einsweilen die Verfuegung zu treffen, daß solch eure Rechnungen, wenn Wir diese aus anderen Ursachen nicht unvermuthet abzufordern bemueßiget sind, wenigstens allemal 14 Taege vor eines Abtes Wahl zu Unserm geistlichen Rath zur Einsicht, und weiterer Bemaeßigung eingesendet werden. Und da auf Verfaß- Herstell- und Abdruckung beruehrter *Formularien* ein nicht geringer Kosten erloffen ist; so habt ihr den euch

diesertwillen nach der gemachten *Repartition* betreffenden Betrag ab 10. *Exemplarien* mit 30
Gulden *sub termino* 8 Tagen unserm obbenann-
ten Sekretaer, und Rechnungskommissaer Loeffler sicher, und frey zuzusenden. Sind euch uebri-
gens mit Gnaden.

Muenchen den 13ten August *Anno 1789.*
Ex Commissione Serenissimi D. D.
Ducis & Electoris speciali.

Dieses zeittypische Dokument verdient unter der beträchtlichen Flut von Dekreten und Verordnungen – eine Gesetzge-
bungsflut hat es eigentlich schon immer gegeben – des so
überaus schreibfreudigen 18. Jahrhunderts aus drei Gründen
besondere Beachtung. Zum ersten macht die Sprache, in der
diese kurfürstliche Verordnung abgefaßt ist, deutlich, wie
sehr die Amtsprache der obersten Verwaltungsstellen Bayerns noch am Ende des 18. Jahrhunderts eine mittelalterliche
Sprache gewesen ist, mit all der Ausdruckskraft, die das Mittelalter auch auf sehr nüchterne Verwaltungsvorgänge verwendet hat. Die bayerischen Herzöge des 15. und 16. Jahrhunderts haben kaum anders geschrieben.

Zum zweiten ist diese Verordnung gleichsam das wichtigste Dokument der Vorläufer einer staatlichen Wirtschaftsbe-
ratung für die bayerische Landwirtschaft, wenigstens in einer
ihrer Formen, eben jener der klösterlichen Großbetriebe.
Das Formularienwerk, hierin angekündigt und den Klosterverwaltungen zu einem übrigns recht saftigen Zwangspreis
übermittelt, leitet sich aus der merkantilistischen Rech-
nungspraxis der bayerischen Staatsverwaltung ab und bietet
tatsächlich bei einer qualifizierten Handhabung die Möglichkeit, nicht nur Einnahmen und Ausgaben gegenüberzustellen
und die Differenz zwischen diesen beiden Posten zuverlässig
zu ermitteln. Noch wichtiger ist, daß dieses Buchführungs-

muster bereits Ansätze für eine Kostenkontierung und so etwas wie eine Kostenstellenrechnung aufweist, also die Möglichkeit bietet, die Kosten in Form von Ausgaben den Betriebs- oder Besitzteilen zuzuordnen, in denen sie entstanden sind. Hiermit hatte Bayern einen Fortschritt geschaffen, der lange vor den Vätern der wissenschaftlichen Betriebswirtschaft für die Landwirtschaft und das ländliche Gewerbe liegt. Nur – das ganze Werk besaß den großen Nachteil, daß es nicht angewandt wurde, und zwar eben nicht nur von den Klöstern – es hat nur drei Ordensniederlassungen in Bayern gegeben, die wirklich eine brauchbare Buchführung hatten; wie sich dann in der Säkularisation und ihrer Abwicklung zeigen sollte, war auch die Staatsverwaltung nicht in der Lage, dieses Rechnungssystem bis in die letzte Behörde hinein zu handhaben und anzuwenden.

Zum dritten verdient dieses Dokument deshalb besondere Aufmerksamkeit und eine wortgetreue Wiedergabe, weil es erkennen läßt, daß sich die Auseinandersetzung des bayerischen Staates mit den Orden und ihren Besitzungen in durchaus differenzierten Formen und auf mehreren Ebenen abgespielt hat. Neben die herrschaftspolitische Auseinandersetzung trat die der wirtschaftspolitischen Praxis. Der Staat gab mit solchen Maßnahmen zu erkennen, daß er am Ende des 18. Jahrhunderts noch bereit war, die Klöster mit ihrem großen Besitz als feste Bestandteile der Staats- und Wirtschaftsstruktur anzuerkennen und sich mit dem Anspruch zu begnügen, daß die merkantilistische Forderung nach ,,Beförderung des gemeinen Besten" durch Verbesserungen der Wirtschaftsführung und Ertragssteigerungen erfüllt werde. So gesehen dokumentiert diese Verordnung deutlich noch die Position des Kompromisses.

Freilich – was da mit dem barocken Wortreichtum der hohen Staatsverwaltung niedergeschrieben worden war, stammte aus der Mitte der Regierungszeit von Kurfürst Karl Theodor. Er sollte noch zehn Jahre Landesherr sein, der Ka-

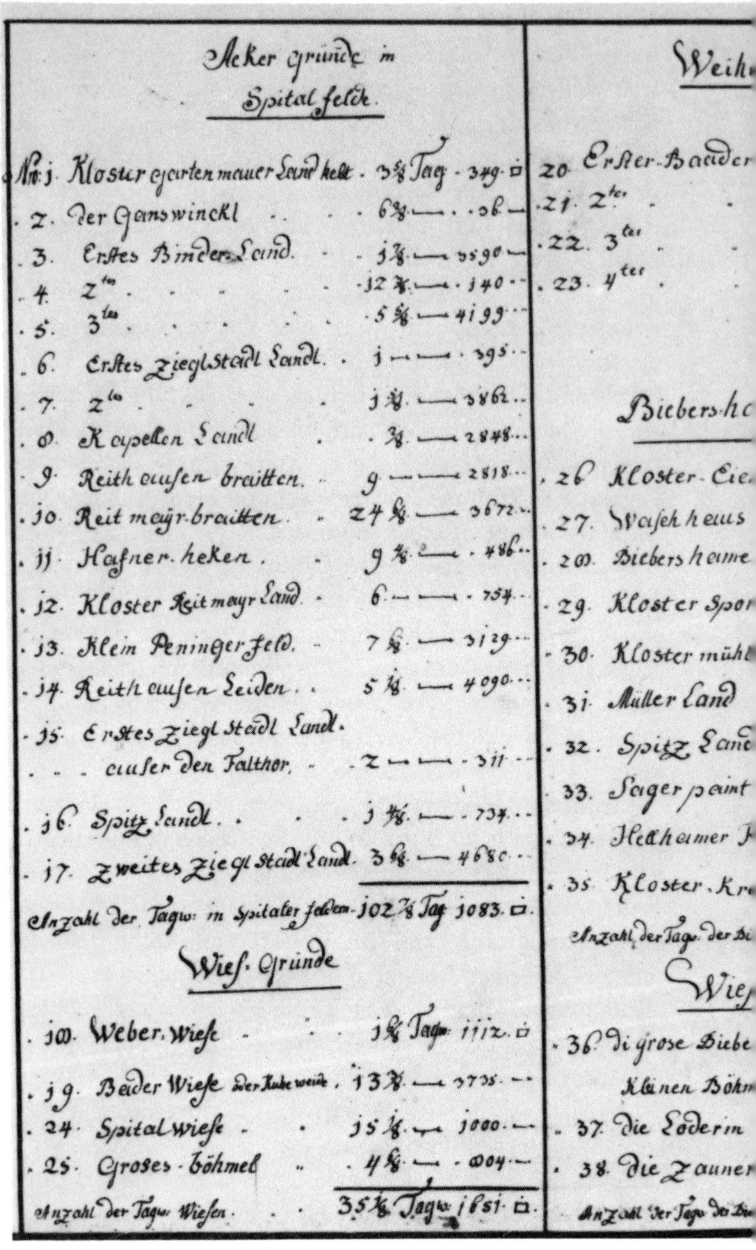
Acker gründe im Spital feld.

Nro 1. Kloster garten mauer Land helt . 3 5/8 Tag - 349 □
2. der Ganswinckl . . . 6 3/8 — . 36 —
3. Erstes Binder Land . . 1 7/8 — 3590 —
4. 2ten . . . . . 12 7/8 — 140 . .
5. 3tes . . . . . 5 5/8 — 4199 . .
6. Erstes Ziegl Stadl Landl . . 1 — 395 . .
7. 2te . . . . 1 3/8 — 3862 . .
8. Kapellen Landl . . 3/8 — 2848 . .
9. Reith ausen breitten . 9 — 2818 . .
10. Reit mayr breitten . 24 6/8 — 3672 . .
11. Hafner heken . . 9 7/8 — 486 . .
12. Kloster Reit mayr Land . 6 — 754 . .
13. Klein Peninger Feld . 7 6/8 — 3129 . .
14. Reith ausen Leiden . . 5 4/8 — 4090 . .
15. Erstes Ziegl Stadl Landl . ausser den Falthor . . 2 — 311 . .
16. Spitz Landl . . . . 1 4/8 — 734 . .
17. Zweites Ziegl Stadl Landl . 3 6/8 — 4680 . .
Anzahl der Tagw: in Spitaler felden . 102 7/8 Tag 1083 □

Wies Gründe

18. Weber Wiese . . . 1 6/8 Tagw 1112 □
19. Beider Wiese der Kuhweide . 13 7/8 — 3735 —
24. Spital wiese . . 15 4/8 — 1000 —
25. Groses Böhmel . . 4 6/8 — 004 —
Anzahl der Tagw Wiesen . . . 35 6/8 Tagw 1851 □

Weih…
20 Erster Bauder…
21. 2ter . .
22. 3ter . .
23. 4ter . .

Biebers h…
26 Kloster Eic…
27. Waschheus…
28. Biebers heime…
29. Kloster Spor…
30. Kloster mühl…
31. Müller Land
32. Spitz Land…
33. Sager paint
34. Hellheimer …
35. Kloster Kr…
Anzahl der Tag. der Bi…

Wies…
36. di grose Biebe… Kleinen Böhm…
37. die Loderin
38. die Zauner…
Anzahl der Tag. der Bi…

Zu den - wenigen - positiven Folgen der Säkularisation von 1803 gehört die Durchsetzung der allgemeinen Landvermessung in Bayern. Hier das

Viech weiden.

er .	Tagw. 4180 □	39. Schafweide .	. 5. Tagw. 1960 □
. ⅛ .	4400 .	40. Rosweide	35 ⅞ — 3006 □
— —	4400 .	41. Jungen-Rindvieh weide	4 ⅛ — 2557 .
— —	4328 .	42. Mayrhof Kuheweide	11 ⅞ — 3336 .
ume . j. Tagw. 2308 □			

Tagw. der viehweide . 55 ⅞ Tagw. 853 □

Hoffelder

. 16 ⅞. Tagw. 3240 □	43. Mayrhof Kreuttpaint .	2 ⅞ Tagw. 1682 □
j 8 ⅞. — 2366 .		
paint 11 ⅞ — 3069 .		

Kloster Garten

kl . 11 ⅛ — 822 .	I. Konvent Garten . .	4 ⅞ Tagw. 2258 □
tten 15 ⅛ — 4502 .	II. Schmid Gartten .	1 — 4000 .
2 9 ⅛ — 125 .	III. Kuchl Gearten . .	3800 .
— ⅜ — 3000 .	IIII. Kreutz Gartl . .	3400 .
7 ⅛ — 3888 .		
30 ⅛ — 324 .		
ind . 17 ⅞ —	Suma der garten	5. ⅞ Tagw. 3458 □
4 . 356 ⅞ Tagw. 1110 □		

hof Wiese mit den .	
. 58 ⅞ Tagw. 2430 □	
. 17 — — . 599 .	
. 6 — — 1106 .	
fa . 011 ⅞ Tagw. 425 □	

632

Ergebnis der Vermessung des Klostermayrhofes von Fürstenfeld durch einen Militärgeometer.

binettsminister seines Nachfolgers und Reformator Bayerns, Maximilian Montgelas, mußte noch zehn Jahre, bis 1799, auf seinen Amtsantritt warten. Als dieser Amtsantritt dann Wirklichkeit wurde, war die hier markierte Position des Kompromisses längst überholt. Montgelas ging es bei seinem Reformprogramm darum, einen auch in sich einheitlichen unitaren Staat zu schaffen – man kann Bayern, das sich bis auf den heutigen Tag stets sehr eifrig für den Förderalismus einsetzt, im Innern ebenso bis heute als zentralistischen Staat kennzeichnen –, mit seinem Konzept vertrug sich das Nebeneinander und das so im wahrsten Wortsinne überaus verschlungene Durcheinander von staatlicher Gesamtherrschaft und adeliger und geistlicher Ortsherrschaft in keiner Weise. Es war auch, und das muß zugestanden werden, für die Bevölkerung schwer erträglich geworden; denn die allzu großen Rechts- und Abgabenunterschiede innerhalb des gleichen Staates, wie sie sich aus der rechtlichen und wirtschaftlichen Untertänigkeit unter verschiedene Grundherren und den Staat gleichzeitig ergaben, behinderten den starken wirtschaftlichen Fortschritt, der sich hauptsächlich in der Landwirtschaft vollzogen hat, und die kräftige soziale Bewegung mit emanzipatorischen Zielen des späten 18. Jahrhunderts in jeder Weise und bildeten einen Widerspruch zu diesen Entwicklungen. Dabei befanden sich die Bewohner Bayerns, verglichen mit dem inneren Rechts- und Abgabendurcheinander von Preußen und Österreich, immer noch in einer guten Lage. 56 % von ihnen lebten unter geistlicher, speziell klösterlicher Orts- und Grundherrschaft, die einigermaßen einheitlich und namentlich großzügig, eigentlich sozialpolitisch orientiert ausgeübt wurde. 15 % hatten den Staat als unmittelbaren Grund- und Gerichtsherrn, der Rest gehörte dem Adel und den Kommunalkörperschaften an.

Dem oft revolutionär erscheinenden Reformer Montgelas, aber auch seinen geistigen Wegbereitern in der Säkularisation ging es um die Bildung einheitlicher großräumiger Territorial- und Rechtsstrukturen, die Durchsetzung des staatlichen Rechtsmonopols auf allen Lebensgebieten und die Bildung einer gleichmäßigen Verwaltungsstruktur. Dem standen Geistlichkeit und Adel im Wege. Mit dem Adel konnte und wollte man sich nicht anlegen, der „größere Brocken" mit der größeren innenpolitischen Wirksamkeit war außerdem der geistliche Besitz. So ergab sich aus diesen Verhältnissen neben dem aufklärerischen und dem finanziellen Ziel für die Säkularisation des Montgelasschen Reformstaates als drittes Ziel, das letztlich allen anderen übergeordnet war, ein gesamtstaatliches, das der Bildung einer einheitlichen inneren Staatsstruktur. Eberhard Weis hält mit Recht die Aufhebung der geistlichen Fürstentümer für den außenpolitischen Teil der Säkularisation. Nach diesem Befund aber macht dann die radikale Beseitigung der inneren Strukturen, die von den Klöstern gebildet worden waren, den innenpolitischen Teil aus. Ganz zwangsläufig, und ohne es zunächst zu wollen, ist Bayern damit dann auch unter den mittel- und westdeutschen Staaten zum Vorreiter der späteren Bauernbefreiung geworden.

Das große Versäumnis dieser Politik, das sich aus der tiefen Verhaftung der bayerischen Staatspraxis im Merkantilismus erklärt, bestand freilich darin, daß man die sozial- und arbeitsmarktpolitische Funktion der klösterlichen Eigenwirtschaften und ihre Bedeutung für die ländliche Wirtschafts-, Sozial- und Versorgungsstruktur verkannt hat. Man wußte nicht, was diese Strukturen für die Landbevölkerung bedeutet haben – in der Sprache der modernen Wirtschaftstheoretiker könnte man sagen: Die wirtschaftlichen Parameter, an denen die Existenzberechtigung des Ordensbesitzes gemessen wurden, waren zu schmal und waren unvollständig. Sie erfaßten nur den kaufmännischen Reingewinn, soweit er sich mit damaligen Mitteln überhaupt feststellen ließ, und nicht die gesamtwirtschaftliche und gesellschaftliche Funktion.

Faßt man aber diese Geschichtsperiode Bayerns unmittelbar am Beginn seiner größten inneren Umwälzungen zusammen, dann kommt man zu dem Schluß, daß die jahrhundertelange Auseinandersetzung zwischen Staat und Kirche, die sich im 18. Jahrhundert bis zur Spannung gesteigert hatte, zu fruchtbaren Ergebnissen für die Geschichtsentwicklung des Landes und zu in den übrigen deutschen Staaten in dieser Ausprägung fehlenden Existenz- und sozialen Freiheitsräumen für die Bevölkerung geführt hatte. Ein sehr wesentliches Ergebnis war auch die Herstellung größerer wirtschaftlicher und sozialer Gerechtigkeit zwischen den einzelnen Gesellschaftsgruppen. Bayern hat es immerhin durchgesetzt, daß die Steuerprivilegien der Geistlichkeit und des Adels abgebaut worden waren, und für eine sogar ausgesprochen scharfe Besteuerung des kirchlichen Besitzes gesorgt. Die bayerischen Bauern und Handwerker zahlten deshalb mit 24–28 % ihrer Bruttoeinnahmen deutlich weniger Steuern als die gleichen Gruppen in den anderen deutschen Staaten, die mit 32 % belastet waren. Die Kirche wurde mit etwa 24 % direkten Abgaben belastet, der Adel und die städtischen Körperschaften mit etwa 19 %. Diese Entwicklung vollzog sich zu der gleichen Zeit, zu der in Frankreich die Monarchie und schließlich auch die Gesellschaft von dem Sprengsatz der beispiellosen steuerlichen und sozialen Ungerechtigkeit zerrissen wurden, Preußen dem gleichen Schicksal nur durch eine von außen kommende militärische Katastrophe entging und Österreich seine alte Vormachtstellung unter der Doppelbelastung ständiger innerer Unruhen und großer außenpolitischer und militärischer Herausforderungen verlor. Daß Bayern zur gleichen Zeit, ähnlich wie schon im Bauernkrieg von 1525, eine Revolution erspart blieb, ist diesem langen, zähen und für die beteiligten Führungsgruppen schmerzhaften Ausgleichsprozeß zu verdanken. Zur Zerreißung, und damit zu tiefgreifenden Eingriffen ist es trotz aller Erschütterungen in Bayern bis zur Katastrophe von Hohenlinden von 1801 nicht gekommen. Als dann der innere, geradezu revolutionäre Sturm der Säkularisation einsetzte, war wieder einer der Stände, also eine Elitegruppe, das Ziel dieses radikalen Umwälzungsprozesses. Das Ausmaß, in dem die Bevölkerung davon erfaßt wurde, blieb zunächst verborgen und ist auch der Öffentlichkeit der damaligen Zeit wie der späteren Geschichtsperiode nie wirklich bewußt geworden.

Der bayerische Klostersturm
– die Säkularisation von 1803

Die Vorgänge sind ebenso aus den Akten verbürgt wie exemplarisch: Am 25. März 1803, einem Freitag, herrschte über dem westlichen bayerischen Oberland unfreundliches, spätwinterliches Wetter. Über den Trauchbergen hing schweres, schwarzes Gewölk, aus dem es dicht und naß schneite. Der kurfürstliche Kommissar Georg von Oberndorf – eigentlich hieß er Oberndorfer, aber er gehörte zu den zahlreichen bayerischen Landrichtern, die in den niederen Adelsstand erhoben worden waren, hatte sich verspätet und kam erst in der hereinbrechenden Dunkelheit vor der Pforte des Prämonstratenserklosters Steingaden an. Unterwegs war auf der Straße von Peiting nach Schongau ein Rad seines Wagens gebrochen, die Pferde kamen in dem dichten Schneegestöber ohnehin nur mühselig vorwärts. Das einzige, was er von der Abtei beim Aussteigen noch sehen konnte, waren die langgestreckten Gebäudefronten und vor allem die noch heute so finster wirkenden romanischen Türme des Steingadener Münsters, die sich gerade noch von dem düsteren Himmel abhoben. Er hat das in seinen Amtsberichten noch am gleichen Tage alles ganz genau beschrieben.

Trotz der Dunkelheit und des Schneegestöbers mußte jemand seine Ankunft beobachtet haben, denn der Abt öffnete ihm persönlich die Tür – einen ähnlichen Fall hat es in keinem anderen bayerischen Kloster gegeben – und begrüßte ihn mit einer Aufgeschlossenheit, die schon fast wie Freudigkeit wirkte. Auch bei der Verlesung des Säkularisationsdekretes, das in allen Klöstern den gleichen Wortlaut hatte und zu der alle erreichbaren Konventsmitglieder und die Wirtschaftsbeamten zusammengerufen wurden, war jedenfalls bei dem Abt weder von Bestürzung noch von Überraschung oder Trauer etwas zu erkennen.

Der Kommissar von Oberndorf sollte die Gründe dafür bald erfahren – sobald ihn nämlich der Abt in seine Kanzlei geführt und ihm die Schlüssel und die Hauptbücher der Prämonstratenserabtei Steingaden übergeben hatte mit den Worten: ,,Ihre kurfürstliche Durchlaucht wird hier nichts erhalten als Schulden und schlimme Verlegenheiten.''

Der Abt Gilbert Michl war ein seit Jahren schwer geplagter Mann. Der Überschwang und die Phantasie, mit der seine Vorgänger Hyazinth Gaßner und Marianus Mayr zusammen mit ihrem Baumeister Dominikus Zimmermann die Wieskirche geplant und gebaut hatten, waren mit ihnen gestorben. Zurückgelassen hatten sie ihren Nachfolgern einen fast beispiellosen wirtschaftlichen Niedergang und den zunehmenden Verfall des Kapitalbesitzes von Steingaden, so daß das Dasein des Abtes im wesentlichen nur noch aus dem verzweifelten Kampf um immer neue Darlehen, und damit immer neue Schulden bestand, die nötig waren, um wenigstens die laufenden Zahlungen aufrecht zu erhalten. Für ihn war die Säkularisation weder eine Überraschung noch ein Grund zur Bestürzung. Er hatte sie lange vorausgesehen und empfand sie fast als Erlösung, weil er sich darüber klar geworden war, daß es für seine Abtei seit sechzig Jahren keine echte Existenzchance mehr gab.

Zur gleichen Zeit, nur um ein paar Stunden früher, stieg in Benediktbeuern der Landrichter von Starnberg, von Ockel, aus der Kutsche vor dem Klostereingang – hier herrschte Vorfrühlingswetter mit wechselndem Sonnenlicht über dem Kochelsee, der Benediktenwand und dem Rabenkopf – und fragte einen feindselig und abwehrend dreinschauenden Laienbruder, der als Pförtner Dienst tat, nach dem Benediktbeurer Abt Karl Klocker. Der Abt sei nicht da, der hielte sich in München auf, erfuhr er. Dem Aufhebungskommissar für Benediktbeuern, denn dazu war der Starnberger Landrichter bestimmt worden, gefiel das ganz und gar nicht; er hatte erwartet und meinte, auch Anspruch darauf zu haben, von dem Abt in aller Feierlichkeit empfangen zu werden.

Wieder zur gleichen Zeit stieg eben dieser Abt Karl Klokker in München in der Sendlingergasse vor dem Haus, das dem Kloster Benediktbeuern dort gehörte, aus seinem vierspännigen Wagen und wurde von dem Hausbesorger höchst erstaunt mit den Worten empfangen: ,,Euer Gnaden sind hier? Wo doch im Kloster Euer Gnaden zur Stunde die Aufhebung in Gang gesetzt werden wird.‘‘

Die Reaktion der Ordensführungen

Diese kleine Episode aus dem Beginn der Säkularisation ist es deshalb wert, nacherzählt zu werden, weil sich hier einmal mehr und ganz besonders deutlich die Überraschung zeigt, von der die Führungen der Orden trotz der langen auf die Säkularisation hinführenden politischen Entwicklung befallen wurden. Abt Karl Klocker von Benediktbeuern war nämlich nicht etwa einer der 57 Klostervorsteher Bayerns, sondern zusammen mit dem Prüfeninger Abt Rupert Kornmann der

Die Fotografie war noch nicht erfunden. Eine schematische Gebiets-, Siedlungs- und Straßenkarte des Raumes Schlehdorf - Murnau - Eschenlohe von 1604.

gewählte Vertreter des bayerischen Prälatenstandes, der in der heraufziehenden Säkularisation die Interessen dieses Standes gegen den Staat vertreten sollte. Man kann also schon aus dieser Wahl, die übrigens nach streng demokratischen Grundsätzen im geheimen Abstimmungsverfahren als Briefwahl erfolgte, schließen, daß der Benediktbeurer Abt nicht nur als erfahrener Politiker und Jurist galt – die meisten bayerischen Benediktinermönche der damaligen Zeit waren entweder gleichzeitig Theologen und Juristen oder Theologen und Mathematiker –, sondern daß man ihm auch einen hohen Informationsstand und den frühzeitigen Zugang zu wichtigen politischen Informationen zugetraut hat. Dennoch ist selbst er vom zeitlichen Beginn der Säkularisation überrascht worden, während der Beschließer des übrigens sehr luxuriös eingerichteten Klosterhauses in München durch seinen Wohnsitz in der Hauptstadt bereits darüber Bescheid wußte, daß man im Laufe des Vormittages des 25. März 1803 die meisten Aufhebungskommissare auf den Weg gebracht hatte.

Der ganze Hergang ist kennzeichnend für die Säkularisationspraxis des bayerischen Staates. Wie bereits beschrieben, war es die Münchner Diplomatie selber, die es verstanden hatte, die Klosteraufhebung zum Verhandlungs- und schließlich zum Beschlußgegenstand der Regensburger Reichsdeputation zu machen, die nach den Grundsätzen des Friedens von Luneville und den Konzepten des Rastatter Fürstenkongresses die Aufhebung des geistlichen Besitzes als Entschädigungsmasse an die weltlichen Reichsfürsten zu planen hatte. Kaum war durch einen entsprechenden freistellenden Beschluß der Reichsdeputation vom 2.11.1802 wenigstens der Anschein einer Entscheidung gegen den Weiterbestand der Klöster herbeigeführt, ging man in der Münchner Verwaltung auch schon ans Werk, alle notwendigen Maßnahmen zur Durchführung der Klosteraufhebung vorzubereiten. Dabei vermied man jedes öffentliche Aufsehen und verstand es, mit Erfolg dafür zu sorgen, daß besonders die bereits vor dem

Ende der Regensburger Beratungen nahezu abgeschlossenen Verwaltungs- und Durchführungsmaßnahmen nicht bekannt wurden. Karl Theodor hatte seinen Nachfolgern einen recht gut funktionierenden Polizei- und Spitzelstaat hinterlassen – er funktionierte in München allerdings nicht so gut wie in Berlin Friedrichs des Großen, wo jeder zweite Schenkwirt bereits ein Polizeispitzel war –, und seine Nachfolger unter Montgelas bedienten sich dieses Polizeiapparates trotz alles sonstigen Reformreifers und trotz aller bösen Erfahrungen, die sie selbst mit diesem Polizeiapparat machen mußten, gern und ausgiebig. Dieser recht dichten Geheimhaltung dürfte es zuzuschreiben sein, daß selbst der Benediktbeuer Abt Ende März 1803 noch nicht wußte, daß schon am 17. Februar 1803 die Verwaltungsvorbereitungen für die Klosteraufhebung abgeschlossen waren und die Kommissare, die man zur Durchführung dieser Maßnahmen bestimmt hatte, die entsprechenden Anleitungen und Vorschriften schon am 11. März 1803 in Händen hatten.

Die bayerische Staatsführung wußte durchaus, was sie tat, als sie diese heute nicht mehr vorstellbare Geheimhaltung für eine so einschneidende Maßnahme plante und durchsetzte. Ihr lag alles daran, die Schaffung vollendeter Tatsachen zu erleichtern und eine Diskussion darüber, ob es bei der Durchsetzung von obendrein noch sehr unbestimmten Klosteraufhebungsbeschlüssen der Reichsdeputation in Regensburg mit rechten Dingen zugegangen sei, gar nicht erst aufkommen zu lassen; denn man war sich der im Grunde rechtswidrigen Eigenmächtigkeit bei diesem Vorgehen durchaus bewußt. Deshalb vermied man auch bei den notwendigen Dekreten zur Klosteraufhebung soweit als nur irgend möglich eine Berufung auf den Reichsdeputationshauptschluß und seine Paragraphen 35 und 42, welche die Klosteraufhebung angesprochen und das Pensions- und Entschädigungsprinzip für die Ordensangehörigen weitgehend verbindlich festgelegt hatten. Die Säkularisationsdekrete, die von den Aufhebungskommissaren an Ort und Stelle, meistens in den Prunksälen, Bibliotheken oder Refektorien der Klöster den Konventsangehörigen und den Beamten vorgelesen wurden, beginnen vielmehr allesamt mit einer faktischen Berufung auf die Friedensschlüsse von 1797–1801 mit den Worten: „Indem Seine Churfürstliche Durchlaucht nach erfolgter neuester Erklärung der bevollmächtigten Minister der vermittelnden Mächte in die freie Disposition und in die definitive Verfügung über die ständischen Mediatklöster gesetzt ist, wird dem Churfürstlichen Lokalkommissär. . . hiermit der Befehl ertheilt. . .“

Was hier zum Ausdruck gebracht werden soll, ist die Tatsache, daß die politische Willenserklärung Frankreichs und Rußlands zur Säkularisation als Entschädigung offensichtlich die wichtigste Quelle für das Recht zur Übernahme von Kirchengut war. Auch im späteren Amtsverkehr taucht diese Formulierung immer wieder auf. Der Weg Bayerns zum souveränen Staat, der eine eigene Außenpolitik betreibt und sich seine Partner zwischen den europäischen Mächten aussucht, wie ihn Otmar Aretin beschreibt, deutet sich hier schon recht offen an.

Für die Kommissare, die man in diesen Märztagen 1803 auf den Weg brachte, waren das freilich Formalien, die sie aus Rechtsgründen ebenso gewissenhaft erledigten wie die sogenannte Entpflichtung der Klosterdiener; letzte bestand darin, die Belegschaften aus dem arbeitsrechtlichen Verhältnis zum Kloster und seinem Orden zu entlassen und sie anschließend auf den Kurfürsten zu verpflichten und zu vereidigen, womit für sie ein neues arbeitsrechtliches Verhältnis begann. Viel bedeutsamer und wichtiger war für die Kommissare sozusagen das „Grundgesetz“ des Säkularisationsverfahrens, die „Instruktion fuer die zur Besitznahme der Gueter und des Vermoegens saemmtlicher staendischer Manns- und Frauenkloester der obern alten Churlanden in Gefolge hoechsten Rescripts vom 17. Hornung 1803 bestimmten Churfuerstli-

Durch die Säkularisation wurde die Barockkirche der Augustiner-chorherren von St. Nikola in Passau zu einem Materiallager gemacht.

Der hl. Benedikt trägt den versammelten Bischöfen und Kirchenvätern seine Regel vor. Ausschnitt aus dem Weihenstephaner Hochaltar von Jan Polack, entstanden um 1500, 1803 nach München transportiert.

chen Kommissarien" vom 11. März 1803. Sie ist es wert, im orginalen Wortlaut wiedergegeben zu werden, nicht nur deshalb, weil man die größte innere Umwälzung Bayerns in der Neuzeit ohne Kenntnis dieses Dokumentes kaum verfolgen und verstehen kann.

Mehr noch zählt die Tatsache, daß es sich hier um eines der bedeutendsten wirtschafts- und sozialhistorischen Grundsatzdokumente eines deutschen Staates aus den letzten dreihundert Jahren handelt; denn zum erstenmal wurde hier ein Gerüst für das Verfahren zur Erfassung, Beschreibung und Bewertung eines ganzen großen Teiles einer Volkswirtschaft und einer Sozialstruktur erstellt, der wegen seiner inneren Vielfalt zugleich einen Querschnitt durch die damalige gesamte Wirtschafts- und Sozialstruktur bildete.

Nicht weniger Bedeutung verdient die Tatsache, daß sich in den an erster Stelle stehenden, unter dem Buchstaben A zusammengefaßten Vorschriften über die weitere Versorgung und soziale Sicherung der Konventsmitglieder und auch der bedürftigen Arbeitnehmer der Klöster im Grunde das erste systematische sozialpolitische Handeln eines deutschen Staates auf gesetzlicher Grundlage abzeichnet. Zugleich bildet diese Instruktion eine ganz wesentliche Grundlage für die wenig später einsetzende Entwicklung der modernen Wirtschaftsstatistik, die sich auf die Notwendigkeit mit zurückführen läßt, so viele und so vielfältige Wirtschaftsgüter erfassen, beschreiben und bewerten zu müssen. Schließlich läßt sich hier auch die tiefe Wurzel unserer Systeme der sozialen Sicherung und Sicherheit für Arbeitnehmer erkennen, die auf benediktinische Ursprünge des hohen Mittelalters zurückgeht und sich im staatlichen Handeln Bayerns deshalb ausdrückt, weil der Staat als Säkularisator gezwungen war, auf die Sozialverhältnisse in den Objekten zu reagieren, die er aufgehoben hatte.

INSTRUKTION dt: 11. Maerz 1803
fuer

die zur Besitznahme der Gueter und des Vermoegens saemmtlicher staendischer Manns- und Frauenkloester der obern alten Churlanden in Gefolge hoechsten Rescripts vom 17. Hornung 1803 bestimmten Churfuerstlichen Kommissarien.

Indem Seine Churfuerstliche Durchlaucht nach erfolgter neuester Erklaerung der bevollmaechtigten Minister der vermittelnden Maechte ueber die definitive Verfuegung hinsichtlich der staendischen Mediatkloester der obern alten Churlande gemaeß hoechster Entschließung vom 17. dieß Monats beschlossen haben, saemmtliche Manns- und Frauenkloester sogleich foermlich aus ihren bisherigen Besitzungen gegen Regulierung einer einsweiligen Alimentation, und in Zukunft einer verhaeltnißmaeßigen Pension emittiren, und diese Emission durch besonders dazu abzuordnende Kommissarien in Vollzug bringen zu lassen; so wird hiemit selben nachfolgende ausfuehrliche Instruktion ertheilet, woraus die Kommissarien den Geist des ihnen uebertragenen Geschaeftes, und die Art und Weise der stuffenweisen Vollziehung zu entnehmen, und sich daran durchgehends genau zu halten haben.

Vor allem werden den Kommissarien hiemit einige allgemeine Normen vorgezeichnet, wornach dieselbe in Hinsicht

Instruktion

für

die zur Besitznahme der Güter und
des Vermögens sämmtlicher ständischer
Manns- und Frauenklöster der obern alten Churlanden in Gefolge höchsten Rescripts vom 17. Hornung 1803 bestimmten Churfürstlichen Kommissarien.

＊＊＊

Indem Seine Churfürstliche Durchlaucht
nach erfolgter neuester Erklärung der
bevollmächtigten Minister der vermittelnden
Mächte über die definitive Verfügung hinsichtlich der ständischen Mediatklöster der obern
alten Churlande gemäß höchster Entschliessung vom 17. dieß Monats beschlossen haben,
sämmtliche Manns- und Frauenklöster sogleich
förmlich aus ihren bisherigen Besitzungen gegen Regulierung einer einsweiligen Alimentation, und in Zukunft einer verhältnißmä-
ßigen Pension emittiren, und diese Emission
durch besonders dazu abzuordnende Kommissarien in Vollzug bringen zu lassen; so wird
hiemit selben nachfolgende ausführliche Instruktion ertheilet, woraus die Kommissarien
den Geist des ihnen übertragenen Geschäftes,
und die Art und Weise der stuffenweisen Vollziehung zu entnehmen, und sich daran durchgehends genau zu halten haben.

Vor allem werden den Kommissarien hiemit einige allgemeine Normen vorgezeichnet,
wornach dieselbe in Hinsicht

A. des Klosterpersonals,

B. der vorhandenen Mobilien, und

C. der bestehenden Realitäten, und
    übrigen Vermögens

zu verfahren, und welche sie hienach gehörig
anzuwenden haben, und zwar

ad

ad A.

1mo. Die bisherige Naturalverpflegung der Religiosen und Nonnen hört mit dem Zeitpunkte des Kasse = und Materialumsturzes auf, welcher aber erst mit Ende des Monats März vorzunehmen kömmt, so, daß sodann mit Anfange des Aprils die Geld=Alimentation dergestalt eintritt, daß jeder

Prälat pr. Tag	.	.	3 fl. — kr.
Religios	.	.	1 fl. — =
Laienbruder	.	.	— = 45 kr.

und so in Frauenklöstern jede

Aebtissinn täglich	.	.	3 fl. — kr.
Konventualinn	.	.	1 fl. — =
Laienschwester	.	.	— = 45 kr.
der Beichtvater	.	.	1 fl. — kr.

wenn er kein Religios ist, der schon aus seinem Kloster den Unterhalt erhält, und bisher den Tisch im Kloster genossen, zu beziehen haben.

Diese provisorischen Alimentationen, so wie in der Folge die Pensionen, kommen zwar in der Regel bei der hiesigen **Zentralkasse der aufgehobenen Abteyen und Stifter** zu erheben. Da aber die Alimentationen und Pensionen der Klosterindividuen reichsschlußmäßig auf der Masse eines jeden individuellen Klosters radizirt seyn und bleiben müssen, auch gar vielen Individuen sehr beschwerlich fiele, dieselbe hierorts in München erheben zu müssen; so sollen alle Pensionen bei jenem Landgerichte, und künftig bey jenem Rentbeamten bezahlt werden, in dessen Distrikte der Sitz des Klosters gelegen ist, jedoch gegen auf die Zentralkasse lautende Scheine, welche sodann die Beamten statt baar Geld in ihrer Abrechnung einzusenden haben.

Sollte sich der Fall ereignen, daß die einem Landgerichte oder Kastenamte zufallende Klostergüter = Renten, worüber weiter unten die besondern Anordnungen folgen, nicht soviel ertragen, als die Pensionen erfordern;

so

so ist jedes Landgericht oder respektive Kasten
amt ermächtiget, aus allen übrigen wie immer Namen habenden churfürstlichen Gefäl-
len so vieles herzunehmen, als zur vollen Entrichtung dieser Pensionen erforderlich ist,
wornach sie sodann diese aus andern Gefäl-
len abgeführte Scheine zur churfürstl. Haupt-
Staats = oder zu den einschlagigen Rentkassen statt baar Geld einschicken, die Hauptkasse aber den Betrag aus der Zentralkasse
der Abteyen und Stifter sich vergüten läßt.

Es soll jedoch jedem Individuum frey stehen, seine Pension auch in einem andern Orte,
nach den später folgenden besondern Bedingnissen, als bei jenem Landgerichte, worinn der
Hauptsitz des Klosters ist, zu erheben, welches sodann der Zentralkaßier als zugleich
Hauptkaßier mittels Kassa-Anweisungen leicht
berichtigen wird.

2do. Die vorhandenen Novizen sind, wenn
sie es selbst nachsuchen, bis zum Eintritt der
Geldalimentation im Kloster noch zu belassen,
und zu verpflegen, ausserdessen aber und hienach sogleich mit einer Aversionssumme von
150 fl., und ihren Kleidungsstücken, und
übrigen in das Kloster eingebrachten Mobilien zu entlassen; wobey denselben die Versicherung ertheilt werden kann, daß man diejenige unter ihnen, welche sich vorzüglich auszeichnen werden, zur Fortsetzung ihrer Studien aus dem Klostervermögen unterstützen
werde.

Sollten sich in ein oder dem andern Kloster Fratres Clerici, welche ohne höchster Bewilligung die Ordensprofeßion ablegten, befinden, so haben die Kommißarien hievon alsbald die geeignete Anzeige hieher zu machen.

3tio. Der Beamte, und das übrige weltliche
Dienstpersonale, wie Gerichtsdiener, Jäger
s. a., welche bereits in churfürstl. Pflichten
genommen, und bey den Nonnenklöstern zu
nehmen sind, bleiben indeß gegen die künftigen Obliegenheiten, welche unten ausführlich
bestimmt worden, bey ihren Besoldungsge-
nüssen; für die Naturalien aber, welche dieselben bisher täglich von dem Kloster genossen,

A. des Klosterpersonals,
B. der vorhandenen Mobilien, und
C. der bestehenden Realitaeten, und uebrigen Vermoegens
zu verfahren, und welche sie hienach gehoerig anzuwenden haben, und zwar

ad A.

1mo. Die bisherige Naturalverpflegung der Religiosen und Nonnen hoert mit dem Zeitpunkte des Kasse- und Materialumsturzes auf, welcher aber erst mit Ende des Monats Maerz vorzunehmen koemmt, so, daß sodann mit Anfange des Aprils die Geld-Alimentation dergestalt eintritt, daß jeder

Praelat pr. Tag	3 fl. — kr.
Religios	1 fl. — kr.
Laienbruder	– fl. 45 kr.

und so in Frauenkloestern jede

Aebtissinn taeglich	3 fl. — kr.
Konventualinn	1 fl. — kr.
Laienschwester	– fl. 45 kr.
der Beichtvater	1 fl. — kr.

wenn er kein Religios ist, der schon aus seinem Kloster den Unterhalt erhaelt, und bisher den Tisch im Kloster genossen, zu beziehen haben.

Diese provisorischen Alimentationen, so wie in der Folge die Pensionen, kommen zwar in der Regel bei der hiesigen Zentralkasse der aufgehobenen Abteyen und Stifter zu erheben. Da aber die Alimentationen und Pensionen der Klosterindividuen reichschlußmaeßig auf der Masse eines jeden individuellen Klosters radizirt seyn und bleiben muessen, auch gar vielen Individuen sehr beschwerlich fiele, dieselbe hierorts in Muenchen erheben zu muessen; so sollen alle Pensionen bei jenem Landgerichte, und kuenftig bey jenem Rentbeamten bezahlt werden, in dessen Distrikte der Sitz des Klosters gelegen ist, jedoch gegen auf die Zentralkasse lautende Scheine, welche sodann die Beamten statt baar Geld in Ihrer Abrechnung einzusenden haben.

Sollte sich der Fall ereignen, daß die einem Landgerichte oder Kastenamte zufallende Klostergueter-Renten, worueber weiter unten die besondern Anordnungen folgen, nicht soviel ertragen, als die Pensionen erfordern; so ist jedes Landgericht oder respektive Kastenamt ermaechtigt, aus allen uebrigen wie immer Namen habenden churfuerstlichen Gefaellen so vieles herzunehmen, als zur vollen Entrichtung dieser Pensionen erforderlich ist, wornach sie sodann diese aus andern Gefaellen abgefuehrte Scheine zur churfuerstl. Haupt-Staats- oder zu den einschlagigen Rentkassen statt baar Geld einschicken, die Hauptkasse aber den Betrag aus der Zentralkasse der Abteyen und Stifter sich vergueten laeßt.

Es soll jedoch jedem Individuum frey stehen, seine Pension auch in einem andern Orte, nach den spaeter folgenden besondern Bedingnissen, als bei jenem Landgerichte, worinn der Hauptsitz des Klosters ist, zu erheben, welches sodann der Zentralkaßier als zugleich Hauptkaßier mittels Kassa-Anweisungen leicht berichtigen wird.

2do. Die vorhandenen Novizen sind, wenn sie es selbst nachsuchen, bis zum Eintritt der Geldalimentation im Kloster noch zu belassen, und zu verpflegen, ausserdessen aber und hienach sogleich mit einer Aversionssumme von 150 fl., und ihren Kleidungsstuecken, und uebrigen in das Kloster eingebrachten Mobilien zu entlassen; wobey denselben die Versicherung ertheilt werden kann, daß man diejenige unter ihnen, welche sich vorzueglich auszeichnen werden, zur Fortsetzung ihrer Studien aus dem Klostervermoegen unterstuetzen werde.

Sollten sich in ein oder dem andern Kloster *Fratres Clerici*, welche ohne hoechster Bewilligung die Ordensprofeßion ablegten, befinden, so haben die Kommissarien hievon alsbald die geeignete Anzeige hieher zu machen.

3$^{tio.}$ Der Beamte, und das uebrige weltliche Dienstpersonale, wie Gerichtsdiener, Jaeger s. a., welche bereits in churfuerstl. Pflichten genommen, und bey den Nonnenkloestern zu nehmen sind, bleiben indeß gegen die kuenftigen Obliegenheiten, welche unten ausfuehrlich bestimmt worden, bey ihren Besoldungsgenuessen; fuer die Naturalien aber, welche dieselben bisher taeglich von dem Kloster genossen, wie Fleisch, Brod etc. etc. ist ein verhaeltnißmaeßiger Geldbetrag von dem Tage, wo die Naturalverpflegung des Konvents aufhoert, provisorisch zu regulieren. Da aber die meisten Klosterrichter ihren hauptsaechlichen Dienstgenuß aus den Taxen und Sporteln der Jurisdiktions- und Grundobrigkeit bezogen haben, also jetzt durch die nachfolgenden Verfuegungen vieles verliehren wuerden, so hat jeder Kommissair sich eine vidimirte Abschrift des Bestallungsbriefes zu nehmen, und sich eine genuine Dienstfassion vorlegen zu lassen.

Se. Churfuerstl. Durchlaucht werden sodann denjenigen staendigen Beamten, welche nicht anderwaertig an geeigneten Plaetzen angestellt werden koennen, und deren Lebensunterhalt in ihren bisherigen Stellen allein radizirt war, eine angemessene Pension auswerfen, fuer welche sie aber die unten bemerkte Regien uebernehmen, und hierueber getreue Rechnung ablegen muessen. Diese Pensionen werden ebenfalls bey jenen Landgerichten, in welchen der Sitz des Klosters entlegen ist, bezahlt, und duerfen nicht in die Regierechnung des Klosterrichters kommen.

Eben so ist auch ueber die Natural- und Geldgehaelter der uebrigen gebroedeten Diener eine Anzeige einzubefoerdern.

4to. Das uebrige Dienstpersonale, wie Konventdiener, Koechinnen, Naeherinnen etc., ist ebenfalls bis zum Eintritt der Geldalimentation mit Auszahlung ihres kontraktmaeßigen Lohnes mit Ruecksicht auf die hergebrachte Aufkuendungszeit zu entlassen. Diejenigen unter denselben aber, welchen nach Billigkeit eine weitere Unterstuetzung gebuehrt, sollen zu einer provisorischen Alimentation und allenfalls einstiger Pension begutachtet werden. Was aber die bey den Klosteroekonomien befindliche Bau- und Ehehalten betrift, so sind selbe auf die bisherige Art beyzubehalten, bis mit den Oekonomien durch Veraeußerung oder Verpachtung selbst eine andere Verfuegung geschehen kann.

5to. Da theils jedes Klosterindividuum bei seinem Eintritte in das Kloster einige Mobilien mit sich gebracht, und derselben in der Folge außer dem Kloster benoethiget ist, so soll von der Kloster-Mobiliarschaft

a) dem Praelaten sein Bett mit 3fachen Ueberzuegen und Bettstatt, ein Sopha, wo eines vorhanden, 6 Sesseln, ein Bethsstuhl, 1 Nachttisch, ein silbernes Besteck und Salzfaß, 12 Zinnteller, 12 Servietten und 3 kleine Tischtuecher, 6 Handtuecher, 2 zinnerne Leuchter, seine Kleidungsstuecke und Waesche wie es sich selbst versteht, 1 silbern- und vergoldetes Pectoral sammt Kette mit 1 Ring von mittlerm Werthe, 2 Komoden und 1 Kleiderkasten, und nach dem individuellen Wunsche eines Abtes demselben statt den obbemerkten Zinnstuecken auch selbe vom Porcellaen, wenn einiges vorhanden, ausgefolget werden;

b) dem Kammerdiener oder Bedienten desselben aber Bett mit Bettstatt und 2 Ueberzuegen, 2 Stuehle, 1 Kasten, 3 Handtuecher und 1 jedoch nicht silberner Tischzeug.

c) Jeder Religios behaelt die in seiner Zelle befindliche und dahin gehoerige Einrichtung, 2 Bettueberzuege, seinen bisher gebrauchten Tischzeug und Trinkgeschirr, wenn letzteres nicht von Silber ist, 6 Servietten, 3 Handtuecher, 6 Zinnteller, und wo die sogenannten Necessarien schon ueber die Haelfte der Zeit verfallen sind, werden sie ihnen neu gegeben. Auch ist demselben sein bei dem Abte, Prior, oder Dechant hinterlegtes Depositum zu lassen.

Vorstehendes versteht sich auch bei den Prioren, Dechanten, Offizialen und auf Probsteien exponirten Religiosen. Sollte ein oder der andere Abt oder Religios sich einige besondere Zimmereinrichtungen aus seinem ersparten Deposito beigeschaft haben, so ist ihm selbe, wenn er es hinlaenglich beweisen kann, ebenfalls ausfolgen zu lassen, welches auch der Fall bei den Buechern ist, in so ferne sich nicht einige zur Klosterbibliothek gehoerige darunter befinden, worueber aber jedesmal unter Vorlegung der Beweise, vorlaeufiger Bericht hieher zu erstatten koemmt.

6$^{to.}$ Die Religiosen koennen, nachdem ihre Pension reguliert seyn wird, aus dem Kloster tretten, jedoch kann dieß denjenigen, welchen pfaerrliche Verrichtungen und Unterricht uebertragen ist, bis auf andere Art Fuersorge getroffen seyn wird, und den Klosteroffizialen, bis sie ueber ihre Aemter ordentliche Rechnung werden abgelegt haben, und derselben enthoben sind, nicht bewilliget werden; wogegen ihnen aber eine besondere Unterstuetzung und Ruecksicht in der Folge zuzusichern ist. Ueberhaupt aber ist den Klosterindividuen bei ihrer Aufloesung bekannt zu machen, daß ihre Sekularisation, welche durch landesfuerstliche Macht dermalen verfuegt wird, nur auf die Temporalien und die damit nothwendig verbundene Wirkungen, nicht aber auf die Aufloesung ihrer Ordensgeluebde, so wie auf ihre Habilitaet zu Kuratbenefizien sich erstrecke, daß diese Gegenstaende zur geistlichen Behoerde geeignet seyen, wobei man sie doch in vorkommenden Faellen unterstuetzen werde.

Bei Austrettung der Klosterindividuen aus der Gemeinde sind noch folgende Maasregeln nothwendig zu beobachten:

a) Jeder Austrettende soll verbunden seyn, den Ort anzugeben, an welchen und bei wem er sich aufhalte, und wenn er noch bei Kraeften ist, womit er sich beschaeftigen wolle. Die Veraenderung seines Aufenthaltes muß auf gleiche Art wieder angezeigt werden.

b) Der Quittung ueber den vierteljaehrigen Empfang seiner Pension muß allezeit ein von dem Pfarrer und Beamten des Orts ueber sein Leben und seine Auffuehrung unterschriebenes Certifikat beygelegt werden.

c) Diejenige, welche

I. ihre Studien auf einer Landesuniversitaet fortsetzen, oder sich in Studien allda vervollkommen wollen, oder

2. zu einem Lehramte, Cooperatur oder Kurat-Benefizien adspiriren, muessen sich bei einer hier aufzustellenden Kommission ueber ihre Faehigkeit und uebrige Eigenschaften pruefen lassen.

Findet darnach diese Kommission, daß sie entweder schon wirklich bey einem Lehramte, oder der Seelsorge gute Dienste leisten koennen, oder versprechen die Faehigkeiten und Vorkenntniße der ersten, daß sie als Lehrer oder Seelsorger dereinst gute Dienste leisten werden, so kann diesen die Erlaubniß auf die Universitaet sich begeben zu daerfen, ertheilt werden, sie bleiben aber verbunden, der Quittung ihrer Pension allezeit ein Zeugniß des Vorstandes der Universitaet ueber ihr Leben, sittliches Betragen, Fleiß und gemachte Fortgaenge beizulegen. Die der ersten Klasse welche zum Lehramte adspiriren, werden von dem General-Schul-Direktorium, und diejenigen, welche zur Seelsorge tauglich befunden werden, bei der General-Landes-Direktion in dem *Folio Beneficiorum* vorgemerkt. Waeren sie noch nicht dafuer habilitirt, so werden sie bei den Ordinariaten unterstuetzet.

Diejenigen Religiosen hingegen, welche in einer Gemeinde beisammen bleiben wollen, sind besonders aufzuzeichnen, damit nach Verhaeltniß ihrer Anzahl schickliche Gebaeude fuer sie ausgewaehlt werden koennen, in welchen mehrere des naemlichen Ordens zusammen fortleben koennen. Es versteht sich, daß sie sich einem von Sr. churfl. Durchlaucht zu bestaettigenden Obern, so wie gewissen Disciplinar-Gesetzen zur Erhaltung guter Ordnung unterwerfen muessen, worueber die Kommissarien, nachdem sie die Gesinnungen der verschiedenen Religiosen vernommen haben, naeheren gutachtlichen Bericht erstatten sollen.

Bey den Nonnen greift das vorstehende in so lange nicht Platz, als bis hinsichtlich ihrer persoenlichen Saekularisation mit den geeigneten Bischoefen das naehere Benehmen gepflogen seyn wird. Bis dahin bleibt es also bei der bisherigen innern Klosterordnung, und muß also dabei auch das noethige Dienstpersonal noch beibehalten werden.

7$^{mo.}$ Ein auf eine Pfarrei exponirter Religios, wenn derselbe allda verbleiben will, erhaelt keine provisorische Alimentation, sondern es wird ihm einsweilen bis zur naehern Organisation dieser Pfarreien alles dasjenige belassen, was er bisher vom Kloster in Geld oder Naturalien, und sonst an Zehenden oder Stollgebuehren zu seinem Unterhalt bezogen hat. Hat er aber hierueber dem Kloster Rechnung ablegen muessen, und dagegen vom Kloster ein Aversum, oder einen bestimmten Sold genossen, so ist provisorisch auch

diese Rechnungs-Modalitaet fortzusetzen; deßwegen soll alles dasjenige, was die *Expositi* auf
diese, oder jene Art bisher bezogen haben, sogleich genau hergestellet, und eingesendet werden.

Inkorporirte Pfarreien sind als Bestandtheile
des Klostervermoegens zu betrachten und zu behandeln. Pfarreien, welche mit den Kloestern aus
besondrer landesfuerstlicher Gnad verbunden
worden, ohne denselben inkorporirt zu seyn,
sind besonders anzuzeigen.

Ferner haben die Kommissarien den geographischen Umfang jeder bisherigen Klosterpfarrei
wenigst beilaeufig, die Zahl der darinn befindlichen Kirchen und Seelen, so wie die Zahl der
Geistlichen, welche bis daher die pfaerrliche Verrichtungen besorgt haben, genau anzugeben.

Finden sich bei diesen Pfarreien Ansprueche
ueber Vindikationen, Zertheilungen, und Er-
richtungen eigener Exposituren, so sind solche
mit den pfaerrlichen Einkuenften besonders zu
beschreiben.

8$^{vo.}$ Die Kaplaene, welche aus Klostergeistlichen bestehen, sind eben so, wie die Pfarrer zu
behandeln, und haben hier die Kommissarien
alsbald ueber den Geld- und Naturalien-Bezug
derselben ein vollstaendiges Verzeichniß hieher
zu senden.

9$^{no.}$ Bei den Pfarreien, welche blos *excurrendo*
vom Kloster aus versehen werden, ist dem *Expo-
situs* zu seinem bezogenen oder verrechneten
Stollgenuß nach ermessen und vorlaeufigen
Gutachten eine provisorische Zulage von 100 bis

200 fl. zu verabreichen.

Endlich

10mo. Muessen die Pensionen im Lande ver-
zehrt werden, wollte aber ein Individuum mittels
Verzichtsleistung auf seine Pension und Alimentation fuer allezeit und immer (worueber ein or-
dentlicher Revers auszustellen waere) sich ins
Ausland begeben, so wird ihm eine Aversionssumme nach Gestalt der Umstaende gegeben
werden.

Ad B.

Was die Mobilien betrift, so ist

1^{tens.} Die saemmtliche Mobiliarschaft ueber die
nicht schon bey den Personen disponirt ist, in ein
einziges Lokale zusamm zu bringen, und solche
daselbst mit der Versieglung und besondern
Vorhaengschloessern moeglichst zu verwahren.

Es versteht sich dabei von selbst, daß darunter
die Geraethschaften, welche zur Fortfuehrung
der Oekonomie taeglich gebraucht werden, nicht
verstanden seyn koennen.

2^{tens.} Muß alles Mobiliar, Vieh, Fahrniß, Mate-
rialvorraethe, und alles uebrige, was nicht lie-
gendes Vermoegen ist, ordentlich beschrieben,
und wo dieß geschehen, die Beschreibung rekti-
fizirt, und zugleich durch ordentlich verpflichtete Schaetzleute abgeschaetzt werden, welches
sich auch auf die Kirchenzierden, und Paramen-
ten, die nach der folgenden Anordnung nicht anher eingesendet werden, beziehet.

Zu diesem Ende werden den Kommissarien

hiebei sowohl zur Herstellung eines ordentlichen Inventars, als der Lizitations-Protokolle gedruckte Formularien *sub Lit. A.* angelegt.

3^{tens.} Die Versteigerung selbst, ist stueckweise, oder in einzelnen Parthien vorzunehmen, um die Konkurrenz der Kaeufer zu erleichtern, und den Maecklern, und Spekulanten keinen Spielraum zu lassen. Dabei aber erhalten die Kommissarien den Auftrag, sich selbst des Mitsteigerns zu enthalten; auch sind die erkauften Stuecke n u r g e - g e n s o g l e i c h b a a r e B e z a h l u n g ausfolgen zu lassen.

4^{tens.} Von der Mobiliarschaft ist sogleich alles Gold, Silber, Pretiosen, einzelne seltene Muenzen, und ganze Sammlungen, Meublen von besonderm Werthe, wie Stock- und Haenguhren, Seltenheiten und Kunststuecke von Holz, Elfenbei, Wachs etc. etc., besonders praechtige Kirchen-Ornate (wobei aber wohl zu beobachten koemmt, daß bei den Kirchen all dasjenige verbleibt, was zum oeffentlichen anstaendigen Kultus nothwendig ist) das Kirchensilber bis auf 1 Monstranze, 1 Ziborium, 6 Kelche vom mindern Werthe einschlueßig der Pfarrkirche abzusondern, eine von dem Klostervorstande zu unterzeichnende, und zu fertigende Spezifikation *in Duplo* zu verfassen, und alsogleich alles wohlverwahrter mittels eigenen sichern, und nach Maaß des Belangs und Militaer, oder Gerichtsdiener zu eskortirenden Fuhrwerk, wozu die Klosterpferde zu benuetzen sind, hieher *ad Conservatorium* unter der Aufschrift: Z u r C h u r - f ü r s t l. G e n e r a l - L a n d e s - D i r e k t i o n in staendischen Klostersachen einzusenden.

5 tens. Wegen den Bibliotheken, Armarien, Gemaehlden, und Naturaliensammlungen, werden eigne Sachverstaendige in den Personen des churfuerstl. General-Landes-Direktions-Raths Christoph Freyherrn von Aretin, des churfl. Schulraths Schubauer, und des Praelatens Hupfauers von Beuerberg nebst dem Hofbibliotheksekretaer Bernard; dann des churfuerstl. Gallerie-Direktors Manlich, und des Inspektors Dillis abgeordnet werden, welchen besondere Instruktionen zugestellt wurden, die sie den Lokalkommissarien vorzuweisen haben. Inzwischen, und bis zum Eintreffen derselben, sind die respektiven Behaeltnisse zu versiegeln, besonders ist auch auf die Archive der Kloester alle Sorgfalt zu verwenden, und selbe unter Siegel zu halten. Dasjenige, was hievon von den zur Auswahl bestimmten Kommissarien nicht ausgewaehlt wird, und sonach im Kloster zurueck bleibt, ist ebenfalls genau zu inventiren, und wie solches geschehen, anher anzuzeigen, um hiernach darueber das weitere beschließen zu koennen. Auf gleiche Art ist

6 tens. Alles in dem Kloster vorfindige baare Geld, welches die doppelte Summe der bisher von dem Kloster jaehrlich entrichteten Dezimation uebersteigt, die inzwischen zur provisorischen Alimentation fuer das erste Vierteljahr, und die uebrigen noethigen Auslagen zurueckzubehalten, und dem Klosterrichter gegen Verrechnung zu uebergeben ist, mit obigen Trans-

porte nebst Anlegung einer gefertigten Muenzliste anher einzusenden, und sind darunter auch die Depositen, Bruderschafts- und Kirchen- so andere Gelder begriffen, jede Gattung aber besonders zu verzeichnen.

Ad C.

Da die liegenden Gruende bei der juengsten Inventarisation meistens nur oberflaechlich beschrieben wurden, und von den Frauenkloestern noch gar nicht erhoben sind, so muessen selbe dermalen genau mit Benuetzung der vorfindigen Beschreibungen und Plane, wo darueber gar nichts vorhanden ist, durch Lokalbesichtigung und nach allenfallsiger Ausmessung, deren Erforderniß aber vorlaeufig anher anzuzeigen koemmt, inventirt und abgeschaetzt werden, worueber eine genaue Beschreibung mit Bemerkung des Namens, des geometrischen Innhalts, der Graenzen und des Schaetzungswerthes herzustellen, dann in eine tabellarische Uebersicht zu bringen ist, wozu den Kommissarien ein gedrucktes Formular *sub Lit. B.* zugeschlossen wird.

In Ruecksicht der Verwendung und Benuetzung dieser Gruende, wenn die Selbstfuehrung der Oekonomie aufhoert, werden hiemit folgende Grundsaetze vorgezeichnet, und zwar

1) alle jene Aecker und Feldgruende, welche sich bei den Klosteroekonomien befinden, und in der Naehe von Staedten und Maerkten und sonstigen bevoelkerten Ortschaften gelegen sind, sollen zerstueckelt, und auf Eigen-

thum gegen einen ewigen Grundzins, welcher nach Getreidmaasen zwar regulirt, aber nie in Natur, sondern allzeit nach dem laufenden Preise bezahlt werden solle, mittels oeffentlicher Versteigerung veraeußert werden. Sollte es aber gleich anfaenglich an der Konkurrenz der Kaeufer fehlen, oder andere Umstaende sich ergeben, so sind selbe auf 1 Jahr mit Schiff und Geschirr zu verpachten, und kann dieß auf eine so kurze Zeit nicht erzielt werden, so soll noch eher auf ein halbes Jahr die Selbstregie auf die unten vorgezeichnete Art fortgesetzt werden; bis man in der Zwischenzeit eine guenstige Gelegenheit findet, die angeordnete ganze oder theilweise Veraeußerung mit der erfoderlichen Vorsicht und bei einer hinlaenglichen Konkurrenz zu vollziehen.

2) W i e s e n sind auf gleiche Art zerstueckelt zu verkaufen, zu verpachten, oder bei der eignen Oekonomie beizubehalten, und eben so auch

3) d i e F e l d l o h e n o d e r D e b e l.

4) die W a i d p l a e t z e, welche in der Ebne liegen, sind nicht minder auf die obige Art zu verkaufen, oder wenn auf den Klosterwaldungen besondere Servituten wie Waidrechte, Forstrechte s. a. haften, gegen selbe nach vorlaeufigem Gutachten auszutauschen.

Bei A l p e n ist der Unterschied zu beobachten, ob sie in eigenen Klosterwaldungen, oder in fremden Privatwaldungen liegen; im ersten Falle haben sich die Kommissarien mit dem einschlaegigen Forstmeisteramte zu benehmen, ob diese Alpen ohne Beschaedigung des Waldstandes wie bisher zu benuetzen oder vortheilhafter zu Holzgruenden zu verwenden waeren, wovon die Resultate sodann hieher zur weitern Verfuegung einzuberichten sind. Im zweyten Falle aber sollen dieselben entweder verkaufet oder verpachtet oder gegen auf den Klosterwaldungen haftenden Servituten ausgetauschet werden.

5) O e d e P l a e t z e u n d M o e s e r sollen wie oben die Waidplaetze verkauft oder vertauscht werden.

6) H o p f e n g a e r t e n , da sie zum Beschlag, der zur Verpachtung bestimmten Braeuhaeuser am Besten benuetzt werden koennen, sind ebenfalls jedoch besonders zu verpachten, wo die Pachtzeit nach der des Braeuhauses zu regulieren ist; indeß koennen selbe auch verkauft werden. Sollten allenfalls

7) W e i n b e r g e im Innlande vorhanden seyn, so sind selbe zu verkaufen, und dem Kaeufer zur freyen Disposition zu ueberlassen. So auch werden

8) T e i c h e n u n d W e i h e r verkauft, und es steht dabei den Kaeufer frei, selbe als solche zu benuetzen oder auszutrocknen, und zu kultiviren.

9) W a l d u n g e n mit Einschluß der Filzen sind von der Veraeußerung zur Zeit ausgeschlossen, und muessen selbe genau beschrieben und in so viele Libelle auseinander geschieden werden, als in so vielen verschiedenen churfuerstl. Forst-

meister- und Forstkontrollaemtern selbe liegen; wornach dann sogleich die ordentlich gefertigten Libelle den betreffenden Forstmeisteraemtern mitzutheilen sind, damit sie die in ihrem Distrikte gelegenen Foerste alsbald zur Administration auf die weiter unten naehers erlaeuterte Weise übernehmen. Das bisher bey den Klosterfoersten angestellte Personal geht einsweilen mit den Foersten zu den einschlaegigen Forstmeisteramte ueber, und wird demselben untergeordnet.

10) Die Kloster-Oekonomie-Braeuhaus – so andere Gebaeude sind genau zu beschreiben, und wo Plane vorhanden sind, dazu anzulegen, dann selbe gehoerig abschaetzen zu lassen. Die Klostergebaeude selbst werden in der Folge nach den Lokalitaeten theils verkauft, theils zu oeffentlichen Anstalten und Fabriken bestimmt, theils, wenn kein nuetzlicher Gebrauch moeglich ist, abgetragen, und die Materialien anderwaertig verwendet werden, worueber vorlaeufig die Verwendung zu begutachten ist, indeß aber ist auf derselben Erhaltung die moeglichste Sorge zu tragen.

11) Die bei den Kloestern befindliche Gaerten sind, bis mit den Gebaeuden eine Veraenderung vor sich geht, auf 1 Jahr lang zu verpachten, oder allenfalls dem Klostergaertner statt einer zu verreichenden provisorischen Alimentation zu ueberlassen.

12) Isolirt gelegene arrondirte Maierhoefe sind im Ganzen auf Eigenthum gleichfalls gegen Grundzins auf oben bemerkte

Art in der Maas zu verkaufen, daß ein Viertheil des Kaufschillings als Kapital des Grundzinses auf das Gut gelegt, die uebrigen $^3/_4$ Theile aber theils baar, theils in Fristen bezahlet werden. Sollte der Verkauf auch deßfalls nicht gleich erzielet werden koennen; so sind selbe mit Schiff und Geschirr auf 1 Jahr zu verpachten, und wenn eine solche Verpachtung nicht zu erzielen waere, so soll noch eher auf ein halbes Jahr die Regie fortgesetzt werden.

Da jedes Kloster neben dem vorstehenden Realvermoegen noch anderes Vermoegen besitzt, und besondere Renten und aus Gerechtigkeiten fließende Einnahmen bezieht, so sind darauf besondere Ruecksichten zu nehmen, und werden hiemit selbe den Kommissarien vorgezeichnet, und zwar

a) sind die innlaendischen Aktivkapitalien genau nach den vorfindigen Originalobligationen und Kapitalbuechern zu verzeichnen, wo moeglich zu liquidiren, und in beigehende tabellarische Uebersicht *sub Lit. C.* einzutragen; dabey aber auch die ausstaendigen Interessen zu liquidieren, und nach Moeglichkeit beizutreiben. Die Originalobligationen sind sicher und wohlverwahrt hieher *ad Conservatorium*, die beigetriebenen Interessenausstaende aber zu der hiesigen Zentralkasse ordentlich einzusenden. Diese Kasse fuehrt die Administration aller innlaendischen Aktivkapitalien und derselben Zinsen, und die Kommissarien haben die Klosterdebitoren anzuweisen, daß sie kuenftig ihre Interessen an dieselbe gehoerig zu entrichten haben. Die von den minder betraechtlichen Unterthanskapitalien abfallende Zinsen koennen aber auch bey den einschlaegigen Landgerichten, respective Kammeralaemtern von den Kapitalstraegern erlegt werden, welche sie gehoerig zu bescheinen, und zur Zentralkassa einzusenden haben.

b) Die von den G r u n d - u n d J u r i s d i k - t i o n s - U n t e r t h a n e n, Z e h e n d h o l d e n u n d L e h e n v a s a l l e n z u e r h o l l e n d e G e - f a e l l e sind nach den *sub Lit. D, E et F.* beigehenden Formularien genau auszuheben, und ihr bisheriges Ertraegniß zu berechnen, um darueber eine vollstaendige General-Uebersicht zu erhalten. Da aber die hoechste Gesinnung dahin geht, daß, um nicht durch seiner-zeitige nochmalige Kommissionen Zeit und Koesten zu verlieren, jetzt schon die Aufloesung der Administration, und jene Einrichtung geschehen koenne, vermoeg der alle Kloester-Besitzungen und Renten den verschiedenen churfuerstl. Landgerichten und Kammeralaemtern vollkommen einverleibt werden muessen: so haben die Kommissarien zu gleicher Zeit alle Renten und Realitaeten in so viele verschiedene Libelle genau und bestimmt detailirt auseinander zu scheiden als in so vielen verschiedenen Landgerichten ersagte Realitaeten liegen, oder Renten in denselben bezogen werden; es moegen selbe Realitaeten und Renten sich unmittelbar im Landgerichte oder in den Hofmarks-Bezirken desselben Landgerichts befinden. Von diesen Libellen sind die Rapularien bei den Kommissions-Manualakten zu behalten; zugleich aber eben so viele Abschriften zu machen, und sowohl die Rapularien als die *Munda* nicht blos von dem Kommissair, sondern auch von dem Abte, oder jenem Konventualen, welcher die Administration eines oder des andern Zweiges gefuehrt hat, und von demselben Klosterrichter zu unterschreiben, und zu fertigen; der Kommissair sendet sodann diese gefertigten *Extracte* jedem einschlaegigen Landgerichte, Kammeral- und Forstmeisteramte zu, in so ferne hierueber weiter unten nicht besondere Ausnahmen bestimmt worden sind; und wenn der Kommissair selbst Landrichter oder Kammeralbeamte in demselben Gezirke ist, so wird das Libell seines Antheils in seiner Gerichts- und Kastenamts-Registratur zu den weitern Verfuegungen reponirt.

Auf gleiche Weise und unter den naemlichen Foermlichkeiten haben die Kommissarien die Ausstands-Liquidationen vorzunehmen, die gehoerigen verschiedenen Libellen zu verfassen, und den einschlaegigen churfuerstl. Behoerden zu uebergeben.

Die Original-Grundbuecher, Saalbuecher, Lagerbuecher, Rechnungen, Manualien, aus welchen diese verschiedenen Libelle gezogen werden, muessen zur churfuerstl. General-Landes-Direktion nach gemachtem Gebrauche eingesendet werden, wo die Summe aller dieser theilweisen Libellen mit der Summe des Katastral-Komplexus in genaue Kontroll gesetzt wird.

Da es eines Theils den reinen Principien der Staatswirthschaft und den hoechsten Regierungs-Gesinnungen entspricht, und andern Theils die veraenderten Verhaeltnisse der Klosterbesitzungen erheischen, daß fuer die bisher geleistete Natural-Scharrwerke verhaeltnißmaeßige Surrogate behandelt werden, so findet man

Die Deckenfresken aus dem Bibliothekssaal des einstigen Augustinerchorherrenstiftes Schlehdorf vor der Restaurierung. Der Abbau der Gemäldesubstanz kennzeichnet den Kunstverlust durch die Säkularisation.

*Der wiedererstandene Kreuzgang von Benediktbeuern, in dem sich
Romanik, Renaissance und Barock vereinigen, zeigt seit der Renovierung
durch die Salesianer 1973 oft einen fast unwirklichen Glanz.*

hiebei fuer nothwendig: die Kommissarien hierauf besonders aufmerksam zu machen, und darueber ausfuehrlich zu instruiren, und zwar theilen sich die Scharrwerke

a. in G e r i c h t s s c h a r r w e r k e und

b. In G r u n d h e r r l i c h e u n d a n d e r e b e d i n g t e S c h a r r w e r k e .

Ad *a*. Die Gerichtsscharrwerke, welche nach dem Civil-Gesetzbuche 2. Theil 11. Kapitel 2. § in die gemessene und unangemessene eingetheilt werden, mueßen genau beschrieben, und mit den einzelnen Unterthanen ordentlich liquidirt werden; hiebey sind die Unterthanen zu vernehmen, in wie ferne sich selbe zu einem angemessenen Geldsurrogat mit Ruecksichtnehmung auf den bestehenden Hoffuß, und die Quantitaet der bisher geleisteten Naturaldienste herbeilassen wollen. Diese Vernehmungen und Aeußerungen haben die Kommissarien mit ihren Gutachten zur fernern Behandlung anher einzusenden. Den Kommissarien wird aber zu ihrer bloßen Privat-Instruktion vorlaeufig eroefnet, daß das *Maximum* der gerichtischen Scharrwerke ab 1 ganzen Hof zu 14 fl. angenommen werden duerfte, wovon aber den Unterthanen bei der vorlaeufigen Vernehmung zur Zeit noch keine Eroefnung zu machen koemmt.

Ad *b*. D i e g r u n d h e r r l i c h e und a n d e r e b e d i n g t e S c h a r r w e r k e , die nach dem obangezogenen Gesetzbuche §. 16. blos vom Gedinge herruehren, sind ebenfalls genau mit Bemerkung desjenigen, was der Unterthan dafuer erhaelt, und wie hoch diese Frohnen gegendueblich verloehnt werden, zu beschreiben, und zu liquidiren.

Zu den vorbemerkten bestaendigen und zu-
faelligen Renten gehoeren nun auch, wie oben
bemerkt worden, die aus Gerechtigkeit entspring-
gende Einnahmen, und diese koennen fließen

1) Von den B r a e u h a e u s e r n. Hievon ist
der bisherige jaehrliche Ertrag nach einem 20jaeh-
rigen Durchschnitte ohngefaehr herzustellen,
und der Werth des Braeuhauses in Verbindung
mit den dazu gehoerigen Gebaeuden, Kellern,
und Braeugeraethschaften abschaetzen zu lassen;
wornach dann dieselben durch Lizitation, jedoch
mit billiger Ruecksicht auf die Soliditaet des Stif-
ters und zwar vor der Hand auf 6 Jahre *Salva ratificatione* verpachtet werden. Sollte sich unter
der Hand ein Kaeufer fuer ein oder das andere
Braeuhaus allenfalls mit dem Klostergebaeude
finden, so ist hierueber eine besondere Anzeige
zu machen.

Bis zum Ende der Sudzeit ist mit dem Ein-
brauen und Brandweinbrennen ununterbrochen
fortzufahren, und so auch mit dem Ausschenken
des Biers, worauf die Kommissarien besondern
Bedacht zu nehmen haben.

2) Von den T a f e r n e n u n d B i e r s c h e n -
k e n. Mit derselben Abschaetzung ist eben so zu
verfahren, in so ferne sie nicht schon auf Gerechtigkeit verliehen sind. Die noch nicht verliehenen
Tafernen und Bierschenken sind sammt den Realitaeten aber auf Art wie die uebrigen Klosterrea-
litaeten zu verkaufen.

3) Von M u e h l e n. Diese kommen auf gleiche Art zu beschreiben, und zu verkaufen. Die

bei Kloestern vorhandenen

4) B a e c k e r e i e n und

5) S c h m i d e n, in so ferne sie mit wirklichen Gerechtigkeiten versehen sind, sollen ebenfalls auf vorstehende Art behandelt werden. Bei

6) Z i e g e l s t a e d t e n

7) K a l k o e f e n tritt die naemliche Verfahrungsart ein.

8) S t e i n und G i p s b r u e c h e und

9) D o r f s t e c h e r e i e n sind auf vorige Art zu beschreiben, abzuschaetzen, und hienach zu verpachten.

10) Die A p o t h e k e n, wenn sie ein unumgaengliches Beduerfnueß der benachbarten Gegenden sind, sollten nebst den vorhandenen Materialien und Zugehoeren, dann den allenfalls besonders dazu bestimmten Gebaeuden nach vorgaengiger Abschaetzung verkauft, oder in die naechst gelegene Stadt oder Markt kaufweise versetzt werden.

11) B u c h b i n d e r - und B u c h d r u c k e r e i e n, in so ferne einige bei den Kloestern vorhanden sind, koennen als Gerechtigkeiten, als welche sie bisher nicht ausgeuebt wurden, in der Folge nicht mehr bestehen, die dabei befindliche Instrumente, Apparate, und Einrichtungen sind aber genau zu beschreiben, und anher zur Verwerthung einzusenden.

Befinden sich bei den Kloestern noch andere Handwerke und Kuenste, die mit foermlichen Gerechtigkeiten nicht versehen waren, so ist hievon von den Lokalkommissarien eine Anzeige einzusenden, und derselben das Gutachten beizusetzen, in wie ferne ihre fernere Ausuebung nach den oertlichen Verhaeltnissen, und der

Fortfuehrung der eigenen Regie wegen noethig sey oder nicht. Die bei diesen befindlichen Handwerkszeuge, wenn sie nicht individuelles Privat-Eigenthum sind, muessen vor der Hand beschrieben werden.

13) Die J a g d e n, worueber die Verleihung, und ob sie h o h e oder n i e d e r e sind, nebst denn jaehrlichen Ertrag nach einem 20jaehrigem Durchschnitt zu bemerken koemmt, sollen verpachtet, oder wenn sie dem churfuerstl. Leibgehaege anliegen, demselben einverleibt werden.

13) Die F i s c h e r e i e n a u f S e e n, F l u e s s e n u n d B a e c h e n mit obigen Detail sind zu verpachten, dabei kann aber auch ein Kaufsanboth angenommen werden, welches anher anzuzeigen ist. Sollten sich bei dem noch nicht inventirten Vermoegen der Nonnenkloester Besitzungen im Auslande befinden, so sind selbe aus den vorfindigen Dokumenten und Rechnungen genau zu beschreiben, ohne sich jedoch an Ort und Stelle zu begeben.

Auch muessen die Praesentationsrechte der Kloester auf Saekularpfarreien, und ihre Titulanten in eine besondere Anzeige gebracht werden.

Befinden sich außer dessen noch andere Rechte und Gerechtigkeiten bei ein oder dem andern Kloster; so sind selbe ebenfalls nach vorstehenden Normalgrundsaetzen zu behandeln, und in das zum Behuf der vorangefuehrten Gerechtigkeiten *sub Lit. G.* anliegenden Tabellsformular einzutragen.

Wie nun bisher alles, woraus das Vermoegen eines Klosters bestehen kann, specifisch vorgezeichnet worden, so muessen auch dagegen zur Erzielung eines reinen Etats diejenigen Lasten und Schulden in Ansatz gebracht werden, welche auf diesem Vermoegen haften, und diese bestehen

a) in Passivkapitalien und Kurrentschulden, worunter die bereits vom Kloster verzehrten Depositen ebenfalls verstanden werden, welche nach dem *sub Lit. H.* beigehenden Formular zu erheben, und genau mittels Abhaltung eines von dem Abten und Prior zu unterzeichnenden Protokolles zu liquidiren kommen. Die Abzahlung der Passivkapitalien, wenn einige aufgekuendet werden, so wie der Interessen und uebrigen Schulden wird von der Zentralkasse berichtiget; man erwartet aber von den Kommissarien noch vorlaeufig geeignete Zahlungsvorschlaege.

b) der bisherige Decimationsbetrag, so wie

c) der Schulbeitrag, dann

d) die von dem Kloster bisher jaehrlich geleisteten Steuern und Anlagen sind in ein Verzeichniß zu bringen, um sie zur gehoerigen Verfallzeit aus der Zentralkasse berichtigen zu koennen.

e) Ueber die von dem Kloster genießenden Passiv-Lehen entstehenden Praestationen koemmt der jaehrliche Abgabsbetrag nach einem 20jaehrigen Durchschnitte zu berechnen, und da

f) bei allen Kloestern verschiedene Kirchenstiftungen mit besondern Verbindlichkeiten vorhanden sind, so muessen selbe alle genau aufgezeichnet und die darauf sich ergebende jaehrliche Auslagen nach 20jaehrigem Durchschnitte ausgeworfen werden; womit ein geeignetes Gutachten ueber die dem Volke nuetzlichen und nothwendigen, dann ueberflußigen und zwecklosen Stiftungen zu einem einstigen Regulativ zu verbinden koemmt, zu welchem auch die letzten 3 Jahrgaenge der vorfindigen Kirchen- und Bruderschaftsrechnungen einzusenden sind.

g) Bestehen bei ein oder anderm Kloster Proceße mit Fremden (sohin nicht mit dem Fiskus die bereits angezeigt sind) so haben die Kommissarien selbe in ein Verzeichniß zu bringen, und wenn sie dermalen noch anhaengig sind, die vorfindigen Kloster-Manualakten beizulegen.

Sollten sich ueber dieß noch besondere unbekannte Servituten und Lasten vorfinden, so sind selbe genau aufzuzeichnen, und ihre zweckmaeßige Entfernung zu begutachten.

Nachdem nun den Kommissarien bis hieher der ganze Inbegriff ihrer Geschaeftstheile ausfuehrlich vor Augen gelegt, und denselben sowohl die generellen als speciellen Normen der Verfahrungsart vorgezeichnet worden sind; so will man hiernach auch denselben den G a n g d e r V e r h a n d l u n g selbst, und die hinsichtlich der fortzusetzenden Kloster-Administration noethigen Verfuegungen anzeigen.

In Gefolge dessen hat jeder Kommissair vor allem und ehevor er sich in das ihm bestimmte Kloster begiebt, aus den ueber selbes bereits erhobenen und hiebeygehenden Inventarisationsakten (ueber die Frauenkloester sind dergleichen noch nicht vorhanden) eine vorlaeufige Information zu erholen; hienach aber sich alsbald in das ihm uebertragene Kloster zu begeben, dort dem Abten oder der Abtissinn und dem Konvente sein

Kommissorium zu eroeffnen, und hierauf sein Geschaeft auf folgende Art zu beginnen und fortzusetzen, und zwar

1tens ist wie oben *ad B. n. 4.* schon angefuehrt worden, sogleich die Baarschaft ueber Rueckbehaltung der bestimmten Summe, die Praetiosen, Gold, Silber und Kunstwerke s. a. in Beschlag zu nehmen, und auf die vorgezeichnete Weise einzusenden.

Bei Nonnenkloestern sind aber noch vor diesem die Beamten, und die weltliche Dienerschaft ihrer bisherigen Pflichten zu entlassen, und provisorisch in churfuerstl. Pflichten zu nehmen, auch nach vorliegendem Formular *sub Lit. I.* einen Klosterpersonal-Etat herzustellen und foerdersamst einzusenden. Hienach ist

2tens mit dem Praelaten und den Kloster-Offizialen ueber alle bisherige Einnahmen und Ausgaben abzurechnen, und ein Abschnitt zu machen, wobei ueber die ganze Berechnung sowohl als ueber den Materialumsturz ein ordentlich detaillirtes Protokoll abzuhalten, und aller Materialbestand an Getreid, Fourage, Bier, Brandwein, Wein, Pech, Hopfen, Malz, Holz so andern spezifisch dem Maase und Geldanschlage nach, wie oben bemerkt worden, zu inventarisiren, und dem bisherigen Klosterbeamten, dem die Regie der Klosteroekonomie uebertragen wird, in so ferne auszuhaendigen, als selbe zur einsweiligen Fortfuehrung der eignen Regie nothwendig sind.

Hiebei wird besonders verordnet, daß, wo ein Klosterbeamter im Orte anwesend und mit den zur Fuehrung einer Oekonomie erforderlichen Kenntnissen, und Rechtschaffenheit hinlaenglich versehen ist, die Administration und Regie der Oekonomie, bis selbe durch die angeordnete Veraeußerungen aufhoeren muß, uebertragen werden soll. (Sind deren zwei oder mehrere vorhanden, so ist unter ihnen das Geschaeft abzutheilen) wo aber dieß nicht ist, so soll zur weitern Fortfuehrung der Oekonomien ein geschicktes und vertrautes Kloster-Individuum, welches in churfuerstl. Pflichten zu nehmen ist, so lange es die Umstaende erfordern, beigezogen werden. Zu diesem Ende sind die mit gebroedeten Dienern bestellte Oekonomien, Schwaigen, Maierhoefe, Braeuhaeuser, Muehlen, bis dieselbe veraeussert oder verpachtet werden, die Fischereien, dann die Aufsicht und kuenftige Verwerthung der dermaligen Getreidevorraethe, die Aufsicht ueber jene Fahrnisse und Mobilien, welche nicht auf der Stelle verwerthet werden koennen, die Aufsicht auf den Unterhalt der Gebaeude, und Anderes, was nach den pflichtschuldigen Ermessen der Kommissarien, und darauf erfolgenden Genehmigungen noch einige Zeit einer Lokalregie unterworfen bleiben muß, den Klosterbeamten oder Offizialen auszuantworten, und von der Besitznahme der einschlaegigen Landgerichter und Kammeralaemter ausgenommen.

Was aber die Einheischung der Jurisdiktions- und Grundgefaelle und uebrigen Renten betrift; so geht selbe nach dem oben *B*. angeordneten Normen an die Landgerichte und Kammeralaemter an und fuer sich ueber, sobald sie werden den Besitz davon genommen haben.

Von der Extradition an die Landgerichte und

Kastenaemter sind aber in Gefolge der hoechsten Anbefehlung die drei Herrschaftsgerichte E t t a l respect. M u r n a u, dann T e g e r n s e e und B e n e d i k t b a i e r n ausgenommen; von diesen drei Kloestern haben die betreffende Kommissarien nur diejenigen Realitaeten und Renten an die Landgerichter und Kastenaemter nach den obigen Anordnungen auszuantworten, was ausserhalb dem Bezirke dieser betraechtlichen Herrschaftsgerichter in den verschiedenen Landgerichten zerstreuet ist. In den innern Bezirken dieser drei Gerichte aber sind die bisherige drei Beamte zu Murnau, Tegernsee und Benediktbaiern sowohl in Jurisdiktions- als Rentwesen provisorisch beizubehalten, sofort denselben als nunmehr churfuerstl. Gerichtsbeamten die Realitaeten und Renten, so wie den uebrigen churfuerstl. Landgerichten und Kammeralaemtern mittels besondern Libellen, die Mobilien und Regien aber nach der obenbemerkten Art wie den uebrigen Klosterbeamten auszuantworten. Die fuer diese drei Kloester bestimmte Kommissarien werden daher hienach gehoerig zu verfahren wissen.

Wie nun aber durch die vorstehende Extradition die bisherige Klosteroffizialen aus der freien Disposition ueber die Vorraethe und Konsumtibilien gesetzt werden, doch die Kloster-Individuem selbst beim Eintritte der provisorischen Geld-Alimentation, und in so lange noch eine Gemeinschaft besteht, zu ihren taeglichen Unterhalt einige Naturalien nothwendig haben werden, so ist der Klosterrichter *respect.* Administrator anzuweisen, solche, in so lange einige vorhanden seyn werden, um den laufenden Preis an die Kommunitaet oder einzelne Konventualen ausfolgen zu lassen.

Mit dem Eintritte der angeordneten Geld-Alimentation zessirt auch alle Hospitalitaet, indem auf churfuerstliche Koesten nichts mehr hierauf in Ausgab passirt.

Ist dieß geschehen, so hat der Kommissair

3tens an die Mobiliarschaft Hand anzulegen, und dießfalls zur moeglichsten Verhuetung der Distraktion, wie oben vorgezeichnet worden, dieselbe in einem Orte zusammen zu stellen. Es versteht sich dabei von selbst etc. daß hievon dasjenige ausgenommen ist, was den Individuen ueberlassen wird, und bis zur Aufloesung der Kommunitaet am unentbehrlichsten Kirchengeraethe s. a., wie auch zur Fortfuehrung der Oekonomie hoechst nothwendig ist, welch alles genau beschrieben, und bei Verantwortlichkeit den betreffenden Uebernehmern ausgehaendigt, und von selben wieder in den naemlichen Stande zurueckgestellt werden muß.

Hat der Kommissair das Mobiliar im Kloster auf solche Art in Verwahr und Beschreibung gebracht; so soll die Verfuegung ueber dasjenige von gleicher Art bei den außer dem Kloster gelegenen Besitzungen ausgedehnt werden, und muß daher die Inventarisation bei den aeußern Oekonomien, Maierhoefen, Muehlen, dann Pfarreien und Probsteien auf die vorgezeichnete Art eintretten, wo bei den erstern die Mobiliarschaft bis zum Verkauf der Gruende, und der dadurch cessirenden eigenen Regie an die Klosterbeamte und *respect.* verpflichtete Offizialen, bei den letztern beiden aber den Pfarrern oder Proebsten, welche ebenfalls provisorisch zu verpflichten sind, nebst der Regie gegen genaue Verrechnung und Haftung zu uebertragen koemmt; außer es waeren dagegen bei einem oder dem andern besondere Anstaende vorhanden. Die Pfarr-Inventarien sind schleunigst einzusenden, um hienach wegen der Pfarrdotationen und der Uebernahme das Noethige bemessen zu koennen, bei Probsteien aber ist in jeder Hinsicht wie bei den Kloestern und ihren uebrigen Besitzungen zu verfahren. Nach diesem ist

4tens unverzueglich zur Versteigerung der Mobilien, Vorraethe s. a. mit Ausnahme des Viehes und Fahrniß, nach der oben *B. n. 2.* vorgezeichneten Weise zu schreiten, nachdem vorlaeufig die geeignete Ankuendigung in den hiesigen Zeitungsblaettern eingerueckt, und selbe in der Gegend auf geeignete Art bekannt gemacht seyn wird.

Zur Vornahme der Versteigerung selbst sind die Klosterbeamte allerdings zu gebrauchen, wenn sie dazu die noethigen Kenntnisse und Integritaet besitzen.

Nach Beendigung dieses Geschaefts hat der Kommissair

5tens sein Augenmerk auf die Realitaeten zu nehmen, und damit nach den oben *C* bestimmten Normen fuerzufahren, wozu der Kommissair zur Verkuerzung des Geschaefts sich ebenfalls der Klosterbeamten bedienen kann.

Derselbe hat sich aber einer definitiven oder eigenmaechtigen Verfuegung dabei mittels Veraeußerung, oder auf andere Art zu enthalten;

sondern wie oben angeordnet, das zweckmaessige Gutachten zur Verwendung zu erstatten, und die Genehmigung zu gewaertigen. Zugleich wird hier den Kommissarien eroefnet, daß außer der Licitation auch Anbothe unter der Hand angenommen werden duerfen, welche ebenfalls anher anzuzeigen kommen. Hierauf mag

6tens Die Liquidation der Activ- und Passiv-Kapitalien, und die Herstellung der Renten und Lasten nach der vorliegenden Vorschrift vorgenommen werden, und

7tens muessen die bisherigen Klosterunterthanen, sobald sie in die besondern Libelle abgetheilt sind, den einschlaegigen Landrichtern, Kammeralbeamten und den drei Gerichtsbeamten zu Murnau, Tegernsee, und Benedictbaiern ordentlich eingepflichtet werden, mit Ausnahme der zu weit entlegenen, welche besonders anzuzeigen kommen, um hiernach das geeignete zu verfuegen. – Endlich

8tens muessen auch alle Gueter, Gefaelle und Unterthanen etc., welche zu dem *Corpus* eines dießseitigen staendischen Klosters oder Stiftes gehoeren, sie moegen gelegen seyn, wo sie wollen, in Besitz genommen werden, und duerfen vor der Hand von selben nicht getrennt werden.

Liegen sie in den Sr. Churfuerstl. Durchlaucht zugefallenen Indemnitaets-Landen, so wird den Kommissarien deßhalb noch eine besondere Eroefnung zugehen, sobald man sich wegen der Besitznahme und *respect.* Verwaltung derselben mit den einschlaegigen churfuerstl. General-Kommissariaten benommen haben wird.

Liegen sie aber in f r e m d e n L a n d e n, so haben die Kommissarien die dort befindliche geistliche oder weltliche Beamte, oder Administratoren aufzufodern, ihre bisherigen Pflichten zu erfuellen, und deßhalb eine ordentliche Pflichtsformel, wozu ein Formular *sub Lit. K.* beygeht, auszustellen, und alsbald einzusenden, wobei sie auch anzuweisen sind, ihre Gefaelle und Rechnungen an den churfuerstl. Klosterbeamten jedesmal getreulich zu uebermachen, welcher sodann hierueber eine besondere Rechnung anher ablegt.

Ueberhaupt erwartet man von den Kommissarien, daß sie bei vorkommenden unvorzusehenden Faellen von selbst die geeigneten Maaßregeln gehoerig beobachten, und bei besondern Umstaenden sich anher der Entscheidungswillen wenden werden, wie man sich auch zu ihren Kenntnissen und pflichtmaeßigen Diensteifer versieht, daß sie das ihnen gegenwaertig aus besonderm Zutrauen uebertragene G e s c h a e f t mit eben so vieler Genauigkeit, Schnelligkeit und anhaltendem Fleiße, als der noethigen Bescheidenheit und Humanitaet in Vollzug zu bringen sich befleißen werden.

Muenchen den 11. Maerz 1803.

CHURFUERSTL.
GENERAL-LANDESDIREKTION.

Joseph Maria Rfrhr. von Weichs, Praesident.

Sekrater Eisenrieth.

IM NAMEN SR. CHURFUERSTL. DURCHLAUCHT

zu Pfalzbaiern etc. etc.

Nachdem Se. Churfuerstl. Durchlaucht besonders die Inkammerirung der Kloster-Unterthanen beschleuniget wissen wollen; so werden saemmtliche Churfuerstl. Kloster-Lokal-Kommissarien dießfalls wiederholt auf dasjenige angewiesen, was in der Haupt-Instruktion vom 11ten Maerz dieses Jahres *pag. 15. lit. b.* in Hinsicht der Grund- und Jurisdiktions-Unterthanen so andern verordnet wurde, und die unverzuegliche Befolgung dessen gewaertiget.

Hiebey werden aber noch die besonderen Beysaetze gemacht, und zwar

1$^{mo.}$ Muessen die Zehendholden ebenfalls an die geeignete Kastenaemter extradirt werden; kann dieß vor Ende des naechsten Monats Juny noch vorgenommen werden, so haben die Kastenaemter in Hinsicht der Zehendfaengung und Verstiftung wie bey den Churfuerstl. Zehenden zu verfahren, wo nicht aber, so sollen die Lokal-Kommissarien fuer heuer noch die Verstiftung, oder Faengung, je nachdem sie darueber bereits besondere Entschliessung erhalten haben, oder besondere Umstaende vorliegen, selbst vornehmen, und *pro Ratificatione* anher einsenden, nachher aber die Zehendbeschreibung mittels der angeordneten Libelle nebst den dazu geeigneten ratifizirten Verstiftungs-Protokolls-Extrakten an die einschlaegigen Landgerichte, und Kastenaemter aushaendigen.

2do. Da nachdem der Instruktion *sub Lit. F.* angelegten Tabell die Ertraegniß der Zehenden ebenfalls nach 30jaehrigen Durchschnitte berechnet, und vorgetragen werden soll, dieß aber theils manchmal nicht moeglich, und theils zu viel Zeit erfodern duerfte; so ist eine summarische Berechnung hinlaenglich, und die Lokal-Kommissarien, welche die Zehendbeschreibung vor dem obbestimmten Termine extradiren werden, haben dabey nur die heurige Aussaat des zehendbaren Grundes, und die zu hoffende Aerndte zu bemerken.

3^{tio.} Die Scharwerke sind erst dann zu extradiren, wenn die Klosteroekonomien nicht mehr bestehen, inzwischen aber haben die Lokal-Kommissarien nach der bereits bestehenden Verordnung die Beschreibung in Libellen abgetheilter vorzunehmen, und die Behandlungen mit den Unterthanen einzuleiten, somit gutaechtlichen Antrage anher einzubefoerdern, wornach diese Liebelle von hieraus den einschlaegigen Gerichten zugetheilt, und die ratifizirte Behandlung eroeffnet wird.

4to. Sind diejenigen Kloster-Unterthanen, welche in gefreyten Herrschaftsgerichten liegen, ebenfalls dem naechstgelegenen Churfuerstl. Landgerichte oder Kastenamte zu extradiren; Von der Extradition bleiben aber die im Auslande gelegenen ausgenommen, und hat die Einheischung der davon abfallenden Renten noch ferners der Churfuerstl. Kloster-Administrator einsweilen zu besorgen, und die Gefaelle gehoerig zu verrechnen.

Muenchen den 24ten May 1803.

CHURFUERSTL.
GENERAL-LANDES-DIREKTION.

Joseph Maria Reichsfreyherr von Weichs, Praesident.

Sekretaer Eisenrieth.

Was hier sichtbar wird, das ist nicht nur die Bürokratie des gerade begonnenen 19. Jahrhunderts. Dieses Dokument ist auch ein Denkmal der Verwaltungssprache Bayerns, die um 1800 moderner und weitaus verständlicher war als die des gleichzeitigen Preußen und vieler österreichischer Verwaltungsstellen, die sich ja höchst unterschiedlicher Ausdrucksformen bedienten. Einen sprachgeschichtlich hohen Wert besitzen die Säkularisationsdekrete auch deshalb, weil sie deutlich machen, wie hoch die Fähigkeit der damaligen Staatsverwaltung entwickelt war, auch äußerst schwierige und bisher noch nie aufgetretene Aufgaben in einer flüssigen, verständlichen und widerspruchsfreien Ausdrucksweise zu beschreiben, verständlich vor allem auch für jene, die sie betrafen.

Doch das ist längst nicht alles. In diesem Dokument zeigen sich namentlich wirtschafts- und sozialhistorische Wendepunkte. Der bayerische Staat stand nämlich mit der Säkularisation sozusagen genau am 11. März 1803 auf einmal vor der Aufgabe, einen großen Teil des Volksvermögens seines Herrschaftsgebietes zu beschreiben und zu bewerten. Für die Lösung dieser Aufgabe gab es kein Vorbild und ganz besonders keine statistischen Anhaltspunkte und Grunddaten. Alle Wirtschaften der damaligen Zeit bildeten Mischsysteme zwischen Natural- und Geldwirtschaften. Zwar besaß das Geld im Denken der Oberschichten, des Handels und der Staatsverwaltungen überragende Bedeutung – wohl nie zuvor in der europäischen Wirtschaftsgeschichte haben sich Kultur und Gesellschaft, Staat und Wissenschaft so leidenschaftlich für die Möglichkeiten interessiert, die das Geld für die Lebensgestaltung bietet; man könnte sagen, daß damals in dem allgemeinen Freiheitsrausch des späten 18. Jahrhunderts zum erstenmal empfunden wurde, was Dostojewski später mit den Worten ausgedrückt hat: „Geld ist geprägte Willensfreiheit" –, aber dennoch spielte die uralte Form der Tauschwirtschaft in Naturalien noch immer eine überragende Rolle. Das kam daher, daß über 80 % des Nationaproduktes der deutschen Staaten aus landwirtschaftlichen Erzeugnissen bestand und die Landwirtschaft stabil durch 1200 bis 1500 Jahre den größten Teil ihrer Wirtschaftsvorgänge durch Naturaltausch finanzierte. Getauscht wurden Arbeit gegen Brot, Brot gegen Arbeit, Futter gegen Vieh, Vieh gegen Saatgut usw., und das nicht nur innerhalb des eigenen Betriebes, auch zwischen verschiedenen Wirtschaftspersonen.

In Bayern hatten sich diese mittelalterlichen Tauschkreise ganz besonders gut erhalten, und hier standen wieder die Klöster mit ihren großen landwirtschaftlichen Betrieben, ihren Grundherrschaften und ihrem breiten System von Handwerken und Gewerben im Mittelpunkt. Sie zahlten ihre Löhne in Naturalien, bauten auch ihre Hilfe für ihre Untertanen meist auf Naturalleistungen auf und führten ihre großen Investitionsprogramme ebenfalls zum großen Teil durch Naturaltauschvorgänge durch.

Am Ende eines tausendjährigen Wirtschaftssystems

Das alles hatte nun mit dem 31. März 1803 sein Ende. Der

137

Staat aber, der dieses tausendjährige System zerschlug, mußte seine Bestandteile bewerten, wenn die Säkularisation Sinn für ihn haben sollte. Die Instruktion vom 11. März 1803 lieferte dafür die Rahmenvorschriften, aber wie im einzelnen vorzugehen war, das mußten die Beamten an Ort und Stelle zusammen mit den Schätzern, die sie zu ihrer Hilfe herbeiholen konnten und bei denen es sich meistens um Bauern und Handwerksmeister handelte, erst durch Erfahrung und Erprobung herausbringen. Niemand wußte, was man sich da eigentlich wirklich vorgenommen hatte. Niemand wußte auch, daß ein Vermögen im Wert von mindestens 21 Millionen Gulden zu erfassen, zu beschreiben und zu bewerten war. Außerdem mußten die wirtschaftlichen, rechtlichen und sozialen Verhältnisse von etwa 10000 unmittelbar betroffenen Personen geklärt und geordnet werden. Hinzu kam dann die Einwirkung auf etwa die Hälfte aller auf dem Lande lebenden Familien Bayerns, die in Rechtsbeziehungen zu den Klöstern standen.

Der bayerische Staat trat an die Lösung dieser Aufgabe mit einem aus heutiger Sicht geradezu lächerlich kleinen Beamtenapparat heran. Oberbehörde war die neu nach preußischem Vorbild geschaffene Generallandesdirektion, eine Art Mischbehörde zwischen Finanz-, Innen- und Wirtschaftsministerium, der allerdings nicht selten auch Aufgaben einer Kultusbehörde zufielen. „Bezirksregierungen" waren die vier Rentämter Altbayerns, „Landratsämter" und Amtsgerichte zugleich die bayerischen Landgerichte, wobei alle diese Vergleiche sehr ungenau und immer etwas schief sind, weil sich das damalige Mischsystem zwischen Gebiets-, Gerichts- und Polizeiverwaltung eigentlich mit keinem der heutigen Verwaltungs- und Gerichtssysteme vergleichen läßt. Immerhin bedeutete die Schaffung der Generallandesdirektion durch Montgelas, bei der er sich stark an preußischen Vorbildern orientiert hatte, einen ersten großen Schritt zu einer zentralen inneren Verwaltung.

In der Generallandesdirektion wurde mit den Beamten, die schon vor 1802 in der mit der Vorbereitung der Klosteraufhebung eingesetzten Klosterkommission tätig waren, ein Referat gebildet, das sich bald zu einer selbständigen Hauptabteilung entwickelte, so daß die Dienstadresse lautete: ,,Churfürstliche Generallandesdirektion in ständischen Klostersachen." Die Leitung übernahm der frühere Kanzler des Münchner Damenstiftes Michael Schattenhofer. Er hatte als Aufhebungskommissar der Klöster Seligenthal und St. Veit schon vor 1803 auf diesem Gebiet praktische Erfahrungen gewonnen. Neben ihm wirkten die Sekretäre Eisenrieth und von Schmöger als Unterabteilungsleiter. Die Aufhebung der Klöster an Ort und Stelle erfolgte dann in aller Regel durch die örtlich zuständigen Landrichter; sie erledigten diese enorme Arbeitslast neben ihren normalen Amtsgeschäften allerdings sehr gern, weil ihnen dadurch zusätzliche Einnahmen von sechs Gulden pro Tag zuflossen, eine nicht geringe Summe, die in einem großen Teil der bayerischen Beamtenschaft einen raschen sozialen Aufstieg ermöglicht hat, der sich vor allem bei den Kindern dieser Beamten darstellt. Die ihnen von Scheglmann, dem Geschichtsschreiber der Säkularisation von 1903, nachgeredeten privaten Diebstähle am Säkularisationsgut sind allerdings nichts als Verleumdung.

Der bayerische Staat ist letztlich, wie noch zu zeigen sein wird, an der Säkularisationsaufgabe gescheitert und hat sich selbst schwer geschädigt. Dies läßt sich aber nicht so sehr mit Unfähigkeit der Verwaltung oder Unwissenheit der beteiligten Beamten, sondern aus der historischen Einmaligkeit dieser Aufgabe erklären. Wer Wirtschaftsgeschichte schreibt, der kann nämlich sagen, daß Bayern, ohne es zu wissen und zu wollen, mit der Einleitung dieses historischen Umwälzungsprozesses zum Mitschöpfer der modernen Wirtschaftsstatistik, der Bewertungs- und Schätzungslehre in der landwirtschaftlichen und industriellen Betriebswirtschaft, der Anwendung exakter Landmaße in der Landwirtschaft, und noch mehr im Forstwesen sowie ganz besonders bei der Entwicklung eines rechenbaren Bemessungssystems für soziale Leistungen geworden ist.

Der Staat als unwissender Tor

Bayern hat dabei in der Rolle des unwissenden Toren gehandelt, der Großes vollbringt, ohne es zu merken und es je zu begreifen. Diese wirtschaftshistorisch bis in die Neuzeit hineinreichenden Ergebnisse der Säkularisation nach bayerischem Muster sind nämlich entstanden, weil eben den Klosteraufhebungsbehörden für die Lösung all der Aufgaben und Probleme, die eben angesprochen wurden, alle Vorbilder und alle Grunddaten fehlten. Es gab nur für die Getreidepreise statistische Preissammlungen, für alle anderen Bewertungen mußten erst Maßstäbe gefunden werden. Das gleiche gilt für die Ermittlung der Löhne und der Einkommen des gesamten Klosterpersonals, die zu 88 % in Naturalien ausbezahlt worden waren, aber auch für die Bodenpreise, für Holz- und Viehpreise und ganz besonders für die Bewertung der Bauten. Von ihnen wird noch zu sprechen sein.

Die einzelnen Beamten, die Bauern und Handwerksmeister, die diese Vorgänge bewältigen mußten, sind dabei unzählige Male in die Irre geraten, haben sich in Spekulationen verloren, haben unsinnige und in sich völlig widerspruchsvolle Schätzungen und Preise angenommen, haben Kulturgüter, die in der Welt nicht ihresgleichen hatten und haben, mit Werten versehen, die nur noch als Schleuderwerte anzusehen sind, und sie haben auch oft vor der Aufgabe, gerade diese Kulturwerte zu beschreiben, kapituliert. Für sie steht der Steingadener Aufhebungskommissar von Oberndorf, der die Wieskirche nur noch stammelnd beschreibt, weil ihm spürbar die Worte für einen angemessenen Ausdruck fehlten.

Daß sich schon nach wenigen Wochen das gesamte Säkularisationsverfahren festzufahren begann und Ergebnisse beigebracht wurden, die aus höherer Warte als widersinnig erscheinen mußten, das hat sich sehr schnell in neuen Dekreten der Generallandesdirektion an ihre Außenbeamten niedergeschlagen. Vier bis sechs Wochen nach Beginn der Klosteraufhebung versuchten die Oberbeamten in München, ihren Mitarbeitern Unterlagen an die Hand zu geben, mit denen sie die Schwierigkeiten besser bewältigen konnten, die in diesen vier Wochen aus den Einzelakten von 57 Klöstern und 8 Kollegiatstiften nur allzu deutlich sprachen.

Am 24. April 1803 und dann noch einmal ein paar Wochen später, am 22. und 24. Mai 1803, ergingen neue Durchführungsvorschriften für die Säkularisation. Ihnen ist, wenn man sie in die Wirtschaftsgeschichte einordnet, ein durchaus ähnlicher Rang wie der Instruktion vom 11. März 1803 beizumessen. Im wesentlichen gehen diese Dokumente auf den Generallandesdirektionssekretär Eisenrieth und den Rechnungskommissar Wittmann zurück, der sich in der Aufhebungsabteilung der Direktion mit den Bewertungs-, Buchführungs- und Rechnungsfragen beschäftigte. Viele dieser Einzelbestimmungen nehmen Gedanken und Prinzipien vorweg, die der Begründer der landwirtschaftlichen Betriebs- und Schätzungslehre – von einer industriellen wissenschaftlichen Betriebswirtschaft war man noch weit entfernt – Albrecht Thaer später gefunden und niedergeschrieben hat. Thaer war Naturwissenschaftler und Arzt und ist um etwa acht bis fünfzehn Jahre später als die bayerischen Beamten auch durch praktische Erfahrung in Preußen zu ähnlichen Ergebnissen gekommen.

Die Antwort der Ordensführungen

Bevor nun die Anwendung dieser Vorschriften an den 57 bayerischen landständischen Klöstern und den 8 Kollegiatstiften, also jenen Ordensniederlassungen, die über selbstgenutzten Besitz verfügten, gezeigt wird, ist es notwendig, dar-

vorgeschrieben ist. Man versiehet sich daß die
Königliche Summa ... mit eben so vieler ...
als Klugheit und Bescheidenheit ... werde.

München den 3. November 1802

... Immediat ... Commission ...

... an dem ... von
... die Klöster ... und
Regensburg betrifft.

Sec. ...

auf einzugehen, wie nun die Ordensführungen auf diesen in ihrer Geschichte umwälzenden und bis heute tief nachwirkenden Vorgang reagiert haben.

Auffallend ist dabei vor allem eines, nämlich die verspätete Antwort dieser Ordensführungen und die Hilflosigkeit ihrer Reaktion. An den so oft berufenen Zeichen der Zeit hat es seit einer Generation vor der Säkularisation wahrlich nicht gefehlt. Dennoch haben die Ordensführungen erst in buchstäblich letzter Minute versucht, eine gemeinsame verbandsähnliche Vertretung gegenüber der Staatsmacht zu bilden. Der historische Schreckschuß eine Minute vor zwölf war das kurfürstliche Dekret vom 25.1.1802, welches das Eigentumsrecht der Orden an ihren Besitzungen in Frage stellte und eine wirtschaftliche Untersuchung ankündigte. Aufgeschreckt wählten die Äbte und Pröpste der ständischen Klöster am 21.2.1802 Abt Karl Klocker von Benediktbeuern und Abt Rupert Kornmann von Prüfening bei Regensburg zu Bevollmächtigten des Prälatenstandes. Er sollte gegen die geplante Untersuchung Protest einlegen und eine Klage zum Reichshofrat, dem damals höchsten Verfassungsgericht, bei dem Körperschaften klagen konnten, vorbereiten. Dazu wurde eine Umfrage durchgeführt – die Orden waren im Inneren immer demokratisch – mit dem Ergebnis, daß nur die fünf Klöster im südostbayerischen Rentamt Burghausen sich gegen eine Klage aussprachen. Daneben versuchte Abt Klocker von Benediktbeuern, den Staat durch finanzielle Gegenangebote von seinen Absichten abzubringen. Er schlug vor, die Bruttoeinkünfte aller Klöster aus zweieinhalb Jahren als Zwangsanleihe an den Staat abzuführen. Das hätte, und zwar zusammen mit einer Sonderabgabe aus Verkäufen eines Teils des Realvermögens sieben Millionen Gulden ergeben. Außerdem sollten die Sondersteuern auf den Prälatenbesitz künftig voll bezahlt werden, was bisher keineswegs die Regel war.

Wären diese Angebote vom Staat angenommen worden,

hätten sich die Klöster mit großer Sicherheit selbst ruiniert. Nach einer Untersuchung mit den Mitteln der modernen Betriebswirtschaft wäre dadurch jedes bayerische Kloster im Durchschnitt mit einer zusätzlichen Schuldenlast von 50 000 Gulden belastet worden und hätte außerdem noch einmal 10 % seiner Einnahmen für die Bedienung dieses Kapitals einsetzen müssen. Außerdem wären etwa 20 % des Eigenkapitals durch Veräußerungen zur Aufbringung der Vermögensabgabe verlorengegangen. Da die meisten Klöster ohnehin mit viel zu niedrigen Erträgen wirtschafteten, hätten sie diese neuen Lasten und Verluste kaum bewältigen können. Wahrscheinlich war dies den beiden Prälatenvertretern oder den einzelnen Äbten und Pröpsten überhaupt nicht bewußt. Die viel zu mangelhafte Buchführung erlaubte es nicht, die tatsächliche Vermögenslage im einzelnen Kloster erkennen zu können.

Der bayerische Staat hätte allerdings mit der Annahme dieses Angebotes ein gutes Geschäft gemacht. Ohne die gewaltigen Wertverluste am Säkularisationsgut, die als Folge des schlagartigen Angebotes dieser Güter auf allen Märkten eintraten, und ohne die tiefgreifenden Umwälzungen in der ganzen ländlichen Wirtschafts- und Sozialstruktur hätte er ziemlich mühelos und ohne alle Wagnisse die sechs bis sieben Millionen Gulden in die Hand bekommen. Daß auch der Staat auf dieses Angebot nicht eingegangen ist, läßt sich nicht nur aus seinem Bestreben erklären, den Prälatenstand als Macht- und Verwaltungsfaktor auszuschalten. Ebenso wird hier die auch auf staatlicher Seite erkennbare zeittypische Blindheit für wirtschaftliche Zusammenhänge sichtbar. So wenig wie die Prälaten erkennen konnten, daß sie mit diesem Angebot anstatt der Säkularisation sich einen Konkurs auf Raten einhandeln würden, so wenig konnte der Staat erkennen, daß die Säkularisation eben mehr war als ein Eigentumswechsel an Äckern, Wäldern, Vieh, Gerät und Gebäuden.

Einige Autoren, die sich an Hand von Einzelbeispielen mit

der Säkularisation befaßt haben, wie etwa der Niederbayer Andreas Schlittmeier, sprechen von einer „beschämenden Unterwürfigkeit", mit der sich der Prälatenstand der Säkularisation gebeugt habe. Hier sind manche Korrekturen angebracht, denn im Einzelfall, wie noch darzustellen, wußten sich Äbte und Pröpste, aber auch Mönche und Arbeiter durchaus gegen Unrecht und Benachteiligung zu wehren.

In einem anderen Sinne aber ist diesem Urteil zuzustimmen. Man kann es, wenn eine solche Haltung gegenüber Geschichtsvorgängen überhaupt angebracht ist, in der Tat beschämend finden, daß selbst persönlich so integre Männer wie der Benediktbeurer Abt Karl Klocker oder ein so großes politisches Talent wie der Prüfeniner Abt Kornmann es für richtig gehalten haben, der Säkularisation mit einem Angebot des Schachers zu begegnen, anstatt vor den damaligen Gerichten, vor der Staatengemeinschaft des Deutschen Reiches und vor der Öffentlichkeit einen Rechtsstandpunkt zu vertreten und durchzufechten, der in fast jeder Hinsicht des damaligen und auch des heutigen Rechtes begründbar war. Hätten sie sich dazu entschließen können, sie hätten die Entwicklung der Ansätze zum Rechtsstaat, die sich in Bayern um 1800 auf vielen Gebieten nachweisen lassen, wohl sicherlich um einen großen Schritt vorangebracht. Doch das sind historische Spekulationen. Die Beteiligten haben sich anders entschieden, der Gang der Geschichte hat sich nach diesen Entscheidungen gerichtet. Die Vermutung, „was wäre gewesen, wenn. . ." darf es für den Historiker nicht geben. Dennoch mußte festgehalten werden, daß der damalige erste Stand Bayerns mit der größten Geschlossenheit und dem höchsten intellektuellen Potential an der Schwelle seiner größten Umwälzung sich nicht für den Rechtsweg, sondern für den des Handels entschieden hat.

In der Schallweite ihrer Glocken. . .

Der bayerische Klostersturm von 1803 ist – dies haben seine Urheber freilich nie erkannt – auch deswegen zu einer so umwälzenden Maßnahme gediehen, weil er nicht nur alle wichtigen Lebens- und Wirtschaftsbereiche, sondern weil er Stadt und Land gleichermaßen erfaßt hat. In der Sprache der Raumplaner und der Regionalpolitiker von heute würde man die Säkularisation die erste Verwirklichung ,,flächendeckender staatlicher Struktur- und Raumpolitik" nennen, allerdings mit dem Unterschied, daß es heute nahezu immer um den Aufbau von Strukturen geht, während es damals um Abbau ging.

Betroffen vom ,,bayerischen Klostersturm" waren ja nicht nur die ,,landsässigen", das heißt die auf dem Lande angesiedelten und dort wirtschaftenden 57 landständischen Klöster und 8 Kollegiatstifte, betroffen waren ebenso die in die Städte integrierten Klöster der Bettelorden und schließlich auch die reichsunmittelbaren Stifte wie St. Emmeran und Ober- und Niedermünster in Regensburg oder Ottobeuren im neu hinzugewonnenen Herzogtum Schwaben. Mit dem Ende des alten Heiligen Römischen Reiches Deutscher Nation war auch die Reichsunmittelbarkeit und damit die Freiheit aufgehoben worden, nur Kaiser und Reich und keinem Landesherrn untertan zu sein, eine Freiheit, die in erster Linie Städte und eine Anzahl Ordensstifte erlangt hatten. Die Vereinheitlichung der Gebiets- und Besitzstrukturen wurde zugleich auch zur Vereinheitlichung der Verfassungs- und Rechtsstrukturen.

Die Säkularisation hat damit eben nicht nur tief in die ländlichen Wirtschafts- und Sozialordnungen eingegriffen, auch die Städte erfuhren durch die Klosteraufhebung eine Veränderung, weil hier die großen und äußerst vielfältigen Ordensniederlassungen der auf Sozial- und Schularbeit gerichteten Bettelorden verschwanden.

Insgesamt hat der bayerische Klostersturm allein in Altbayern mit der Oberpfalz 131 Ordensniederlassungen beseitigt, 65 von ihnen gehörten mit großen Besitzungen der Landschaft an und waren damit Teilnehmer an der in Bayern niemals ungeteilten staatlichen und administrativen Macht. Letzte bilden den beispielhaften Kern unserer Darstellung. Von den anderen gehörten 22 zum Bettelorden der Franziskaner und 23 zu den Kapuzinern, 10 zu den Augustinerbettelorden der Eremiten und Barfüßer, 5 zu den Karmelitern, 2 zu den Dominikanern und 2 zu den Paulanern – alles Orden, an die heute nur noch Straßennamen oder Brauereibezeichnungen erinnern; dazu vertrat 1 Kloster in Bayern den Hieronymiterorden, der vor allem in Spanien Bedeutung besaß. Diese Orden hatten ihre Niederlassungen hauptsächlich in München und Landshut und in den übrigen 32 Städten Altbayerns, wobei die Strukturen recht fließend erscheinen. Häufig handelte es sich um kleine und kleinste Konvente, die fast nur den Pfarr- und Schuldienst an den Ortskirchen verrichteten. In der Hauptstadt München dominierten die Franziskaner und die Kapuziner.

Die Faszination des Franz von Assisi

Die starke Ausbreitung der Bettelorden ist das Ergebnis des religiösen Aufschwungs im hohen Mittelalter, der sich nicht zuletzt auf die Faszination der Gestalt des heiligen Franz von Assisi zurückführen läßt. Sie alle trachteten das Ideal der Gottsuche in Askese durch Armut nicht wie die Benediktiner durch persönliche Armut des Einzelnen bei gleichzeitiger Arbeit am Besitz der Gemeinschaft zu erfüllen, sondern durch gemeinschaftliche Armut des ganzen Ordens. Mit diesem Streben nach gemeinschaftlicher Armut als Mittel, dem Ordensgelübde Folge zu leisten, wäre der Erwerb von Grund- und Rechtsbesitz nach benediktinischem Vorbild nicht vereinbar gewesen, aber auch im Bayern des hohen Mittelalters gar nicht mehr erfüllbar, weil der Landesausbau weitgehend abgeschlossen war. So haben sich die Bettelorden gerade in Bayern bis 1803 zu recht typischen Kennzeichen der städtischen Sozialverhältnisse entwickelt und besonders in München und Landshut großen Einfluß auf die städtebauliche Entwicklung gewonnen.

Will man die Zahlen richtig einordnen, dann sind auch Angaben über die damaligen Größen- und Bevölkerungsverhältnisse Altbayerns, wie sie sich aus der zeitgenössischen Statistik ergeben, notwendig. Zusammen mit Neuburg verfügte das Kurfürstentum über eine Fläche von etwa 17168 qkm, auf der in 34 Städten, 70 Märkten, 4700 Dörfern und etwa 11000 Einöden schätzungsweise 1 Million Menschen lebten. Die Zahl der Niederlassungen in Landwirtschaft, Handwerk und Gewerbe und bei den Wohnstädten wird mit 111360 angegeben. Die Steuerstatistik führt 29429 ,,ganze Höfe" auf, eine rechnerische Summe, die sich aus der Addition der Bruchteile von Höfen nach Hoffuß ergab. Rechnet man die rheinischen Besitzungen Bayerns, also die Pfalz und das Herzogtum Berg mit Düsseldorf als Residenz hinzu, dann hatte Bayern – zusammengehalten durch den Kurfürsten – eine Gesamtfläche von 32560 qkm, was etwa dem heutigen Belgien entspricht, dazu 1,83 Mill. Einwohner; Belgien zählt heute auf der gleichen Fläche fast 10 Mill.

In diese Strukturen waren die Klosterbesitzungen eingefügt. Mit der Säkularisation der geistlichen Fürstentümer Bamberg, Berchtesgaden, Eichstätt, Freising, Kempten, Passau und später auch Würzburg sowie den großen Gebietserwerbungen in Franken und Schwaben konnte Bayern seine Gebietsfläche ziemlich genau auf etwa 70000 qkm verdoppeln, nachdem es auch noch seinen Anteil an dem einstigen Herrschaftsgebiet von Kurmainz am Untermain bis nach Aschaffenburg erhalten hatte. In diesen Grenzen, in denen der Freistaat heute noch besteht, wurden 152 Klöster säkularisiert: 21 entfielen dabei auf die neu erworbenen Gebiete in Franken und Schwaben, zu denen neben den dortigen Benediktinerabteien die Zisterzienserklöster Ebrach, Kaisheim, Langheim, Walderbach und Waldsassen, die Prämonstratenserklöster Roggenburg, Speinshart und Ursberg und das Augustinerchorherrenstift Wettenhausen bei Burgau in Schwaben gehörten. Die Art der Aufhebung war überall die gleiche, die Ergebnisse ebenfalls, die Unterschiede liegen vor allem im Zeitverlauf, also darin, daß diese Maßnahmen wesentlich später durchgeführt wurden.

Die Mediatisierung der geistlichen Herrschaftsgebiete und auch der Reichsstädte – denn Städte wie Kaufbeuren, Memmingen oder Rothenburg fielen ja im Grunde auch unter sie – ist dabei als politischer und staatsrechtlicher Akt zu sehen, bei der Aufhebung der Bettelklöster wurden in erster Linie Gebäudenutzungen umgewidmet und Leistungsstrukturen in der Schul- und Sozialpflege für größere städtische Gemeinwesen geändert. Erst die Säkularisierung der landständischen Klöster mit Unternehmenscharakter stellt dann den umfassenden Eingriff in das Sozial- und Wirtschaftsgefüge des Landes dar, ,,nach dem nichts mehr so war wie vorher". Deshalb verdichten sich Grundlagen, Verfahren und Folgen der Säkularisation, die über Bayerns Grenzen hinausgewirkt haben, in der Aufhebung der landständischen, also der ,,besitzenden" und unternehmerisch tätigen Klöster wie in einem geschichtlichen Brennspiegel. Wegen der Vielfalt dieser Strukturen und ihrer Wirksamkeit im wirtschaftlichen und sozialen Raum werden hier auch die Folgen dieser Maßnahme umfassend deutlich. Bei den landständischen Ordensbesitzungen lassen sich am ehesten die Wirkungen auf das ländliche Wirtschaftsgefüge, die Märkte für handwerkliche und landwirtschaftliche Produkte, aber auch für Betriebsmittel und Investitionsgüter in diesen beiden Hauptbereichen der Wirtschaft um 1800, sowie ganz besonders auf die Beschäftigung, die Entlohnung und Versorgung deutlich machen.

Im Zeitalter einer geradezu abergläubischen Statistikgläubigkeit, wie sie in unserer Gegenwart herrscht, kann sich niemand mehr vorstellen, daß ein Staat damals fast ohne Statistik ausgekommen ist. Dabei war Bayern auf diesem Gebiet keineswegs besonders rückständig oder gleichgültig. Statistischer Grundlagen- und Methodenstreit zieht sich durch die Geschichte aller europäischen Staaten des 18. Jahrhunderts, besonders aber durch die der zu Großmächten aufsteigenden deutschen Staaten Österreich und Preußen. Dabei hatte Preußen seit der Erwerbung Schlesiens die ernsthaftesten, aber gleichzeitig auch die groteskesten Versuche unternommen, eine Landesstatistik zu entwickeln, veranlaßt durch die Befehle seines Königs Friedrichs II., der wissen wollte, wieviel neue Untertanen, wieviel Steuern und wieviel wirtschaftliche Produktionsstätten ihm seine schlesischen Erwerbungen gebracht und welche Verluste ihn seine Kriege gekostet hatten. Die Unsicherheit in der Methodik, etwa bei der Bevölkerungszählung, und die Ungewißheit über brauchbare Verfahren zur Messung der Wirtschaftsleistung, vor allem aber bewußte Zahlenfälschungen seiner Beamten führten dazu, daß dem preußischen König in der Regel falsche Angaben geliefert wurden. Sie erregten besonders in den deutschen Klein- und Mittelstaaten viel Spott und Widerspruch, doch es stand in den meisten deutschen Territorien im Grunde um die Landesstatistik nicht besser. Erst die bayerischen Militärgeometer brachten zum Beispiel 1811 Klarheit in eine lange umstrittene Frage, wie groß nämlich das Gebiet der ehemals hohenzollernschen Markgrafschaften Ansbach und Bayreuth wirklich gewesen ist und wieviel Einwohner sie gehabt haben. Etwas besser waren Mittelstaaten wie Hessen-Kassel, Kurmainz oder auch Braunschweig daran, die eine besser entwickelte Verwaltung und vor allem Klarheit in den Eigentums- und Besitzgrenzverhältnissen bei ihren Bauern besaßen, aus denen sich dann statistische Grundlagen entwickeln ließen. Trübe sah es dagegen in Österreich aus; hier fehlte wie in Preußen wegen der Verschiedenartigkeit seiner Staatsbestandteile, aber auch wegen der Anhängerschaft an den Merkantilismus jede Klarheit über das tatsächliche Ausmaß der Wirtschaftsbetriebe seiner Staaten und ihrer Leistungen sowie über die Bevölkerungszahlen. Dies ergab sich aus dem bevorzugten Interesse des Merkantilismus an der Geldwirtschaft, der in der Landwirtschaft nicht nach Flächengröße und im Handwerk nicht nach Arbeitsmaß, noch weniger nach dem Wert der Dienstleistungen und der Naturalkreisläufe fragte, sondern alles und jedes nur nach dem kapitalisierten Geldertrag bemessen hat.

Man sagt Bayern oft nach, daß es gerade auf diesem Gebiet noch hinter Österreich und Preußen zurückstand und mit dem statistischen Werk von Montgelas und der allgemeinen Landvermessung überhaupt erst 1806 begonnen habe, seinen Rückstand auf diesem Gebiet aufzuholen. Für den Wirtschaftshistoriker ist dieses Urteil keineswegs richtig. Bayern zeigt im Gegensatz zu den übrigen größeren deutschen Staaten schon sehr früh – und rund 200 Jahre vor Österreich und über 250 Jahre vor Preußen – einen man könnte sagen sehr fortschrittlichen Zug zu einer zuverlässigen quantitativen und qualitativen Erfassung der wichtigsten Vorgänge in der damaligen Wirtschaft, nämlich jener in der Landwirtschaft. Wie die oft sehr umfangreichen und genauen Hofbeschreibungen nach etwa 1550 beweisen, kennt und verwendet Bayern schon zu dieser Zeit, und teilweise früher, das Flächenmaß des Tagwerks, um die Betriebsgröße, den Arbeitsaufwand und das Bodenkapital in der Landwirtschaft zu messen, eine Methode, die sich in den mittleren und östlichen Teilen Preußens um 1820 noch immer nicht voll durchgesetzt hatte. Dieses Verfahren entwickelte sich später, ab etwa 1800 bis zum heutigen Tag zur wichtigsten Grundlage der gesamten ländlichen Betriebswirtschaft.

Das „Rätsel" des Hoffußes

Zum zweiten benutzte Bayern schon seit der Mitte des 16.

und allgemein seit dem 17. Jahrhundert den Begriff des Hoffußes. Seine Entstehung und sein Inhalt sind in der Wirtschaftsgeschichte bis heute noch nicht voll geklärt. Es gibt aber, und zwar aus den Klosterakten, die zahlreiche Bewertungen von untertänigen Bauernhöfen enthalten, Anhaltspunkte dafür, daß es sich bei diesem Hoffuß um ein im Grunde sehr modernes, der Einheitsbewertung ähnliches Verfahren zur Festsetzung der steuerlichen Leistungsfähigkeit eines landwirtschaftlichen Betriebes gehandelt hat. Es ist der Mühe wert, in einem populären geschichtlichen Werk wie dem vorliegenden diesen Begriff zu erläutern, den die Geschichtswissenschaftler von heute, ebenso wie ihre Vorgänger bis 1800, als ungeklärt bezeichnen. Nach unseren Feststellungen war der Hoffuß, wie gesagt, ein direkter Vorläufer des Einheitswertes, der aus den Nettobetriebserträgen gebildet wurde. Man hat die boden- und viehwirtschaftliche Leistung nach Durchschnittssätzen ermittelt und davon zuerst alle Abgaben, die in Bayern durchschnittlich 24–28 % betrugen, und dann noch einmal 40 % als Unkostenpauschale sowie den Marktwert des Saatgutes abgezogen. Es wurde also zunächst der Rohertrag vor Steuern und dann der Ertrag nach Unkosten ermittelt. Aus diesen Werten errechnete man dann den Hoffuß, der den kapitalisierten Wert des Betriebes ergab, wie er zur Steuer- und Abgabenbemessung diente. Das ganze Verfahren scheint auf den bayerischen Kanzler der Bauernkriegszeit, von Eck, zurückzugehen, dem es damit gelungen sein dürfte, die bäuerliche Bevölkerung Altbayerns zu befrieden und von einer Teilnahme an den Bauernkriegen, die ja vor allem Steueraufstände waren, abzubringen.

Zum dritten hat Bayern schon sehr lange mit einer Familienstatistik gearbeitet, also zwar nicht eine Bevölkerungszählung nach Einzelpersonen, wohl aber nach Familien vorgenommen. Die immer wieder aufgestellte Behauptung, der sogenannten toten Hand der Kirche, speziell jener der Klöster, hätten 56 % aller Höfe in Bayern und ebensoviel aller

Anno domini Millesimoquadringentesimo
Vicesimoseptimo Subnotant' rectoribus et prout'
tus monasterij Tegernseenf oim c singuloru[m]
offitioz et primo in oprto nro holtzkirchen

.Holtzkirchen .

Da selbs aindlef leben · der sellen yglichs dient vns iär
lich amen hallrn einer honigs · vnd iij ß x d zeweich
nachten .

Da selbs von dem puchach des sind xvj leuch. da von d int sy
vns mitainander all dr es pnnhabent ain viertail honigs.

Annotatio der cznns von den hofstetten daselb?

Da selbs hofstat Hanns torn . xxviij dñ .
Hofstat hanns schuster · xxviij d .
hofstat partel schapran . xxviij d .
Hofstat vlreich schmid von lintach . xxviij d .
Hofstat Thomel granns . xviij d .
hofstat Wolfel sthuster · xix d .
hofstat Voglin · xxxviij d .
hofstat Haintz torn . xxxviij d .
Hofstat Wilhalm glogkner · xxxviij d .
Hofstat partel schapran . xxxviij d .
Hofstat Thoman schmid · xxxviij d .
Hofstat hanns schmid · xxxviij d
Hofstat Benedict misser . xxxviij d
hofstat hainreich schmidhamer · xxviij d .
Hofstat fünflerin von Veching . xxviij d .
Hofstat Dyemud krellin . xxviij d .

Aus der Tegernseer Besitzbeschreibung des 13. Jahrhunderts: der Holz-
kirchener Besitz des Klosters, aufgeführt nach Hofstätten mit dem Namen

Hofstat Hanns pawch · xxviij ð ·
Hofstat Jorg álbel · xxviij · ð ·
Hofstat vll lutnmayr · xxviij ð ·
Hofstat Ott kupferschmid · xxviij · ð ·
Hofstat Hánnsl weng · xxviij ð ·
Hofstat vjll óttel · xxxiij ð ·
Hofstat Hannsl lietel · xxxiij ð ·
Hofstat Sibner · xxxiij ð ·
Hofstat martein hueter · xxx ð ·
Hofstat Schüttenhelmmn · xxviij ð ·
Hofstat hutn · xxviij ð ·
Hofstat Kóchlinger · xxx ð ·
Hofstat Ottel schnew · xxviij ð ·
Hofstat Ottel wiegser · xv ð ·
Hofstat vnnser haws · xxxviij ð ·
Hofstat Liebhartn · xxxviij ð ·
Hofstat Thómel rappolt · xix ð ·
Hofstat Krell · xxxviij ð ·
Hofstat Hánnsl Thomel · xix ð ·
Hofstat Connro hafner · xix ð ·
Hofstat Scháffler · xxxviij ð ·
Hofstat hanns schapran · xxxviij ð ·
Hofstat Kóchlinger · xxxviij ð ·
Hofstat prunnschmid · xxxviij ð ·
Hofstat chauretin · xxviij ð ·
Hofstat Ott wrtenman · xxviij ð ·
Hofstat vierdeins mel · xxviij ð ·
Hofstat peter luetmair · xxviij ð ·
Hofstat pechaim · xxviij ð ·
Hofstat paretin · xxviij ð ·
Da selbs Tafern · iiij ℔ ð ·

der Bewirtschafterfamilien, von denen sich manche noch heute im
Holzkirchener Gebiet finden, wie etwa „Schmidhammer, Liebhart, Ötel".

Familien „gehört", kann man nur in Verbindung mit diesen beiden statistischen Grundlagen verstehen. Nicht 56 % der Höfe und auch nicht 56 % des Bodens und der darauf lebenden Familien waren im Besitz der Klöster, sondern 56 % der Hoffüße. Dies bringt nichts anderes zum Ausdruck, als daß mehr als die Hälfte der Steuerbemessungsgrundlagen unter dem Abgaberecht der klösterlichen Grund- und Gerichtsherren standen.

Schließlich hat Bayern im 18. Jahrhundert eine recht dichte Statistik für das wichtigste markt- und preisbildende Agrarprodukt, das Getreide, geschaffen. Es wurden die Preise der wichtigsten Schrannen, also der Hauptumschlagplätze nach Höchst- und Niedrigstpreisen ermittelt, daraus Durchschnitte gebildet und mit diesen Unterlagen langjährige Preisreihen und Preisdurchschnitte erstellt.

Von diesem Material, also dem einheitlichen Maß für die Bodenfläche, dem Tagwerk, dem Hoffuß, der Familienstatistik und den Getreidepreissammlungen konnte die Verwaltung ausgehen, als sie begann, etwa ein Viertel des damaligen bayerischen Volksvermögens umzusetzen. Alles andere freilich, und das muß betont werden, lag im argen. Es fehlte noch eine zuverlässige staatliche Landvermessung, es fehlte aber auch – und es fehlt bis heute – die Klarheit über den tatsächlichen Umfang des klösterlichen Grundbesitzes, namentlich der Forstflächen. Es gab noch weniger irgendwelche Preisstatistiken und Preissammlungen für Vieh, Futter und sonstige Wirtschaftsgüter, am wenigsten aber für die Betriebsmittel und das Inventar der Handwerks- und landwirtschaftlichen Betriebe, das man ebenfalls veräußern wollte. Weiterhin existierten keine Lohn- und Versorgungsstatistiken oder irgendwelche Bemessungsgrundlagen für persönliche Bezüge an Arbeitnehmer, die in Naturalform ausgezahlt wurden. Schließlich hatte auch niemand eine Vorstellung davon, nach welchen Grundsätzen die Bauten der Klöster bewertet werden konnten. Es gab ferner keinerlei Daten über die Möglichkeiten des Absatzes all dieser Wirtschaftsgüter, über die vorhandene Kaufkraft, über mögliche Käuferkreise und ihre Zahlungsfähigkeit. Auch Überlegungen, wie man die zerstörten Wirtschafts- und Beschäftigungsstrukturen ersetzen oder das große Angebot an Gebäuderaum, das sich aus der Übernahme der Klostergebäude ergab, nutzen könnte, stellte man nicht an.

Eine Notwendigkeit zu dem, was man heute Markt- und Kaufkraftforschung und Struktur- und Funktionsplanung nennen würde, hat damals niemand gesehen. Es hätte aber auch niemand gegeben, der in einer stillen Amtsstube oder gemeinsam mit anderen in einem Sitzungssaal eines Ministeriums oder einer Planungsbehörde solche komplizierten Erwägungen hätte anstellen können. Prüft man die Organisation der Klosteraufhebung in Bayern auf ihren Personalbestand, dann stellt man fest, daß der Staat damals mit geradezu unglaublich wenigen Beamten diese Riesenaufgabe angefaßt und durchgeführt hat. Wie schon erwähnt, stand als Zentralbehörde für den Vollzug der Säkularisation die neu geschaffene und von Montgelas am preußischen Vorbild ausgerichtete Generallandesdirektion in München zur Verfügung; hier entwickelte sich unter dem früheren Kanzler des Münchner Damenstiftes von Schattenhofer alsbald eine Hauptabteilung für die Klosteraufhebung, die ,,Churfürstliche Generallandesdirektion in ständischen Klostersachen''. Neben dem Abteilungsleiter waren nur zwei Sekretäre, Eisenrieth und von Schmöger, mit ihren Aktuaren und Schreibern tätig. Sie führten die sehr straffe Aufsicht über die Aufhebungskommissare, die überwiegend von den jeweils örtlich zuständigen Landrichtern der alten bayerischen Landgerichte und in einigen Ausnahmefällen von Aufstiegsbeamten aus der Münchner Zentralverwaltung gestellt wurden.

An dieser Stelle scheint ein Wort der Ehrenrettung für die Säkularisationskommissare angebracht, die hauptsächlich durch den bisher immer noch wichtigsten Geschichtsschreiber dieses historischen Vorganges, den Regensburger Kleriker A. M. Scheglmann, in seiner dreibändigen Geschichte der Säkularisation im rechtsrheinischen Bayern, erschienen von 1903–1906, in einer oft nicht mehr erklärbaren Weise als brutale Büttel, Diebe und Polizeiknechte verleumdet worden sind. Es hat natürlich im Zuge der Säkularisation Fälle von Zusammenstößen zwischen den staatlichen Beamten und den Klosterinsassen gegeben. Sie konzentrieren sich im wesentlichen auf Tegernsee, wo ein Oberrechnungsrat Puck von der Hofrechenkammer in München, ein fanatischer Aufklärer, als Kommissar eingesetzt wurde und keine Gelegenheit ausließ, sich an den Tegernseer Benediktinern zu reiben und sie zu schikanieren. Zu Konflikten kam es auch zwischen dem Benediktbeurer Kommissar von Ockel und mehreren Konventualen; die Ursachen dafür lagen hier allerdings in der Spaltung des Konventes, der zu einem Teil zusammen mit dem Abt gegen den Kommissar Front machte, zu einem anderen Teil aber nichts gegen eine Säkularisation hatte. Verdruß gab es ferner in Ettal, wo der Abt offenen Widerstand gegen die Säkularisation leistete, und in Dietramszell, wo der Propst Grandauer in einer sehr energischen Art die Interessen der ihm anvertrauten Konventualen und der Arbeitnehmer gegen den Staat vertrat. Dieser Propst war ein recht leidenschaftlicher, aufbrausender Mann, und so blieben schon deswegen Zusammenstöße nicht aus. Die Äbte von Oberaltaich und Wessobrunn, Aschenbrenner und Kleinmair, die nicht weniger nachdrücklich besonders für die Bauern und die Dienstboten eintraten, dabei aber eine andere Äußerungsform wählten, sind dagegen bei gleichen Zielen wie der Dietramszeller Propst mit den Kommissaren gut ausgekommen.

Im ganzen jedoch wurde der damalige bayerische Landrichter, der ja Verwaltungsbeamter und Richter in einer Person war, bei seinen Entscheidungen nicht nur von einem beachtlichen Maß an wirtschaftlichem und juristischem Sachverstand, besonders auf landwirtschaftlichem Gebiet, geleitet. Er besaß vor allem Augenmaß und praktizierte ein hohes soziales Verantwortungsgefühl, aus dem heraus er sich bereitwillig mit jedem einzelnen an ihn herangetragenen Fall intensiv beschäftigte und dazu umfassende begründete Stellungnahmen abgab, die überwiegend das Ziel hatten, gerade den sozial Schwächsten wenigstens noch ein Mindestmaß an Rechten und Fürsorge zu verschaffen. Wie dies im einzelnen geschehen ist, davon wird noch zu sprechen sein.

Hervorzuheben ist aber schon hier, daß die vielen Legenden, wonach die Aufhebungskommissare einerseits in die eigene Tasche gewirtschaftet und wie die Elstern gestohlen, andererseits Kulturgüter willkürlich und blind vernichtet hätten, eben Legenden sind. Zu Diebstählen und Bereicherungen ist es bei den Kommissaren nicht in einem Falle gekommen – die Folgen dienstrechtlicher Art wären nach heutigen Begriffen für sie verheerend gewesen. Die in der Tat erkennbaren Zerstörungen von Kultur- und Geschichtsgütern in großem, oft in größtem Ausmaß entsprangen nicht dem Mutwillen der Kommissare, sondern resultierten aus dem Aufhebungs- und Verwertungsverfahren.

Dieses Verfahren wird von zwei Merkmalen gekennzeichnet, wovon eines in dem völligen Verzicht auf politisches Handeln besteht. Der bayerische Staat wollte nichts umgestalten, wollte nicht vorhandene Strukturen reformieren und neue entstehen lassen, er wollte Sachgüter, die er an sich gezogen hatte, zu Geld machen und sonst nichts. Es gibt von dieser Grundregel der bayerischen Säkularisation nur zwei schmale Ausnahmen, nämlich einmal die Bereitschaft, an die Ordensangehörigen und an bedürftige Arbeitnehmer Pensionszahlungen zu gewähren, also die Säkularisation durch eine Art Sozialplan abzustützen, und zum anderen die rechtliche Umgliederung der bisherigen „Klosterbauern" zu „Staatsbauern", was eine Übertragung der Abgabepflicht und des Obereigentums an den Bauernhöfen von den klösterlichen Grundherren auf den Staat bedeutete. Mit dieser Um-

Landvermessung und Kartographie 1544: ein kartographischer Plan der Tegernseer Klosteralmen von 1544, der noch 1795 benutzt wurde.

Deutlich ist zu erkennen, daß die Tegernseer Alpen im 16. Jahrhundert weit schwächer bewaldet waren als heute.

gliederung war, wie schon 1778, das Angebot an die Bauern verbunden, gegen Geldleistungen das nunmehr staatliche Obereigentum an ihren Anwesen abzulösen; doch lag diesem Angebot nicht ein weit in die Zukunft reichender staatlicher Reformwille zugrunde, der die bäuerliche Grundentlastung vorbereiten sollte, sondern schlicht das Bedürfnis, zu Geld zu kommen. Dies haben die Bauern auch durchaus erkannt und nicht zuletzt deshalb von diesem Angebot kaum Gebrauch gemacht.

Der Staat als Händler

Sieht man von diesen mehr ungewollten politischen Gestaltungs- und Ordnungsmaßnahmen ab, dann kann man sagen, daß der bayerische Staat zum zweiten mit der Klosteraufhebung fast ausschließlich als Besitzer und Verwerter von Sachen, als Anbieter und damit als Marktteilnehmer unter anderen Teilnehmern gehandelt hat. Er wurde zum Vermarkter und Händler, dem es um den bestmöglichen Erlös ging. Zur Ehre des alten bayerischen Staates ist dabei zu betonen, daß er diese Rolle sehr konsequent durchhielt. Er hat sich den Marktregeln unterworfen und keinen Versuch gemacht, die Staatsmacht dazu einzusetzen, um den Markt zu den eigenen Gunsten zu manipulieren und zu verändern. Es ist zum Beispiel nie erwogen worden, Mindestpreise für Getreide, Wein oder Vieh einzuführen oder durchzusetzen, um damit den schweren Preisverlusten entgegenzuwirken, die man durch das Überangebot an diesen Waren aus der Aufhebung selbst verursacht hatte. Im Gegenteil: Der damalige Staat hat sich den von ihm selbst vertretenen Marktregeln mit äußerster Konsequenz unterworfen. Er erkannte ohne Diskussion an, daß sich mit Beginn der Säkularisation die Märkte für alle wichtigen Wirtschaftsgüter, an erster Stelle natürlich für Boden, Getreide, Bier, Wein und Vieh, von Woche zu Woche mehr vom Käufer- zum Verkäufermarkt wandelten. Das ständig zunehmende gleichzeitige Überangebot auf allen Märkten schwächte die Stellung des Anbieters, also des Staates immer mehr und stärkte die der Käufer. Das Ergebnis war eine ständige Zurücknahme der Marktkonditionen, das heißt Zugeständnisse an die Käufer bei den Preisen und den Zahlungsbedingungen, um die Märkte überhaupt noch in Bewegung zu halten.

Interessanterweise herrschte auch ein absolut offener Zugang zum Markt. Jeder, der zahlungsfähig war und diese Zahlungsfähigkeit wenigstens bei Beginn seines Angebotes nachweisen konnte, durfte mitbieten und wurde Käufer, wenn er Meistbietender blieb. Es war völlig gleichgültig, ob der Käufer bayerischer Staatsangehöriger war oder nicht – bisher hatte das bei sehr vielen Maßnahmen eine große Rolle gespielt –, es wurde nicht danach gefragt, aus welchem Land er kam, welches Gewerbe er treiben wollte und vor allem, welcher Religion er angehörte. Die Kommissare an Ort und Stelle fanden dafür eine einfache Formel: Alle, die keine Katholiken und keine Juden waren, hießen ,,Wiedertäufer''. In den Akten der Aufhebung von Benediktbeuern, Polling, Rottenbuch und Steingaden finden sich unzählige Male Formulierungen, wie diese: ,,Am 25. April diesjahrs fand sich hier ein der Wiedertäufer Daniel Unzicker und machte sich erbötig, die Klosterschwaige Häusern des aufgehobenen Klosters Benediktbeuern gegen Kaution in Pacht zu nehmen.'' Der Steingadener Kommissar Oberndorf, immer wieder gedrängt, den fast 1000 ha großen Mayrhof der Prämonstratenser nun endlich zu barem Gelde zu machen oder wenigstens zu verpachten, damit man die enormen Kosten der Eigenbewirtschaftung loswerde, verteidigte sich mehr als einmal mit der Formulierung: ,,Eure Churfürstliche Durchlaucht werden geruhen müssen, noch auf einen schönen Erlös aus dem Mayrhof zu warten, bis wieder einige zahlungskräftige Wiedertäufer eingetroffen sind.''

Mit diesem Wort ,,Wiedertäufer'' bezeichneten die Beamten nicht nur alle Protestanten, sondern vorzugsweise Angehörige der Menonitensekte, die, angelockt von den Marktmöglichkeiten in Bayern, entweder aus der Pfalz kamen oder sogar aus ihren amerikanischen Kolonien nach Europa zurückkehrten, um sich hier anzukaufen. Die Säkularisation wurde damit wegen der Nöte des Staates bei der Suche nach Käufern auch zum Motor der Konfessionstoleranz. Der schweizerische Textilkonzern Meyer aus Aarau – der Vater des damaligen Inhabers war ein Freund Goethes gewesen –, der die Klöster Polling, Rottenbuch, Steingaden und Geisenfeld erwarb, um dort industrielle Produktionsstätten zu errichten, machte zur Bedingung, daß in diesen Dörfern protestantische Schulen eingerichtet würden, eine Bedingung, die von der Generallandesdirektion ohne Rückfrage bei Montgelas sofort erfüllt wurde. Von dem späteren Desaster dieser traditionsreichen schweizerischen Firma, die damals europäische Geltung besaß, ist noch die Rede.

Der Radikalenerlaß von 1803

Nur in einem erwies sich der bayerische Staat als empfindlich, und das in der Frage, ob es sich bei den Kauflustigen und Ansiedlungswilligen etwa „. . . um gefährliche Subjekte handle, welche an den Orten, an denen sie sich bisher aufgehalten haben, etwa durch verfängliche oder aufrührerische Reden oder unziemliches Betragen wider die Obrigkeiten Anstoß erregt hätten". Nach dem politischen Vorleben versuchte man sich stets genau zu erkundigen, und wenn der Verdacht bestand, es könne „ein solches Subjekt schon einmal beim Führen aufrührerischer Reden betroffen worden sein", dann wurde ein Kaufgeschäft mit einem solchen Partner nicht genehmigt. Man bedenke: Der Revolutionsschreck von 1789 steckte allen europäischen Fürsten, nicht zuletzt den bayerischen, tief in den Gliedern, und vor einem Bastillesturm nach französischem Muster versuchte man sich mit allen Mitteln zu schützen. So kann man sagen, daß es selbst im bayerischen Säkularisationsverfahren schon eine Art von Radikalenerlaß gab.

Im übrigen aber herrschte das Prinzip der Freiheit von Angebot und Nachfrage. Der einzige Grundsatz, an den sich der Staat als Anbieter des Klostergutes hielt, war die Auffassung vom „Nutzen der Gutszertrümmerung". Darunter verstand der Merkantilismus einmal die Meinung, daß eine Bewirtschaftung und Nutzung aller Wirtschaftsgüter in möglichst kleinen Partien und Einheiten den höchsten Ertrag bringe, zum anderen, daß die Aufteilung eines Angebotes am Markt in möglichst viele kleine Teilangebote den Markt am ehesten flüssig erhalte und die höchsten Gelderlöse erwarten lasse. Deshalb legte man Wert darauf, besonders den landwirtschaftlich nutzbaren Boden der Klöster in möglichst vielen kleinen Teilstücken zu verkaufen. Ähnlich verfuhr man aber auch mit beweglichem Gut wie Getreide und anderen Vorräten, Gerätschaften und selbst mit Vieh.

Das auf diesen Prinzipien aufgebaute Aufhebungsverfahren an Ort und Stelle, ob es nun um die Großbesitzungen Benediktbeuern, Niederaltaich und Tegernsee oder um kleine Klöster wie Altenhohenau oder St. Salvator ging, gliederte sich deshalb in drei Abschnitte: die Erfassung und Beschreibung des einzelnen Gutes, die Bewertung durch Schätzung, die markt- und preisnah erfolgen sollte, und dann eben die Verwertung über einen freien Markt, der grundsätzlich durch Ausschreibung oder Auslobung zu bilden war. Wie die Arbeitsanweisungen an die Kommissare zeigen, sollte die offene Ausschreibung mit freiem, offenem Angebot und Zuschlag auf Höchstgebot für alle Güter den Regelfall und der freihändige Verkauf mit einzeln ausgehandelten Preisen die Ausnahme darstellen. Damit wollte der Staat Chancengleichheit für alle Käufer gewährleisten und jede Art von Spekulation ausschließen. So richtig das gedacht war, so unvollständig war dieser Denkansatz. Es wurde von staatlicher Seite übersehen, daß Märkte keine starren Gebilde sind und auch nicht nur Verstandesregeln folgen. Man hat die Tatsache, daß mit dem Erscheinen des Staates und seinem großen Angebot an Gütern aus der Säkularisation kein Markt mehr so war wie vorher, weder vor Beginn der Klosteraufhebung bedacht noch während der Abwicklung wirklich erkannt. Deshalb ließ man es auch geschehen, daß über ein halbes Jahr lang in den wenigen Zeitungen der damaligen Zeit die Kommissare, ohne daß einer vom anderen wußte, pro Woche mit Dutzenden von Ausschreibungen aus der Aufhebung der einzelnen Klöster immer wieder die gleichen Güter anboten. So traten Marktveränderungen größten Ausmaßes ein, die sich als roter Unglücksfaden durch die ganze Säkularisation ziehen, tief in die Absatzmärkte der Bauern und des Handwerks einwirkten und schließlich über die Grenzen Bayerns hinaus die 15jährige Agrarkrise Deutschlands von 1804–1819 auslösten, die in Süddeutschland vor allem als eine Preiskrise auftrat.

Versucht man die Gründe für diese eigenartige Blindheit des Staates gegenüber einem im Grunde selbstverständlichen Marktvorgang zu finden, dann stellt man fest, daß einer der wichtigsten in den außerordentlichen und eigentlich weder 1803 noch heute lösbaren Schwierigkeiten der Bewertung des Gutes der aufgehobenen Klöster liegen mußte. Die Kommissare und ihre Schätzer, meistens Bauern und Handwerksmeister, hatten überhaupt nur bei einem allerdings außerordentlich wichtigen Produkt brauchbare Grunddaten für die Preis- und Wertfindung, und das war das Getreide. Wie schon erwähnt, führte Bayern seit langem eine Getreidepreisstatistik, die auf den wöchentlich auf den Schrannen von München, Rosenheim, Traunstein, Wasserburg, Mühldorf, Landshut, Landau, Straubing, Ingolstadt, Pfaffenhofen, Dachau, Landsberg und Weilheim ermittelten Preisen fußte. Jetzt erhielten nun die Kommissare die Anweisung, den zehnjährigen Durchschnitt der Mittelpreise der jeweils nächsten Schranne festzustellen und danach die Getreidevorräte zu bewerten, die sie in den Klöstern antrafen; entsprechend sollten sie den Wert der Saatgutmengen bestimmen, die von den Klosterverwaltungen auf ihren Mayrhöfen ausgebracht wurden, und vor allem nach diesen Preisen die Werte der bäuerlichen Getreideabgaben sowie der Naturalbezüge aller Personen berechnen, die von den Klöstern Leistungen erhielten.

Die so gefundenen Getreidepreise bildeten also einmal das Grunddatum für die Feststellung der Preise, zu denen das übernommene Getreide angeboten werden sollte, und zum anderen für die Errechnung der Lohn- und Versorgungswerte der Klosterangehörigen und der bäuerlichen Abgaben.

Die Vielfalt der Preise

Nun bestand damals in Bayern eine Vielzahl in sich ziemlich geschlossener Getreidemarktkreise, in denen sich völlig verschiedene Preise entwickeln konnten. Obwohl das Oberland mit seinem Alpenvorland als Gebiet des Getreideanbaus galt, reichte die Eigenproduktion für eine Selbstversorgung dieses Raumes nicht aus. Das Oberland mit dem Münchner Markt als Zentrum war deshalb Zuschußgebiet. Außerdem gab es gewisse, wenn auch eng begrenzte Exportmöglichkeiten nach Tirol und ins Allgäu. Diese Verhältnisse hatten Oberbayern zum Hochpreisgebiet für Getreide gemacht. Die fruchtbaren Getreideüberschußgebiete Niederbayerns und auch des Hügellandes kannten dagegen völlig andere Preisbildungen. Man kann dort von Mittel- und Niedrigpreisgebieten sprechen. Diese vom Mengenabsatz und der Marktstruktur her bestimmten Preisunterschiede fanden nun, als man die Getreidepreise schematisch auf die Lohnwertermittlung übertrug, Eingang in die Lohnberechnungen, die in einem so großen Umfang als Folge der Säkularisation zum erstenmal in der Wirtschaftsgeschichte überhaupt vorgenommen worden sind, und führten dort zu rein rechnerischen schroffen und unsinnigen Lohngegensätzen und damit zu völlig unterschiedlichen Bewertungen gleicher Arbeit, die es in dem ursprünglichen Naturallohnsystem nicht gegeben hat. Dieses methodisch bedingte soziale Grundübel der Säkularisation ist von keinem der Beteiligten erkannt, wohl aber von den Arbeitnehmern schmerzhaft erlebt worden.

Kaum weniger problematisch, weil bis zu diesem Zeitpunkt der Geschichte einmalig, erwies sich auch die Wertermittlung für die beweglichen Anlagegüter und das Umlauf- und Vorratsvermögen der Klöster, soweit es nicht zum Getreide gehörte. Diese beiden Begriffe meinen alle Vorräte eines Unternehmens, ob Landwirtschaft, Brauerei, Bäckerei oder Mühle, um nur einige beispielhafte Betriebsformen zu nennen, die in kurzer Zeit umgesetzt werden können und zum schnellen Umlauf im Betrieb bestimmt sind. Genau genommen gehört auch das Vieh dazu. Bewegliche Anlagegüter bildeten etwa die Fahrzeuge der landwirtschaftlichen Betriebe, die Ackergeräte, das bewegliche Inventar der Handwerksbetriebe, die Gebinde und Fässer der Brauereien und Weinkeller, aber auch die Haushaltseinrichtungen.

Das 18. Jahrhundert, und wirtschaftsgeschichtlich wurzelt das Jahr 1803 noch voll in dessen Gedankengängen, kannte diese viel später entwickelten betriebswirtschaftlichen Fachbegriffe selbstverständlich noch nicht. Damals sprach man von „Mobilien" und meinte damit alle Wirtschaftsgüter und Vermögensbestandteile, die ortsbeweglich waren, also nicht zum Boden gehörten oder nicht fest mit ihm verbunden waren wie die Gebäude. Innerhalb dieses Oberbegriffes verwendete man in Bayern und auch in Österreich in der damals sehr bildhaften und wirklichkeitsnahen Fach- und Verwaltungssprache dann noch die Begriffe „Fahrnis", worunter das Inventar des landwirtschaftlichen Betriebes verstanden wurde, und unterschied hier oft noch einmal zwischen Vieh und „Baumannsfahrnis". Letzte bezog sich auf alle die Betriebsbestandteile, die der Baumann, also der Bewirtschafter eines Hofes brauchte, um den Hof umzutreiben, ob es sich nun um einen Heuwagen, einen Pflug, Pferdegeschirre oder

Mistgabeln handelte. Bei einigem Bemühen, sich in die Denkweisen der damaligen Zeit hineinzuversetzen, muß man also zugeben, daß die Sprache der Zeit vor 1800 durchaus treffende, man könnte fast sagen: betriebswirtschaftliche Fachbegriffe gekannt hat. Sie entstammten der Bildsprache des Mittelalters und der frühen Neuzeit und beschrieben die wichtigsten äußeren Merkmale und Gebrauchseigenschaften der gemeinten Gegenstände mit oft unübertrefflicher Kürze.

Nun war es bei der Säkularisation keineswegs die Absicht des bayerischen Staates, die großen Klosterbesitzungen einfach zu übernehmen und weiterzuführen, wie das etwa bei den sächsischen und hessischen Säkularisationen des 16. Jahrhunderts oder auch noch bei der württembergischen und bei der preußischen Säkularisation geschehen ist. München wollte und mußte Bargeld sehen, wollte also im wahrsten Wortsinn versilbern, was zu Geld zu machen war. Dazu gehörte einmal, alles in möglichst kleine Angebotspartien aufzuteilen, und zum anderen, einen Schätzwert für jeden einzelnen Gegenstand zu finden, um überhaupt zu wissen, zu welchem Preis man anbieten oder was man bei Versteigerungen aufwerfen und fordern sollte. Grundsätzlich ging es darum, alles Verkaufbare auch wirklich zu verkaufen, von den gewaltigen Kirchen- und Klosterbauten über die Äcker und das Vieh bis zu den kleinsten Kochlöffeln und den Haushaltstextilien. Bei der Ausräumung des Klosters Geisenfeld zum Beispiel, dem einzigen Ordensgroßbesitz in der Hand eines Frauenkonventes, nämlich der Benediktinerinnen, hatte der Aufhebungskommissar alle Mühe, die zinnernen Nachttöpfe der 52 Nonnen unters Volk zu bringen, eine Mühsal, die ihm noch wesentlich erschwert wurde durch die Tatsache, daß sein Kollege, der Aufhebungskommissar des Zisterzienserinnenklosters Niederschönenfeld bei Rain am Lech, zur gleichen Zeit mit demselben Angebot auf den Markt kam.

Die Nachttöpfe der Nonnen von Geisenfeld

Dieses groteske Beispiel erscheint gesucht, eignet sich aber aus einem ganz bestimmten Grund besonders gut, die ganze Schwierigkeit und Unsinnigkeit dieser Verkaufsvorgänge zu veranschaulichen, die bald Verschleuderungsvorgänge wurden. Die von den Kommissaren eingesetzten Schätzer wußten sich nämlich nicht anders zu helfen, als bei einem großen Teil des Klosterinventars, für das es kaum vergleichbare Marktpreise gab, vom Materialwert auszugehen. Vergleiche fehlten schon deswegen, weil diese vielfach recht anspruchsvollen Güter kaum auf den Märkten gehandelt und von dort auch nicht bezogen wurden, sondern aus den eigenen Klosterwerkstätten stammten. In erster Linie galt das natürlich für die Ausstattung der Kirchen und Kapellen und der Prunkräume. Den Schätzern blieb deshalb nichts anderes übrig, als sich beim großen Teil dieser Güter an den Materialwerten zu orientieren. Zinn war im damaligen Bayern ein ebenso teurer Rohstoff wie heute, und dies führte dann dazu, daß die zinnernen Nachttöpfe der Nonnen von Geisenfeld und Niederschönenfeld je nach Größe mit 2–3 Gulden bewertet wurden, Preise, von denen sich die Bäuerinnen der umliegenden Gebiete, die im Grunde durchaus Interesse für diese Gegenstände bekundet hätten, wie der Niederschönenfelder Kommissar, der Landrichter von Rain am Lech, Duval in einem entsprechenden Bericht einmal schreibt, voll Grausen abwandten.

Hier offenbart sich das ganze Dilemma der nie gelungenen und eigentlich immer verfehlten Bewertung der meisten Güter, die von den Klöstern übernommen wurden. Vorgeschrieben war eine Schätzung nach Lokalpreisen, also nach den örtlichen Durchschnittspreisen, die auf den Märkten für die einzelnen Güter galten. So sinnvoll und überzeugend diese Vorschrift auch zu sein scheint, in der Praxis bereitete ihre Anwendung außerordentliche Schwierigkeiten. Preisstatistiken und Preissammlungen waren eben nur für Getreide bekannt, Viehpreisnotierungen, übersichtliche Holzmärkte oder gar Preissammlungen für Futterstoffe im landwirtschaftlichen Betrieb sowie vor allem für die Unzahl von Haushaltsgegenständen existierten nicht.

Den Schätzern der Aufhebungskommissionen fiel deshalb eine beispiellos schwierige Aufgabe zu, deren Lösung bis heute nirgends erkannt und gewürdigt worden ist. Sie mußten aus ihrer wirtschaftlichen Erfahrung und ihren Meinungen über Werte und Preise und ihrer persönlichen subjektiven Kenntnis der örtlichen Markt- und Preisverhältnisse Schätzwerte bilden, die wenigstens noch einen Rest von Zusammenhang mit der wirtschaftlichen Wirklichkeit des jeweiligen Gebietes besaßen. Bei den Schätzern handelte es sich um altbayerische Bauern, Metzger und Viehhändler, Maurer- und Zimmermeister, Baustoffhändler und Spengler, zuweilen auch Stukkateure oder Maler. Wer sich in ihren Bildungsstand einen Einblick verschaffen will, der lese die Schätzungsprotokolle, die diese Helfer der Aufhebungskommissionen teilweise selbst anfertigten – im Einflußgebiet der Klöster gehörten Analphabeten zu den Minderheiten – oder die sie den Kommissionsschreibern diktierten. Er wird überrascht sein über das hohe Maß an wirtschaftlichem und technischem Sachverstand, betriebswirtschaftlichen Fachkenntnissen und an Urteilssicherheit, die hier zum Ausdruck kommen. In den Lebens- und Wirtschaftsfragen, die den bayerischen Bauern und Handwerksmeister um 1800 angingen, hatte er einen Bildungsstand, von dem man sich in der aufklärerischen und modernistischen Überheblichkeit des späteren 19. Jahrhunderts und der Gegenwart keine Vorstellung mehr macht.

Dies änderte freilich wenig daran, daß die Schätzer des Klostergutes fast nur auf ihre Meinungen und Erfahrungen angewiesen waren. Sie hatten sich ständig mit dem Problem auseinanderzusetzen, zufällige Preiseinflüsse und kurzfristige Schwankungen auszuschalten. Längerfristige Preisbewegungen konnten sie nur aus mündlichen und meistens in nur kleinen Beobachtungsgebieten gewonnenen Überlieferungen und Wahrnehmungen ermitteln. Die Schätzungsprotokolle geben deshalb im Grunde nicht den damaligen bayerischen Markt, sondern an die hundert Einzelmärkte und ihre Preise wieder. Übersieht man die Schätzungsergebnisse aus dem ganzen Kurfürstentum, dann kommt man zu dem Schluß, daß im Einzelfall sicher richtig geschätzt wurde, im ganzen aber extreme und oft unsinnige Bewertungsschwankungen auftreten, so daß bei Nutz- und Zugvieh, Holz- und Futtervorräten und bei allen beweglichen Inventar- und Haushaltsgütern von Kloster zu Kloster außerordentliche Wertschwankungen in den Protokollen erscheinen, die oft 100–150 % betragen. Insgesamt wurde dieser Teil des Klostergutes zu einem ansehnlichen Anteil mit überhöhten Schätzwerten angesetzt, zum größeren Teil aber mit viel zu niedrigen Werten. Letztes war vor allem eine Folge der Wirkungen der Säkularisation. Das überfallartige Vorgehen des bayerischen Staates und der Entschluß, in allen aufzuhebenden Klöstern am gleichen Tag mit dem Versilbern zu beginnen, veränderte natürlich ebenso schlagartig die Märkte und Preise, so daß noch während des Anlaufens des Säkularisationsvorganges das gesamte bayerische Preisgefüge durch Überangebote in Bewegung nach unten geriet, eine Bewegung, die natürlich auch das Verhalten der Schätzer beeinflußte, die ja monatelang im Einsatz waren. Es läßt sich deutlich erkennen, daß jeder dieser Helfer von Woche zu Woche vorsichtiger wurde und unter dem Eindruck der zum Teil dramatischen Preisstürze und Absatzstockungen, die sich ab Mai 1803, also etwa vier Wochen nach Beginn der Säkularisation, auf allen Märkten einstellten, die Schätzungen immer mehr zurücknahm. Man kann schon wegen dieses unausweichlichen Mechanismus, der im Verfahren begründet lag und nicht die Schuld einzelner Personen ist, mit gutem Grund davon sprechen, daß der größere Teil des Kloster- und Kirchengutes einfach deswegen verschleudert wurde, weil man es überhaupt nur noch zu Schleuderpreisen an den Mann bringen konnte. Niemand nahm daran größeren Schaden als der Staat selber, der diesen ganzen Vorgang in Bewegung gebracht hatte.

Schwer und lange haben aber auch alle anderen Wirtschaftsteilnehmer darunter gelitten. Die ganze Unsinnigkeit des Säkularisationsverfahrens läßt sich am Beispiel der Weinlager, die das Augustinerchorherrenstift St. Nikola vor Passau in der Stadt Passau selbst unterhielt, besonders deutlich veranschaulichen. St. Nikola, sozusagen das „Urstift" der Augustingerchorherren in Bayern und Österreich, weil es die erste Gründung für diesen Orden aus dem Jahre 1072 durch den Passauer Bischof Altmann war, unterhielt umfangreiche Weinbau- und Kellereibetriebe in Niederösterreich, und zwar nördlich von Wien. Etwa die Hälfte seines Besitzes lag auf österreichischem Boden. Die Augustiner von St. Nikola hatten nun im 18. Jahrhundert die Chance, eine ganz besondere Standortgunst ihres Klosters vor den Toren Passaus auszunützen. Dieses Fürstbistum hatte die unsinnige merkantilistische Zollpolitik Bayerns im 18. Jahrhundert mit seinen Prohibitions- und Strafzöllen auf die Einfuhr von Wein nicht übernommen. Ins Passauer Gebiet konnte Nikola aus seinen Weingütern die Moste und fertig ausgebauten Weine deshalb zu niedrigen Zöllen einführen und dort in seinen eigenen Kellereien abfüllen. Darin lag der Grund für den Unterhalt zweier großer Kellereibetriebe des Stiftes in den Mauern der Stadt Passau.

Mit der Säkularisation, die sich zunächst noch nicht auf Passau erstreckte, erhielt der bayerische Staat das Recht, bei der Aufhebung von St. Nikola, das ja noch auf bayerischem Gebiet lag, auch die Weinlager in Passau wirtschaftlich in Besitz zu nehmen. Aus Angst, andere könnten ihm zuvorkommen, machte der Staat sofort von diesem Recht Gebrauch und

Dieser Lage- und Umgebungsplan für die niederösterreichische Stadt Krems wurde für die Beschreibung der Weinberge angefertigt, die das niederbayerische Benediktinerkloster Aspach dort besaß. Die Zeichnung ist so genau, daß man sogar den Bestand an Weinstöcken in den Rebanlagen auszählen kann.

wies den Aufhebungskommissar für Nikola, von Hellersberg, an, die Weinvorräte des Klosters in Passau durch Ausschreibung unverzüglich feilzubieten. Diese Weinvorräte wurden auf einen Wert von etwa 22000 Gulden geschätzt, was nahezu einer halben Million Mark entsprach und eine Menge von etwa 800 hl repräsentierte. Der Kommissar warnte dringendst vor den katastrophalen Folgen einer solchen Maßnahme, ohne aber bei seiner vorgesetzten Behörde Gehör zu finden. Am 17.5.1803 berichtete er dann über das Ergebnis und teilte zunächst mit, daß seit der Veröffentlichung des Angebotes dieser großen Weinmenge die Preise bereits um 50% gefallen seien. Dann fährt er fort: „Unfehlbar würde der Wein viel höher, als das gegenwärtige Angebot entwirft, verkauft werden können, wenn dieser Weinhandel nach alter Art, nämlich in kleinen Abteilungen ohne Versteigerung vor sich gehen könnte; allein aber so gewiß es ist, daß solcher innerhalb von zwei Jahren nicht an den Mann gebracht wird, vorzüglich wenn zu den verflossenen sehr guten Weinjahren auch noch heuer ein gutes Jahr hinzukommt, so gewiß ist es auch, daß zu diesen niederen Angeboten der auf einmal eingetretene Verkauf der Klosterweine in allen Gegenden Bayerns das meiste beiträgt."

Wollte man in dieser Beschreibung das Wort Wein durch „Getreide", „Holz" oder „Vieh" ersetzen, dann könnte man dieses Urteil des Aufhebungskommissars von St. Nikola im übrigen wörtlich auf alle wichtigen Produktenmärkte des damaligen Bayerns übertragen. Ab Mitte Mai 1803 berichtete jeder Kommissar von starken Preisbewegungen nach unten, und zwar bei allen Gütern, die er anzubieten, zu verkaufen und abzurechnen hatte. Aus München kamen erschreckte Rückfragen, wie denn auf einmal die Erlöse für alles, was man zu verkaufen habe, so rapide zurückfielen und sich immer weiter von den nach Meinung der Zentralbehörden ohnehin schon „wohlfeilen" Schätzwerten entfernten. Niemand hatte daran gedacht, daß man diese Vorgänge selbst verursachen konnte, und erst die in ihrem wirtschaftlichen Urteil treffsicheren Kommissare machten dann ihren Vorgesetzten verständlich, was eigentlich angerichtet worden war.

Es war damals nicht üblich, Beschwerdeschriften zu verfassen und nach staatlicher Hilfe zu rufen, wenn man sich in wirtschaftlicher Bedrängnis fühlte. Dabei hätten besonders die Bauern, die Getreide- und Viehhändler, die Müller und die Weinhändler sowie die Bauhandwerker allen Grund gehabt, Notgemeinschaften und Interessenverbände zu bilden und mit vereinten Kräften dem Staat zu Leibe zu rücken, der ohne es zu wollen, und lange Zeit auch ohne es zu wissen, nicht nur seine eigenen Preise und Erlöse, sondern auch die der Bauern und der übrigen Wirtschaft mit seiner Säkularisation zugrunde richtete. Bisher ist dieses Gebiet nicht erforscht – diese Fragestellung geht auch weit über die Möglichkeiten der hier vorgelegten Darstellung hinaus –, aber man kann als sicher annehmen, daß die wirtschaftlichen Folgen der besonderen Art Bayerns, die Säkularisation zu betreiben, zuerst in Bayern selbst und dann in den Nachbargebieten die Preise und Löhne in der ganzen übrigen Wirtschaft in wahre Abgründe gerissen haben.

Ins Absurde und Groteske verlieren sich die Versuche, die wichtigsten Klosterbauten zu bewerten, die man 1803 regelmäßig ohne jede Kenntnis ihrer Entstehung und ihres künstlerischen und architektonischen Wertes übernommen hat. Bei den Wirtschaftsbauten, etwa bei den Betriebsgebäuden der Mayrhöfe und der Handwerksbetriebe tat man sich noch verhältnismäßig leicht. Die Schätzer, in der Regel Bauunternehmer und Zimmermeister aus der näheren Umgebung, die nicht selten vor verhältnismäßig kurzer Zeit diese Gebäude selbst erstellt hatten, ermittelten die Baumassen über Flächenaufmaße. Kubische Maßeinheiten wurden im damaligen Bayern nicht verwendet. Als unterste Einheit des Flächenmaßes galt der Schuh, aus dem auch ins Quadrat genommene Bodenmaße wie das Tagwerk gebildet wurden. Ein Schuh entsprach 29,4 cm, ein Quadratschuh also dem Quadrat von 29,4. Die als Schätzer eingesetzten Handwerksmeister vermaßen die Gebäude über die Außenmaße und errechneten daraus die Oberflächen in Quadratschuh. Die Werte ermittelten sie, indem sie den Materialeinsatz und die Lohnkosten für die Erstellung von einem Quadratschuh Mauerwerk feststellten; bei Zimmermannskonstruktionen orientierten sie sich an dem Verbrauch an Holz in Klaftern (1 Klafter = 3,33 cbm) für die Gesamtkonstruktion, den sie dann mit den örtlichen Holzpreisen multiplizierten und mit den Arbeitsstunden oder -tagen addierten, die für die Herstellung der Konstruktionen benötigt wurden.

Gesucht wurde immer der Zeitwert, also der echte Wert, den das Gebäude am Tage der Schätzung besaß. Abschreibungen kannte man damals noch nicht, wohl aber empfand man ihre Notwendigkeit. Einen Ausweg suchten und fanden die Kommissare mit ihren Schätzern darin, daß sie von den Gebäudewerten, die nach der eben beschriebenen Methode ermittelt wurden, dann die „Baufälle" abzogen, also die Kosten für die Erfüllung des am Schätzungstage festgestellten Reparatur- und Unterhaltsaufwandes. Bei den Wirtschaftsgebäuden und den Zweckbauten kam man so zu einigermaßen wirklichkeitsnahen Werten, was freilich nicht hieß, daß sich für die so bewerteten Gebäude auch Käufer fanden.

Auf engste Grenzen stieß dieses Verfahren aber, wenn es um Kirchen und Repräsentationsbauten ging. Daß man es hier mit außergewöhnlichen Objekten zu tun hatte, für die es im Grunde keine Beispiele gab, an denen sich durch Vergleiche Durchschnittswerte hätten bilden lassen, das hat man damals durchaus empfunden. Im übrigen aber war, wie Eberhard Weis schreibt, der Sinn der Menschen um 1800 für das Erlebnis und die Aussage barocker Bauten sehr gering, ja man kann feststellen, daß er bis in die obersten Schichten hinein unter der Einwirkung der Aufklärung verlorengegangen zu sein schien.

Aus der Rat- und Hilflosigkeit aller Beteiligten in der Frage einer zeitnahen Bewertung der Sakralbauten der Klöster entwickelte sich zwischen den Beamten der Generallandesdirektion und den Aufhebungskommissaren ein reger Schriftverkehr, der von dem Bemühen bestimmt wird, brauchbare, allgemein gültige Maßstäbe für die Bewertung zu finden, ein Bemühen, das sich allerdings in vielen Fällen zu erkennbarer Verwirrung steigerte. Eine Wertermittlung gelang regelmäßig überhaupt nur für die raumumschließenden und tragenden Bauteile. Gegenüber allen anderen Baubestandteilen erklärten sich die Schätzer für unzuständig. Der Grund lag meistens darin, daß den Baumeistern der Zeit um 1800 neuere Erfahrungswerte fehlten, mit denen sie den Arbeitseinsatz bei der Formung der Innenausstattung von Kirchen wie Rottenbuch, der Wies oder der älteren von Benediktbeuern hätten beurteilen können. Wegen der Spezialanforderungen an die Handwerksleistung waren die Löhne der Gewerke für den Innenausbau auch zur Bauzeit nicht aus den örtlichen Baumärkten abgeleitet, sondern fast immer mit der Bauherrschaft frei vereinbart und besonders von den Handwerkern und Künstlern sorgfältig geheimgehalten worden. Schon deshalb fehlten alle Durchschnittssätze. Daß aber auch den Beamten und Schätzern nicht selten die richtigen Worte fehlten, um dem Befehl zur sorgfältigen Beschreibung der Objekte zu genügen, das wird nirgends deutlicher als in der fast stammelnden Suche nach Worten des Steingadener Aufhebungskommissars Oberndorf, der unter der Nummer 43 seines Gebäudeinventars die Wieskirche mit den Worten zu beschreiben versucht:

No. 43
Wahlfahrts-Kirche in der Wis.

Eine Stund weit vom Kloster Steingaden befindet sich die
Wahlfahrts-Kirche in der Wis, auf einer Anhöhe entlegen,
ganz mit Waldung umgeben, stehet also ganz frey und abge-
sondert da, und sind allein zwey Kram, und ein Wirthshaus
neben selber vorhanden.

Im Jahr 1745 ist der Bau angefangen und 1749 vollendet
worden; diesen hat Dominicus Zimmerman, Baumeister in
Landsberg, übernohmen.

Die Kirche ist gegen Nidgang zu abgerundet, an die sich
der länglichte Chor anschließt, hinter selber befindet sich die
Sarkristey, Glogen-Haus, und der mit Kupfer eingedeckte
Kirchthurm, in welch sich vier mittere Gloggen befinden, gegen Niedergang zu ist das Gebäude mit einer Facade Portal
und zwey Seiten Thüren, dann 6 Stein-Säulen verzihret und
mit einem Vorzeichen versehen.

Die Kirche selbst ist sehr geräumig, mit einer Orgel, Kan-
zel, und 2 Seiten, dann 1 Chor-Altar, worauf sich das Bildnus
des gegeiselten Heilands, wie man sagt vom Papir gemacht,
vorfindet.

Oberhalb dem Chor-Altar ziehet sich eine Gallarie herum,
wo selbst sich ein vom Albrecht gemahlenes Altarblat, samt
Altar befindet, die ganze Kirche ist mit Säulen und Stukator
von Vergoldungen ausgeziret und von Franz Zimmermann,
einem Sohn des Baumeisters, in Fresco ausgemahlen worden.

Der Chor ist miteinem eisen Gitter geschlossen, auch der
Boden mit Kehlheimer Stein gepflastert.

Da sich von diesem Gebäude ein Grund-Ris vorfindet, so
wird sich auf denselben bezochen.

Diese Kirche ist ganz von zugerichtetem Sand, und Ziegel-
steinen vermischt aufgeführt. Hat eine französische oder ge-
wölbte Dachung, unter welcher sich 4 stehend und 2 liegende
Tach-Stuhl befinden, welche mit doppelten Blatten überdekt
sind, hat durchaus ein Holzgewölbung.

Der Hintertheil der Kirche ist 120 Schuh lang und 88 Schuh breit und 78 Schuh hoch und einer Mauerdicke von 3 Schuh, die Länge vom Chor mit Einschluß von Sakristey und Glocknhaus, beträgt 74, und die breite 48 Schuh.

Das ganze Kirchen-Gebäud ist noch ganz gut bestellt, und unterliegen nur die Tachungen und Außerverzihrungen, dann Tachstühle, einiger Reparierung.

Der Steingadener Kommissar stand mit seinen Verlegenheiten nicht allein. Von allen Seiten kamen Rückfragen der Aufhebungskommissare an die Generallandesdirektion mit „der unterthänigsten Bitte um gnädigsten Befehl, wie und auf welche Art bey der Schätzung der Kirchen und Kapellen und der anderen prächtigen Bauten zu verfahren sey". Besonders nachdrücklich drängte natürlich der Steingadener Kommissar Oberndorf auf eine verbindliche Anweisung, aber er fand auch Unterstützung bei seinen Kollegen Baldauf von Rottenbuch, dem Landrichter von Schongau, und dem Fürstenfelder Kommissar Heydolph, einem Lizenziaten, also einem juristischen Zweitbeamten vom Dachauer Landgericht, den die Brucker Bevölkerung nur den „Heiteifi" nannte, weil er wegen seiner Genauigkeit alsbald äußerst unbeliebt war.

Nach vielem schriftlichem Hin und Her entschlossen sich der Hauptabteilungsleiter Schattenhofer in der Generallandesdirektion und die beiden Abteilungsleiter Eisenrieth und von Schmöger dazu, den Kommissaren eine Methode der Schätzung für die Kirchen zu empfehlen, die zur Bildung unzähliger Legenden Anlaß gegeben hat. Es wurde nämlich versucht, bei den Schätzungen dieser Bauten nur die Materialwerte und die Abbruchkosten zu erfassen. Der Steingadener Kommissar fand hierfür den Ausdruck „Schätzung auf Materialwert und Abbruch", ein Ausdruck, den die Generallandesdirektion übernahm und der dann im Abwicklungsverkehr ständig auftaucht. Die immer wieder kolportierten Legenden, der bayerische Staat habe etwa den Abbruch der Fürstenfelder Kirche, der Wies oder auch von Benediktbeuern zur beschlossenen Sache gemacht und sei nur durch den Einsatz mutiger Bürger daran gehindert worden, dürften in diesem Versuch einer Notlösung für die auch heute noch unlösbare Bewertungsfrage ihren Ursprung haben. Die Öffentlichkeit hat den Denkansatz nicht verstanden, der diesem Verfahren zugrunde lag.

Weil es einfach keine Anhaltspunkte dafür gab, wie man nun die barocke Ausstattung der Festsäle von Benediktbeuern, der Kirchen von Rottenbuch und der Wies, oder später von Vierzehnheiligen, von Ebrach oder Ottobeuren bewerten sollte, versuchte man, den Materialwert zu erfassen, der sich noch einigermaßen zuverlässig aus dem Gebäudeaufmaß und den Baustoffpreisen ermitteln ließ, und davon dann die mutmaßlichen Abbruchkosten abzuziehen. Diese Abbruchkosten setzten sich aus zwei Komponenten zusammen, dem Lohneinsatz für die Arbeitserledigung bei der fiktiven Durchführung eines Abbruchs und die Fuhrkosten für die Abfuhr des Materials. Man wußte ja aus Erfahrung, daß ein eventueller Interessent bei einem Kauf auf Materialwert diese ihn belastenden Kosten von seinem Gebot abziehen würde.

Dies bedeutete allerdings noch längst nicht, daß ein Abbruch in jedem Falle wirklich ernsthaft erwogen oder gar beschlossen worden wäre. Die Kommissare warnten vielmehr fast immer nachdrücklich und mit großem Ernst, sich auf ein solches Abenteuer einzulassen, und machten darauf aufmerksam, daß weder die nötigen Arbeits- noch die Fuhrkapazitäten beschafft werden könnten, um so große Materialmassen zu bewältigen. Als Hauptargument fügten sie bei der pflichtgemäßen Prüfung der Frage, was nun bei einer solchen Art der Verwertung an Ertrag zu erwarten sei, in ihre Berichte ein, daß für ein solches Angebot an Abbruchbaumaterial in ganz Bayern keine Märkte zu finden sein würden, ein Argument, das auch die Generallandesdirektion akzeptierte. Die später vorgenommenen Total- oder Teilabbrüche etwa von

Steingaden, Tegernsee oder Wessobrunn hatten ganz andere Gründe. Sie stellten den Versuch der oftmals sehr unbedachten Käufer oder des Staates, der aus den Konkursen seiner Käufer wenigstens zur Scheinrettung seiner Forderungen die Objekte hatte zurücknehmen müssen, dar, sich von einer Baulast zu befreien, die unerträglich werden mußte, nachdem man alle Kostenträger, wie die landwirtschaftlichen Betriebe, die Handwerksunternehmen und die Rechtsbesitzungen der Klöster, beseitigt oder aufgelöst hatte.

Welcher Unsinn bei diesem Bewertungsverfahren herausgekommen ist, das zeigt wiederum in besonderer Deutlichkeit die Säkularisation von Steingaden mit der Wieskirche. Der Kommissar Oberndorf schätzte sie auf Materialwert und Abbruch und kam dabei auf höchstens 20 000 Gulden – gekostet hatte sie um 1750 mindestens 170 000 Gulden, wahrscheinlich 175–180 000 Gulden. Genau ist und war diese Summe nicht bekannt, denn der Bau erscheint niemals mit einer ordnungsgemäßen Schlußabrechnung in den von einem heillosen Durcheinander gekennzeichneten Steingadener Wirtschaftsbüchern, die damals ,,Manualien'' hießen. Die Summe entsprach der Kaufkraft nach in der damaligen Zeit etwa 5 Millionen Mark, aber dieser Vergleich ist höchst ungenau und problematisch, weil die Grundlage, auf der dieser Kaufkraftvergleich beruht, nämlich die Kaufkraft des Gulden gegenüber Getreide, Vieh und normalen Handwerkerlöhnen von 1750 und 1975 auf ein Bauwerk wie die Wieskirche im Grunde nur mit größten Einschränkungen angewandt werden kann. Die Gründe für die enorme Unterschätzung der Wieskirche, die bei Bauten wie der Fürstenfelder Barockkirche oder den Kirchen von Aldersbach, Fürstenzell, Niederaltaich, Rohr, Weltenburg oder auch Baumburg und Seeon wiederkehrt, liegen in dem schon beschriebenen Verfahren. Es wurden weder die Architektenleistung noch die Lohnleistung erfaßt, niemand war in der Lage, einen in Geld ausdrückbaren Maßstab für die Genialität der Stukkateure und Maler zu finden, die die Innenräume dieser Kirchen gestaltet haben. Niemand hat auch nur versucht, die Gestaltungsleistungen, wie sie etwa in den Farbkompositionen zum Ausdruck kommen, die das Innere von Dießen, Rottenbuch oder der Wieskirche bestimmen, zu bewerten. Selbst vor so simplen Kosten- und Wertbestandteilen wie dem hohen Transport- und Fuhraufwand für die Erstellung so großer Bauwerke versagten die Schätzungskünste – der bayerische Staat hat nie gewußt und weiß es bis heute nicht, welche Werte er damals übernommen und welche er zerstört hat, selbst wenn man nur rein wirtschaftliche Maßstäbe annimmt.

Das zeigt sich auch bei der Bewertung des Bodens, für den man im übrigen damals immer noch eine Fülle von Flächenmaßen kannte. Obwohl das Tagwerk schon seit dem 16. Jahrhundert als allgemein übliche Norm Verwendung fand – ein Tagwerk ist die Fläche, die ein Gespann Pferde mit einem Mann an einem Arbeitstag von 8 Stunden pflügen kann, und entspricht ungefähr 3 400 qm und damit etwa einem Drittelhektar –, waren in der Säkularisation, unbeanstandet von der Aufsichtsbehörde, noch fünf inländische und bei den Beschreibungen des ausländischen Besitzes noch vier ausländische Flächenmaße in Gebrauch. In Bayern waren dies das Tagwerk, der Morgen und das Juchhart, die alle etwa den gleichen eben beschriebenen geometrischen Inhalt umfassen. Im Sprachgebrauch der Bauern, der Bauleute auf den Klosterhöfen und der Beamten erscheint die Bezeichnung Juchhart meistens bei Ackerflächen, Wiesen wurden nur in Tagwerk angegeben, für Weideflächen hatte man den Ausdruck „Weidschaften". Daneben gab es in Niederbayern noch das Ausspann, etwa ein halbes Tagwerk, und den Pifang, eine Pflugfurche.

Beim Ausspann handelt es sich um ein typisches Arbeitsmaß, das dann zum Flächenmaß geworden ist. Ein Ausspann war dann geackert, wenn mittags gegen 11 Uhr – um diese Stunde setzte die alte bayerische Bauerntischzeit ein; sie be-

Tabelle
Ueber die Aecker, und ihren Innhalt.

Tabelle
Ueber Gärten, Aenger, Wiesen, Krautstk &c.

N°	Feld und Name der Aecker.	Juch	½	n.Kl.	Juch	½	a.Kl.
	Krautgartenfeld Winterfeld. 1. Blatt.						
1	Gastenacker	6	2	1079			
2	Die Juchert	1	7	2100			
3	Die Breiten	16	2	240			
4	Die Vier Jucherte	9	–	2160			
5	Breitel am Kurzen gstös	5	5	240			
6	Hartel Acker	2	7	1492			
7	Auf der Juchert bey galgn	1	1	1440			
8	Krautgarten acker	–	7	4160			
9	Breitel im Weidelfeld	6	7	2270			
10	Die drey Jucherte beym Kreuz	4	4	464			
11	Juchert bey der Grub	1	2	2915			
	Innhalt des Winterfelds	52	2	2129			
	Mittelfeld. Sommerfeld. 2. Blatt.						
12	Die Breiten	29	7	2006			
13	Bey Aich	11	5	4744			
14	Juchert bey Aich	1	6	7435			
15	Grübelacker	1	2	7677			
16	An der Mammagabe	4	9	2770			
17	Hintere Loch	2	1	2464			
18	Hinter der Lein	1	2	2410			
19	Biesbacher vom Holzdou	1	–	6132			
20	Begn Kingelgarten	4	4	764			
	Innhalt des Sommerfelds	52	4	1209			
	Gebragfeld. Brachfeld 2. u. 3. Blatt						
21	Hintern Schlagangerl 2tte Blatt	9	2	4200			
22	Der Große Acker 3te Blatt	25	7	817			
23	Am großen Acker	4	2	1877			
24	Die äußere Juchert	2	4	2027			
25	Die vier Jucherte bey Aich	7	2	1000			
26	Die äußere Gehng breiten	10	–	464			
27	Aicher vom Holz dou	1	7	2092			
	Innhalt des Brachfelds	63	7	2780			

Totalsumme der Aecker
160 Juch. ⅞ 2180'''

Universal Summe 222 ⅞ Juch. 4049'''

NB. Der Maaßstab ist der nämliche wie bey den Klostergründen.

Theror. Lt. g.R.
u. Pfarrer zu
Mammendorf.

N°	Name des Stück	Juch	½	n	Juch	½	a.Kl.
	Gärten.						
1	Oestlicher Hausgarten	2	7	200			
2	Westlicher Garten am Huben	1	2	709			
	Innhalt der Gärten				4	1	1027
	Aenger.						
1	Hintern Leidinger	7	2	664			
2	Ryer- oder Hochanger	5	5	740			
3	Schlaganger	2	–	764			
4	Anger bey Huttenhofen	6	1	4037			
5	Anger bey Mayrhofs	2	1	161			
6	Von den Ramtheilen	–	4	4448			
	Innhalt der Aenger				24	1	1806
	Wiesen.						
1	Wise bey Rankenstein	7	2	664			
2	W. bey Bachel	10	1	4237			
3	Obere Wiese bey Aich	–	4	660			
	Innhalt der Wiesen				14	3	2916
	Waasflecken in den Feldern u.						
I.	In den Ramtheilen	3	–	447			
II.	Hinter Pengelsgarten f. 2.	–	4	462			
III.	Bey Aich f. 2. N. 13.	–	7	464			
IV.	Hintern Lochel f. 2. N. 17.	–	6	464			
V.	Hintern Schlaganger f. 2.	–	6	446			
VI.	Hinter der Juchert f. 2. N.14.	–	7	470			
VII.	Am großen Acker N. 22.	4	7	464			
VIII.	Waasstockel an N. 24.	–	4	468			
IX.	Im Grasfeld	–	5	464			
X.	Grundstück	1	2	464			
XI.	Grundstück	–	–	464			
XII.	Im Weidelfeld	2	3	1477			
	Summe der Waasstückn				18	5	2744
	Das Krautstück				–	–	4007
	Innhalt der Gärten, Aenger &c.				62	4	2169

Total Summe der Gärten Aenger Wiesen u.s.w.
Orts Tagw. 2169.

Nota. Während des vermessen Stand die zwischen den gebürge sogenannte Amber weise ganz unter Wasser.
Da selbe später so wie das Getaid zu vermessen gehießen wurde, die Änderung sich die Special und total summe folgender Weise:
Die Aecker weise, die mit ihren Innhalte die Summe der Wiesen auf 22⅜ Tage vermehrte, beträgt ... 5 Tagw. saubt. 265
Das gehöig ... 15 ... 2. ... 912.
Die erste Summe 222 ... 6 ... 4049.
Vollständige Tagw. 243 Orts Tagw. 2326 ...

Die Tabelle zeigt Flächeninhalt, Bodennutzung und Fruchtfolge des Mayrhofes Puch der Zisterzienser von Fürstenfeld.

gann, wenn die Pferde ihre zweistündige mittägliche Ruhe-
und Freßpause brauchten – die Pferde ausgespannt und der
Pflug in der halben Furche zurückgelassen wurde. Der Pifang
ist eine uralte landwirtschaftliche Maßeinheit, deren Ursprung sich im Dunkel der Vorgeschichte verliert. Die kelti-
schen Hochäcker, wie man sie beispielsweise bei Großding-
harting, bei Murnau oder bei Bad Aibling im Alpenvorland
als Reste der landwirtschaftlichen Kultur der Kelten heute
noch als wellenförmige regelmäßige Bodenerhebungen in
Wiesen und Wäldern erkennen kann, sind im altbayerischen
Sprachgebrauch Pifänge gewesen. Später, mit der Einführung
der Pflugkultur ging dieser Ausdruck auf die Pflugfurchen
über, und noch um 1800 haben im niederbayerischen Ackergäu die Bauern ebenso wie die Betriebsführer der großen Klostermayrhöfe von Weltenburg, Prüfening oder Windberg den
Umfang der Flächen ihrer Äcker in der Zahl der Pifänge, also
der Pflugfurchen angegeben. Im Kartoffelbau kennt die
bäuerliche Sprache dieses Wort glücklicherweise bis in die
Gegenwart noch für den „Kartoffeldamm". Für den österreichischen Klosterbesitz, der ja vor allem in Weingütern bestand, wurden die Flächenmaße „Graben", „Viertel",
„Stär" und „Joch" verwendet. Es fällt auf, daß in Südtirol
auf engstem Raum rund um Bozen, im Etschtal und im Unterland von Kaltern und Tramin die bayerischen Klöster ihren nebeneinanderliegenden Weinbaubesitz wechselnd in
diesen verschiedenen Flächenmaßen angeben.

Schon diese Maßvielfalt brachte es mit sich, daß die bayerische Verwaltung nie wirklich wußte, welche Bodenflächen in
welchem exakten geometrischen Umfang bei der Aufhebung
übernommen und umgesetzt wurden. Die größten Gegen-
sätze und Widersprüche ergaben sich dabei bei den Forstbe-
sitzungen, welche die Klöstern selber nur in Ausnahmefällen
vermessen hatten und die nach der Übernahme durch den
Staat erst in einem jahrzehntelangen Kartierungsprozeß erfaßt wurden. Noch während der Aufhebung hatten sich aber

durch Flächenabgaben an die Bauern und Holzrechtler die ursprünglichen Forstbestände so verändert, und die dabei für die abgegebenen Flächen verwendeten Maße waren so ungenau, daß selbst bei den Forsten kein wirklich exakter Überblick über den genauen Umfang des klösterlichen Grundbesitzes hergestellt werden kann.

Auch den Boden nach seinem Geldwert zu schätzen, machte große Schwierigkeiten und hat oft sehr widerspruchsvolle Ergebnisse geliefert. Verantwortlich dafür war auch hier wieder der Mangel an Marktdaten. Altbayern besitzt bis heute nur geringe Bodenmobilität, wobei es in seiner ganzen Geschichte nur ganz selten zu größeren Eigentumsverschiebungen im Bodenbesitz gekommen ist. Letztes war etwa, im Gegensatz dazu, in den preußischen Ostprovinzen oder in den östlichen Landesteilen Österreichs der Fall, wo die herrschaftlichen Großgrundbesitzungen mit ihren Spekulationen und ihrer hohen Konkursquote jahrhundertelang dafür sorgten, daß lange Bodenpreisreihen gebildet werden konnten. In diesem typisch bayerischen immobilen Bodenmarkt brach nun der Staat von April bis Juni 1803 mit einem Angebot von etwa 14000 ha landwirtschaftlicher Fläche ein, die er nach seinen Vorstellungen am liebsten in etwa 50–60000 Kleinflächen verkaufen wollte. Daß es hier Schwierigkeiten geben mußte, liegt auf der Hand. Die Kommissare und ihre Schätzer, ausnahmslos Bauern, die ihr Geschäft verstanden, hielten sich bei der Festlegung der Angebotspreise aus Mangel an Preissammlungen an den Ertragswert. Sie leiteten ihn in erster Linie aus den Getreideerträgen ab, die im alten Bayern je nach Ortslage und Getreideart bei etwa 8–11 dz je ha lagen. Wenn man die Saatgutkosten berücksichtigte, dann kam man bei diesen Erträgen auf Bodenwerte von ungefähr 150 Gulden je ha, also nach Kaufkraft und heutigen Begriffen umgerechnet etwa 50 Pfg. für den Quadratmeter. Wegen des Futtermangels und der Unentbehrlichkeit des Stalldüngers aus der Viehhaltung für die Getreideerzeugung wurden Wiesen in der Regel um etwa 30–40 % höher geschätzt. Niedrig waren also die aus den Ertragswerten abgeleiteten Bodenpreise nicht, wenn man bedenkt, daß heute im Durchschnitt nur etwa das 3–3,5fache für einen Quadratmeter landwirtschaftlicher Nutzfläche bezahlt wird. Natürlich hat es große Wertschwankungen je nach Ortslage, Bodenqualität und Geländeneigung gegeben.

Der Wissensstand der alten bayerischen Bauern

Im ganzen kann man aber auch hier wieder den Bauern um 1800, deren Hilfe sich der Staat bei den Schätzungen bediente, bescheinigen, daß sie ein eindrucksvolles Wissen auf Gebieten besaßen, die man heute als landwirtschaftliche Betriebs-, Ertrags- und Schätzungslehre bezeichnen würde. Dieses Wissen gründete sich in erster Linie auf eigene Erfahrung und auf die übernommenen Betriebserfahrungen ihrer Vorfahren, entstand also, wie man in der Wissenschaft sagt, auf empirischem Wege, doch, und das ist das persönliche Verdienst jeder der Bauerngenerationen der bayerischen Vergangenheit, sie hatten dieses Wissen verarbeitet und verstanden es anzuwenden sowie die Ergebnisse dieser Anwendung mit eigenen Worten verständlich auszudrücken.

Interessanterweise machte sich im damaligen Bayern durch die Säkularisation eine ganz ähnliche Erscheinung bemerkbar, wie sie die östlichen Teile Preußens und Österreichs schon seit dem 17. Jahrhundert nur allzugut und vor allem schmerzhaft kannten: Betriebsgröße wirkte in der damaligen Landwirtschaft ab einer oberen Grenze von etwa 60–80 ha als stark wertmindernder Faktor.

Der Staat mußte dies bei der Übernahme der großen Mayrhöfe der Klöster Prüfening, Prüll, Ober- und Niederaltaich und Windberg im Ackergäu erfahren, die mit 200–400 Akker auf ertragsfähigen, aber schweren Böden zu den wenigen landwirtschaftlichen Großbetrieben Bayerns der damaligen

Zeit gehörten, die man mit den ostdeutschen Rittergütern und ihrer Problematik vergleichen könnte. Landwirtschaftsbetriebe dieser Größe litten damals darunter, daß es nicht möglich war, sie mit soviel Zugkraft auszustatten, daß die Arbeitsberge der Frühjahrs- und der Herbstbestellung und ganz besonders des Pflügens und der Bodenbearbeitung termingerecht und mit der notwendigen Qualität in der von der Natur nun einmal vorgeschriebenen kurzen Zeit erledigt werden konnten.

In Schlesien oder Ostpreußen, in Böhmen, Mähren und Niederösterreich, in Ungarn und in der Ukraine, also in den Ritterguts- und Gutsherrschaftslandschaften des Ostens hat dieses Problem seit 1670 im wachsenden Umfang die Sozialstrukturen erschüttert und diese Staaten schließlich reif für Zusammenbrüche gemacht. Die Gutsherrschaften versuchten dort, Arbeitskraft und Gespanne der gutsuntertänigen Bauern stärker für ihre eigenen Betriebe in Anspruch zu nehmen, mit dem Ergebnis, daß die Bauern schließlich 6 Tage auf dem Rittergut arbeiten und nur noch den Sonntag mit völlig überbeanspruchten Pferden für den eigenen Hof übrigbehalten sollten. Die Untertanen antworteten darauf mit Unruhen und schweren Ausschreitungen, ein Prozeß, der durch etwa 140 Jahre das alte Preußen, Polen und Rußland reif für den Zusammenbruch und die Revolution gemacht hat und dem Österreich nur durch seine Bauernschutzpolitik entgehen konnte. Trotz aller Bemühungen um mehr arbeitswirtschaftliche Schlagkraft blieb das herrschaftliche Rittergut des europäischen Ostens ertragsschwach und krisenanfällig. Allein in Preußen gingen von 1760–1820 in großen Konkurswellen Tausende von Gutsherrschaften unter.

In Bayern war eine solche Lastenverschiebung zu Ungunsten der Bauern niemals möglich. Der soziale Ausgleich war soweit fortgeschritten, der Daumen des Landesherrn war immer breit genug gewesen, um auch die Bauern vor übermäßigen Forderungen der klösterlichen und adeligen Grundherrn zu schützen. So blieben die großen Klöster Niederbayerns mit ihren Mayrhöfen bei der Lösung dieses Zentralproblems der ungenügenden Arbeitsmacht auf sich selbst angewiesen. Gelöst haben sie es nicht. Das Prämonstratenserkloster Windberg zum Beispiel ist an seinem Mayrhof Sossau mit 400 ha besten Ackerbodens bei Straubing beinahe zugrunde gegangen. Nun lud sich der bayerische Staat dieses Problem auf. Die Schätzer setzten in solchen Fällen schon vorsichtig die Bodenwerte weit niedriger an als bei den kleineren Klosterbesitzungen und den Einzelparzellen. Aber große Ackerbaubetriebe wie Sossau, der Prüfeninger Puchhof oder die beiden großen Mayrhöfe des einzigen bayerischen Karthäuserklosters Prüll erwiesen sich trotz niedrigster Angebotspreise immer noch als unverkäuflich, und zwar sowohl im ganzen wie in einzelnen Teilstücken. Ein Grund lag auch darin, daß die niederbayerischen Bauern an Betriebsvergrößerungen kaum Interesse hatten und deshalb als Käufer in größerem Umfang auf den Bodenmärkten ausfielen; sie wußten ebenfalls, daß jede Anhebung der Bodenfläche ihrer Höfe über das vorhandene Maß hinaus einen so großen zusätzlichen Bedarf an Arbeits- und Zugkräften und damit an Kosten auslösen würde, daß hier keine Rentabilitätsgewinne zu erwarten waren.

Ländliche Siedlung 1803

In diesen Verhältnissen liegt der Grund für die in der ganzen bayerischen Säkularisation einmalige Maßnahme, mehrere große Klostermayrhöfe im niederbayerischen Ackerbaugebiet in Vollbauernhöfe von 25–40 ha aufzuteilen. Die Initiative dazu ging von den bäuerlichen Schätzern und den örtlichen Kommissaren aus und wurde erst dann von den Münchner Oberbehörden aufgenommen. Offensichtlich macht sich hier unter dem Druck der Notsituationen in der Säkularisation, die man selber geschaffen hatte, mitten im absolutistischen Staat, der sich gerade darauf vorbereitete, auch die Ständevertretung zu beseitigen, wie es 1807 dann geschehen ist, eine prozeßgestaltende und mitentscheidende Rolle der sogenannten unteren Ebene in der Verwaltung deutlich. Das beste Beispiel dafür ist die Aufsiedlung des größten Teiles der Flächen des Mayrhofes Sossau der Windberger Prämonstratenser in zwölf stattliche Bauernhöfe, die auf Vorschläge des Kommissars von Rüdt und seiner Schätzer zustande kam. Es wäre der Mühe wert, diesen und einige andere Fälle einer frühen und sehr sorgfältig überlegten Agrarstrukturplanung einmal genau zu untersuchen.

Erwähnung verdient dieses Beispiel besonders deshalb, weil hier durch die Einwirkung der örtlichen Beamten und der Bauern einer der wenigen Fälle vorliegt, in denen der bayerische Staat seine Anbieter- und Verkäuferrolle in der Säkularisation verlassen und in seine eigentliche, nämlich in eine prozeßgestaltende Rolle eingetreten ist, weil er hier nach einem struktur- und wirtschaftspolitischen Zukunftskonzept handelte. Freilich ist das mehr zufällig und eben das Ergebnis der Nöte, die man sich selber eingehandelt hat.

Eigenartig und nicht ganz erklärlich scheint nun die Widersprüchlichkeit im staatlichen Handeln bei der Übernahme des Säkularisationsgutes. Es war nämlich nicht so, daß München überhaupt nichts anderes gekannt hätte, als nur die Vermögensmassen, die man der Kirche und den Klöstern entzogen hatte, aufzuteilen, anzubieten, zu verkaufen und schließlich am Ende zum Schaden aller zu verschleudern. Kurz davor und daneben hat der gleiche Staat bei dem gleichen Vorgang völlig anders und ähnlich gehandelt, wie es Württemberg, Preußen oder 275 Jahre früher Hessen und Sachsen bei ihren Säkularisationen taten. Das läßt sich besonders gut am Beispiel der oberpfälzischen Klöster veranschaulichen. Die 7 Ordensniederlassungen der Benediktiner, der Paulaner, der Prämonstratenser und der Zisterzienser in der Oberpfalz hatten nie die Landstandschaft erreicht, waren also zu den Land-

190

tagen der Oberpfalz nicht landtagsberechtigt. Daran hatte sich auch nach dem Erwerb dieses Gebietes durch Kurbayern 1628 nichts geändert.

Die Oberpfälzer Klöster, wirtschaftlich alle nur von mittlerer Bedeutung und nicht durch eine landständische Verfassung geschützt, fielen schon 1802 der Aufhebung anheim, weil man in München für diese Maßnahme keinen reichsgesetzlichen Beschluß für nötig hielt, wie er später durch den Reichsdeputationshauptschluß erreicht wurde. Ausgelöst hat die Aufhebungsvorgänge 1802 die Selbstdarbietung des Benediktinerklosters St. Veit bei Neumarkt in Niederbayern, wo undurchsichtige, und, um es deutlich zu sagen, krumme Machenschaften der Mönche untereinander und gegeneinander, vor allem aber nach außen, diesen für damalige Verhältnisse sensationellen Schritt ermöglichten. Dem Staat war dies willkommen, er konnte damit Beispiele setzen, und sein späterer Hauptabteilungsleiter in der Klosterkommission, Schattenhofer, durfte hier als Kommissar seine ersten Erfahrungen sammeln.

Nachdem durch den Skandal von St. Veit ohnehin schon Bewegung in das Aufhebungsprogramm gekommen war, wurde auch die Zisterzienserinnenabtei Seligenthal bei Landshut aufgehoben und diese Maßnahme dann auf die 7 Oberpfälzer Klöster ausgedehnt. Dort, wie in Seligenthal, verfuhr man aber nach einem ganz anderen Konzept, behielt die übernommenen Vermögensmassen und Strukturen zunächst bei und hielt sie vor allem von den Märkten fern. Erreicht wurde dies durch die Eingliederung des Oberpfälzer Klostervermögens in den Landesschulfonds und die Übereignung der Vermögenswerte von Seligenthal auf die Universität Landshut. Man verfuhr hier also genau so wie einst der hessische Landgraf Philipp der Großmütige bei seiner Säkularisation von 1525, als er die 11 hessischen Klöster aufhob und mit 9 von ihnen die Gründung und den Betrieb der Universität Marburg finanzierte.

Die kurfürstliche Regierung besaß also durchaus ein Alternativkonzept, sie wußte eigentlich schon, wie man eine Säkularisation markt- und wirtschaftsneutral durchführen konnte. Warum sie diese Verfahren dann nicht weiterverfolgt und bei der großen Masse der Ordensbesitzungen nicht mehr angewandt hat, läßt sich aus den Akten nicht eindeutig klären. Eine klare Aussage zu dem Widerspruch beider Säkularisationskonzepte und zu den Gründen für den geradezu radikalen Wandel in der methodischen Durchführung und Zielsetzung bei der zweiten Stufe der Klosteraufhebung findet sich nicht. Die Ursachen liegen wahrscheinlich in erster Linie in dem akuten Finanzbedarf des Staates nach der Katastrophe von Hohenlinden und der Unterbrechung der Verbindungen zu den traditionellen Kapitalmärkten des Auslandes als Folge der napoleonischen Umwälzungen. Bayern ist ja immer Kapitaleinfuhrland mit engen Abnehmerbeziehungen zu den Kapitalmärkten von Genua, Lissabon, London und Amsterdam gewesen, von denen es jetzt politisch und wirtschaftlich abgeschnitten war. Um eine Finanzkatastrophe und einen zu dieser Zeit immer noch möglichen Einzug Bayerns als Reichslehen durch den ja bis 1806 noch in allen Würden stehenden Kaiser in Wien zu verhindern, mußte gehandelt und Geld geschaffen werden, koste es, was es wolle. Daß die merkantilistische Blindheit für das Gesetz der Wirtschafts- und Marktkreisläufe die Verantwortlichen außerstande setzte, zu erkennen, daß sie dieses Ziel um so unerreichbarer machten, je intensiver sie es anstrebten, das war bei der besonderen Form der Wirtschaftsphilosophie, die in Bayern um 1800 das Denken beherrschte, kaum anders möglich.

Ein weiterer Grund muß darin gelegen haben, daß der bayerische Staat über keinerlei Konzepte verfügte, eine so große Wirtschafts- und Vermögensmasse in bestehende Strukturen einzugliedern, wie sie die 57 landständischen Klöster und 8 Kollegiatstifte vertraten.

Der Beispielsfall der Eingliederung der Oberpfälzer Klöster in den Schulfonds war nicht wiederholbar, denn ein zweites Instrument dieser Art, das in der Lage gewesen wäre, die ihm zugewiesenen Mittel auch einzusetzen, existierte nicht. Konzepte der Landentwicklung und der Wirtschaftsförderung fehlten und wurden auch nie erwogen. Damit teilte Bayern ein Problem der meisten merkantilistisch denkenden deutschen Mittelstaaten. Hessen-Kassel zum Beispiel hatte aus seinen noch heute heiß umstrittenen Truppenvermietungen an England in den amerikanischen Unabhängigskeitskriegen einen Nettoüberschuß von 12 Millionen Talern erzielt, mit denen die Landgrafen in Kassel im wahrsten Wortsinn so gut wie nichts anzufangen wußten. Konzepte der Wirtschaftsförderung und des Strukturausbaues etwa beim Straßen- oder Kanalbau zu entwickeln, war der hessische Staat nicht in der Lage. Das Geld geisterte auf den damaligen Kapitalmärkten herum und diente den Kasseler Landgrafen zu allerhand kurzsichtigen Spekulationen. Erst als sich um 1800 die hessischen Stände wieder ein Haushaltsrecht erkämpft hatten, begann man Programme für Investitionen im eigenen Land zu entwerfen.

In Bayern sah es nicht viel anders aus. Obwohl die schweren Strukturmängel in der Infrastruktur und bei den Versorgungsdiensten auf dem Land durchaus gesehen wurden – der erste bayerische Statistiker von Hazzi hat sie beschrieben –, fand man doch nicht die Kraft, längerfristige Programme zur Investitionslenkung und -förderung zu schaffen. Der Zug zur Abenteuerlichkeit, den die bayerische Wirtschaftpolitik im Barock gewonnen und unter den altbayerischen wie unter den pfälzischen Wittelsbachern immer weiter entwickelt hat, bestimmte bei aller sonstigen Reformfreudigkeit und Fortschrittlichkeit des Montgelas-Staates eben auch noch das wirtschaftspolitische Handeln der Jahre nach 1800.

So hat man schon von der Methodik her letztlich das Durchwursteln durch die beispiellosen Strukturprobleme, die man sich mit der Säkularisation aufgeladen hatte, allen anderen Verhaltensformen vorgezogen. Niemand nahm wahr und konnte erkennen, daß diese Maßnahmen letztlich ein Strukturumsturz und zugleich der Beginn eines neuen Agrar- und ländlichen Gewerbesystems gewesen ist.

Sein eigentliches Ziel, nämlich möglichst schnell viel bares Geld in die Kassen zu bekommen, hätte der Staat nur erreichen können, wenn er sein Säkularisationsverfahren völlig neutral gegenüber den Märkten, Preisen und Strukturen gestaltet hätte. Dies aber wäre gleichbedeutend gewesen mit einem Fernhalten des gesamten Klosterbesitzes von den Märkten. In der wirtschaftspolitischen Praxis hätte dies nur die Fortsetzung einer bereits eingeleiteten Methode bedeuten können, nämlich den Klosterbesitz auf dem Umweg über den Kapitalmarkt in Form von Zwangsanleihen und Zwangsbürgschaften für sich zu aktivieren. So hatte es der Papst 1795 bereits genehmigt, und so hatten es auch die bevollmächtigten Äbte des Prälatenstandes, Karl Klocker von Benediktbeuern und Rupert Kornmann von Prüfening, in ihrer Denkschrift vom 25.3.1802 selber vorgeschlagen.

So stellt sich die radikalste Säkularisation, die je ein deutscher Staat betrieben hat, auch als ein Drama des wirtschaftstheoretischen und wirtschaftspolitischen Denkens dar. Der Schaden, den alle davongetragen haben, resultierte letztlich aus verfehlten und einseitigen Denkansätzen, aus denen falsche Aktionsprogramme hervorgingen.

Karl Alexander von Müller hat einmal geschrieben, wer in der Morgendämmerung auf dem heiligen Berg von Andechs gestanden habe, der habe im alten Bayern von allen Seiten die Glocken der Klöster hören können, die ihre Mönche zum morgendlichen Chorgebet aus den Zellen gerufen hätten. Jedes von ihnen sei in der Morgenfrühe des Staates in der Entfernung der Schallweite der Glocken der anderen gegründet worden – eine Feststellung, die sehr reale Hintergründe hatte: Man mußte einfach in der Gründerzeit die Abstände zwischen den einzelnen Niederlassungen so wählen, daß man sich in Notfällen mit dem einzigen Mittel zur akustischen Fernübertragung von Signalen, den Glocken, gegenseitig verständigen und zur Hilfe rufen konnte. Aus diesem Mittel zur Festlegung von Entfernungen hatte sich eine netzförmige Leistungs- und Versorgungsstruktur für den größten Teil der Landgebiete Altbayerns entwickelt. Dieses Netz wurde jetzt in seinen Knoten zerrissen und aufgelöst. Damit zerrissen auch die Verbindungslinien untereinander, und der Fall durch das Netz der meisten Betroffenen mußte beginnen.

Auszug aus der Tegernseer Besitzbeschreibung, der vom Obereigentum an Höfen in Unter- und Oberwarngau und Eurasburg spricht.

Was alles zerstört wurde

„Für die Ordnung in allen Manualien, welche mustergültig genannt zu werden verdient, die genaueste Führung aller Rechnungen und die überaus milde Behandlung aller Unterthanen verdient das Stift das allervorzüglichste Lob. Diese Unterthanen haben in unzähligen fatalen Umständen und Unglücksfällen lindernden Trost und thätige Hilfe erhalten, mit beträchtlichen, fast bis zur Verschwendung reichenden Nachlässen, Capitalien zu geringsten Zinsen, unverzinsliche Ausleihungen ohne alle Interessen sowie durch verständigen Zuspruch und jederzeitigen Rathschlag bey allem Unglück in Haus und Hof, in Familie und in zeitlichen und geistlichen Drangsalen. Es geht hier das Wort, das seit unvordenklichen Zeiten noch kein Elender oder Unglücklicher das Kloster ungetröstet wieder verlassen habe."

Dies steht in einem der ersten Berichte des Schongauer Landrichters Baldauf aus den letzten Märztagen des Jahres 1803, nachdem er befehlsgemäß die Aufhebung des Augustinerchorherrenstiftes Rottenbuch eingeleitet hatte. Sieht man von einigen recht seltenen Ausnahmen ab, dann könnte man diese wenigen Sätze als Aussage über die sozialen, wirtschaftlichen und kulturellen Funktionen aller bayerischen Klöster in den Raum stellen. Mit der Ausdruckskraft und der Wortgewalt, die auch die untersten Beamten des damaligen Bayern, die ihre Ausbildung in den Schulen der Barockzeit bekommen hatten, auszeichnete, hat der Schongauer Landrichter in unübertrefflicher Kürze beschrieben, was diese Besitzungen, von denen er eine beseitigen mußte, für die bayerische Bevölkerung bedeutet haben. Stellvertretend für alle Klöster soll dieser Zusammenhang von Funktionen, Leistungen und Gegenleistungen an den Beispielen von Rottenbuch, Benediktbeuern, Frauenchiemsee und St. Nikola beschrieben werden – St. Nikola deshalb, weil es eine Mischstruktur zwischen einem Land- und einem Stadtkloster bildete. Daran schließt sich eine Beschreibung des am Ende seines Bestehens völlig bankrotten Prämonstratenserklosters Steingaden an, das mit der barocken Umgestaltung seines Münsters und besonders mit der Wieskirche der Welt den ,,unsterblichen Traum" des Peitinger Bräusohnes, des Steingadener Abtes Marianus Mayr, und des Dorfhandwerkers Dominikus Zimmermann hinterlassen hat.

Rottenbuch, das Kloster über der Ammer

Bei Rottenbuch handelt es sich um eine Welfengründung aus dem mittleren 12. Jahrhundert. Wie Friedrich Prinz deutlich gemacht hat, bildete es neben seinen Aufgaben der Erschließung und Versorgung für das seit jeher dünn besiedelte und strukturschwache Hügelland westlich der Ammer auch immer ein geistiges Zentrum, besonders inmitten der großen religiösen und klösterlichen Reformbewegungen des hohen Mittelalters. Obwohl diese Funktionen im Laufe von Jahrhunderten zurücktraten und sich in eine überwiegend gebiets- und ortsbezogene Zentralfunktion in der Versorgung mit Bildungsleistungen umwandelten, haben die Rottenbucher Augustiner doch, solange ihr Stift bestand, ihre geistige und schulische Produktivität nie verloren und ihre Fähigkeit behalten, innerhalb Bayerns in den wissenschaftlichen Aufwärtsbewegungen eine Rolle zu spielen, die im Barock einen Höhepunkt erreichten. Betrachtet man aber die Rottenbucher Verfassung in der Zeit um 1803, dann stellt man fest, daß das Stift seine größte Bedeutung als Wirtschafts-, Kapital- und Sozialzentrum hatte.

In der Unternehmensverfassung zeigen sich ganz deutlich die Reste der Villikationsverfassung aus dem Mittelalter. Im Zentrum des Besitztums stand das Kloster mit seinem Verbund von Landwirtschaft, Gewerbe und Handwerk und seinen Forsten. Daran angegliedert waren die landwirtschaftli-

197

chen Außenbetriebe, die in engem Austausch mit dem Zentralbetrieb des Klostermayrhofes standen, die Pfarreien mit ihren Pfarrhöfen, die von Rottenbuch geführt wurden, und der grund- und gerichtsherrschaftliche Rechtsbesitz. Beginnt man bei dem, was ein Augustinerchorherrenstift ausmachte, also beim Konvent, dann tritt wieder die im ganzen 18. Jahrhundert bekannte Erscheinung auf, daß sich die Ordensangehörigen gegenüber den Arbeitnehmern deutlich in der Minderheit befanden. Zum Chorherrenkonvent von Rottenbuch gehörten 39 Mitglieder, darunter 37 Kanoniker, also Theologen, die sich überwiegend auch direkt in der Seelsorge betätigten. Das Kloster betreute in einem Umkreis von 20 Fußstunden rund um Rottenbuch vier Pfarreien. Die wichtigsten waren dabei die Ammergauer Pfarreien und Kohlgrub, in Peißenberg bestand eine Expositur. Eine interessante Erscheinung bildet der Hohenpeißenberg, auf dem Rottenbuch nicht nur eine Pfarrkirche, sondern auch ein Hospiz und eine Sternwarte unterhielt. Hinzu kam dort eine sogenannte deutsche Schule, also eine Elementarschule für die Kinder der umliegenden Einöden. Selbstverständlich besaßen diese Pfarreien wirtschaftlich soviel Eigenmittel, daß sie sich selbst erhalten konnten, teilweise sogar noch kleinere Überschüsse an das Stift abführten. Dafür waren die vier Pfarrstellen aber weit stärker mit Geistlichen besetzt, als es der Bemessung der Pfarrstiftungen mit wirtschaftlichen Mitteln entsprach, weil diese stets nur einen Pfarrherrn vorsahen. Rottenbuch hatte jede Pfarre mit 2 Geistlichen besetzt, die oft wechselten – eine Möglichkeit, die nur ein größerer Klosterkonvent hatte; so bot sich dem einzelnen Chorherren immer wieder die Gelegenheit, zeitweise in dem sehr strapaziösen, weil mit weiten Wegen verbundenen Pfarrdienst auszusetzen und sich im Kloster wissenschaftlich oder theologisch zu betätigen sowie an gemeinschaftlichen Studien teilzunehmen. Hinzu kamen dann noch die beiden ,,Feuerwehrmänner'', also jüngere Konventuale, die auf den Pfarreien aushalfen, wenn gerade Not am Mann war. Ein Pfarrbezirk von insgesamt 2392 Pfarrseelen hatte somit eine vergleichsweise sehr intensive seelsorgerische und auch schulische Betreuung. Hinzu kamen der Unterhalt des Hospitals mit 25 Plätzen und drei Arbeitskräften aus dem Haushalt der „Abteirechnung", wie man damals die zentrale Kassen- und Buchhaltung eines Klosters nannte, aus der die eigentlichen Aufgaben einer solchen Ordenstiftung finanziert wurden.

Bei dieser Gelegenheit sollte man einmal einen Blick auf die Finanzierungsgrundlagen einer altbayerischen Pfarrei und ihre Kosten werfen. Die Aufhebungskommissare hatten allesamt Anweisung, sich zu den Möglichkeiten der Neuorganisation der Pfarrbezirke zu äußern, so wie sich diese in den einzelnen Aufhebungsbezirken darstellten, weil ja Montgelas mit der Säkularisation auch eine vollständig neue Organisation der gesamten Pfarrbezirke Bayerns verbinden wollte. Die Kommissare haben alle, soweit sie zu diesen Fragen Stellung zu nehmen hatten, davor gewarnt, die künftigen Kosten nach Geldwert und dem Preisstand von 1803 zu berechnen mit der Begründung, daß diese Rechnungen wegen der seit Jahrzehnten anhaltenden Inflation alle keinen langen Bestand haben würden. Sie schlugen deshalb vor, und fanden darin auch die Zustimmung ihrer vorgesetzten Behörden, vom Getreidewert auszugehen und die Kosten für den Pfarreiunterhalt in Roggen auszudrücken.

Im Durchschnitt Bayerns kam man zu dem Schluß, daß für den Unterhalt einer Pfarrei mit 600–800 Seelen langfristig pro Jahr mit einem Aufwand im Wert von etwa 70 Scheffel Roggen (1 bayerischer Scheffel = 150 kg) zu rechnen sei. Nach den damals üblichen Ausstattungen der Pfarreien mit Bodenbesitz und land- und forstwirtschaftlichen Nutzungen, meistens in der Größe eines halben Hofes, was etwa 15–20 ha entsprach, war anzunehmen, daß die Pfarrhöfe aus der eigenen Wirtschaftsleistung etwa 60 % dieses Aufwandes aufbringen konnten. Voraussetzung dafür war allerdings, daß der Pfarrherr sich selbst um die Bewirtschaftung des Hofes kümmerte. Das Übrige wurde aus Kollekten, Gebühren, Spenden und Stiftungen erbracht. Auch Rottenbuch hat seine Pfarreien auf dieser Grundlage finanziert. Doch ging wegen der niedrigeren Erträge und der hohen Ernteschwankungen im Alpenvorland diese Rechnung, die sich auf den Landesdurchschnitt bezog, nur allzuoft nicht auf, und die oberbayerischen Pfarreien und die des Bayerwaldes mußten ihren wirtschaftlichen Rückhalt in Risikofällen sehr oft und regelmäßig am Kloster und seinem Zentralbesitz suchen. Nimmt man die Rottenbucher Beispiele im einzelnen, dann läßt sich erkennen, daß der Jahresbedarf an wirtschaftlichen Hilfsmitteln von ungefähr 1200 Gulden zum Beispiel in Unterammergau mit 714 Gulden aus dem Pfarrhof und den Kapitalerträgen und mit etwa 486 Gulden aus den Bareinnahmen durch Kollekten und für Amtshandlungen des Pfarrers aufgebracht wurden.

Die Rottenbucher Pfarreien zeigen auch noch in sehr reiner Form eine für Altbayern typische und wohl in keinem anderen Gebiet des Heiligen Römischen Reiches so ausgeprägte wirtschaftliche und soziale Funktion der Kirche, nämlich als Kapitalsammelstelle. Bei den vier Rottenbucher Pfarreien wurden Stiftungen und Einlagen über insgesamt 23049 Gulden gehalten. Dies waren Erbstiftungen, und vor allem das, was man heute Kleindepositen nennt, also nichts anderes wie Sparkreuzer oder Gulden kleiner Leute, die sie „dem Herrn Pfarrer" gegen Zins zur Verwahrung gaben. Ein nicht geringer Teil bestand auch aus Mündelgeldern, die die Pfarreien für Waisen oder Halbwaisen verwalteten. Nach den Kapitalbüchern der Rottenbucher Pfarreien setzte sich dieser für damalige Verhältnisse enorme Betrag von über 23000 Gulden aus Durchschnittseinlagen in Höhe von 44 Gulden zusammen, daß es also im wahrsten Sinne des Wortes die Kleinstsparer waren, die hier eine Geldanlagemöglichkeit fanden. Natürlich war es nicht so, daß die Rottenbucher Pfarrherrn in den Schubladen ihrer Studierstuben Säcklein voll Gulden verwahrten, die sie in stillen Stunden fröhlich klingeln ließen, um sich am Mammon zu ergötzen. Das Geld arbeitete vielmehr in der örtlichen Wirtschaft in Form von Kleinkrediten, die interessanterweise im Einzelfall ziemlich genau der Einlagenhöhe entsprachen. Teilt man die von den Rottenbucher Pfarreien ausgereichten Kredite durch die Zahl der Schuldner, dann kommt man auf eine durchschnittliche Kreditsumme von 52 Gulden. Kein kleiner Mann im Rottenbucher Gebiet hatte es also nötig, sich mit einem Wucherer einzulassen, wenn er Fremdgeld brauchte.

Die Augustiner aus den Rottenbucher Pfarreien handelten dabei keineswegs nur aus Mildherzigkeit oder sozialem Verantwortungsgefühl. Sie ließen sich vielmehr von dem vernünftigsten und dauerhaftesten Motiv leiten, das es für Kreditvergaben geben kann, nämlich dem Wunsch nach Zinseinnahmen. Aus ihren Ausleihungen bekamen die vier Pfarreien im Jahr 886 Gulden Zinsen, was einem Durchschnittszinssatz von 3,8 % entspricht. Das war etwas unter dem Marktzins, aber deutlich über dem Zins, den das Kloster für seine direkten Ausleihungen an seine Untertanen verrechnete. Dort reichte man gewöhnlich mit Zinsen von 0,8–1,2 % oft sehr ansehnliche Kreditsummen von 150–500 Gulden, was schon dem Hoffuß von $1/8$ und $1/4$ Höfen entsprach, aus. Dies stellt keineswegs eine Rottenbucher Spezialität dar, sondern ist von den meisten Klöstern so gehandhabt worden. In diesem Verfahren wird eine Element des Kredit- und Kapitalmarktverhaltens der Kirche deutlich, das sich durch Jahrhunderte verfolgen läßt und interessanterweise ein Menschenalter nach der Säkularisation in den Ideen der Genossenschaftsgründer wieder auftaucht, das des gespaltenen Zinses.

Die Kreditnehmer der Rottenbucher Pfarreien zahlten deswegen den Marktzins, weil sie in der Regel keine Untertanen des Klosters waren, sondern freie Marktteilnehmer, die sich eben dort um Geld bemühten, wo welches zu haben war. Außerdem suchten sie meist kurzfristigen Kredit. Die Untertanen des Klosters dagegen, also die Voll- und Teilbauern und die Handwerker, besaßen bei ihrem Grund- und Gerichtsherrn eine Art von Kreditprivileg, außerdem nahmen sie höhere Kreditsummen auf und schlossen die entsprechenden Vereinbarungen auch meistens für lange Zeiträume, oft für zwei Generationen ab. Wesentlicher aber war ihre Vorzugstellung, die ihnen ein gewohnheitsrechtlich begründetes Anrecht auf verbilligten oder gar zinslosen Kredit gab, denn schließlich mußte ja der Grundherr als Ober- und Miteigentümer am Hof selber ein Interesse an Investitionen und Verbesserungen haben.

Wer den Schülern von heute Schauermärchen über die „Zinsknechtschaft" erzählt, in der die Bauern gegenüber der Kirche gelebt haben, der sollte sich zum Beispiel die unübertrefflich genau geführten Kapitalbücher von Rottenbuch ansehen, um sich über die historische Wirklichkeit zu unterrichten.

Interessanterweise stellten ferner die vier Pfarreien von Rottenbuch mit ihrem eigenen Vermögen nur einen Kapitalwert von knapp 5000 Gulden dar. Sie wären also ohne zusätzlichen Deckungsrückhalt mit der Hereinnahme von Einlagen über mehr als 23 000 Gulden total überschuldet gewesen und hätten ihren Gläubigern nicht im entferntesten ausreichende Sicherheiten geboten. Dieses Problem trat aber in dem großen Verbund von Rottenbuch deshalb nicht auf, weil das Kloster mit seinem Gesamtbesitz eine Ausfall- und Rückgriffsbürgschaft für die Verbindlichkeiten der Pfarreien und übrigens auch aller anderen Außenstellen trug, so daß die Kleinsparer, die den Pfarrern ihr Geld anvertrauten, volle Sicherheit durch diesen großen Verbund hatten.

Hier zeigt sich klar, eine wie lange Geschichte und wie große Vorbilder das Genossenschaftsprinzip von heute besitzt. Schließlich bedeutet dieses am Beispiel von Rottenbuch erläuterte Modell, das in allen Klöstern wiederkehrt und in Oberösterreich, Salzburg oder der Steiermark in den gleichen

Formen auftrat, ja nichts anderes als das Stufensystem der Kredit- und Warengenossenschaften von heute, in dem immer die kleinere, untere Ebene Rückhalt und Ausgleich bei einer oberen Zentralkasse oder Zentralgenossenschaft findet.

Rottenbuch stellte das „kapitalreichste Kloster" des alten Bayern dar. Durch seine sorgfältige Wirtschaftsführung und besonders sein hervorragendes Buch konnten die Rottenbucher Augustiner eine geradezu beispiellose Kredittätigkeit entwickeln und in ihrem Einflußbereich im Grunde eine regelrechte Konjunktur- und Strukturfinanzierung betreiben. Insgesamt hatte Rottenbuch die gewaltige Summe von 309 565 Gulden 45 Kreuzer 33 ¹/₂ Pfennig ausgeliehen. Dabei spielte der große und traditionelle Kreditnehmer, der Staat, über die Landschaftsanleihen hier nur eine bescheidene Rolle, Rottenbuch hatte nur öffentliche Anleihen über 30 531 Gulden übernommen. Ein wenig höher waren die Ausleihungen an andere Klöster oder vielmehr, besser gesagt, ein anderes Kloster, nämlich die Nachbarabtei Steingaden. Der „Thronsaal Gottes" in der Wies ist zum guten Teil auch mit Rottenbucher Kapital errichtet worden, die Steingadener Prämonstratenser waren ihren augustinischen Nachbarn 31 800 Gulden schuldig. Bei der Tiroler Landschaft hatte Rottenbuch über seine Südtiroler Weingüter 2 000 Gulden untergebracht. Den Rest von 222 185 Gulden bildeten Kredite an die eigenen Untertanen und an die örtliche Wirtschaft, wobei nicht weniger als 20 % dieser Summe zinslose Stundungen aus Naturalforderungen jeder Art, teilweise über viele Jahrzehnte gewesen sind. Hinzu kamen dann noch unverzinsliche Barkredite und Zinsstundungen über noch einmal etwa 12 % der gesamten Kreditsummen. Man sieht daran, welche überragende Bedeutung ein solches örtliches Kreditzentrum hatte.

Personalkredit fast ohne Sicherheit

Den Regelfall stellte damals der langfristige Personalkredit dar. Das Vertrauensverhältnis zwischen den Klöstern und ihren Untertanen war meist derart gefestigt, daß beide Seiten fast immer ohne Schuldscheine oder Hyptohekenbriefe arbeiteten. Wer seine Kreuzer zum Pfarrer oder zum Abt trug, ließ sich keinen Schuldschein geben, wer sich vom Kloster Geld lieh, brauchte in der Regel keinen zu unterzeichnen. Es wurde nur ein Kapitalbuch geführt, das aber vom Typ her eine reine Sollbuchhaltung war, deren Eintragungen keine gerichtliche Vollstreckung erlaubt hätten. Diese Vertrauensseligkeit ist oft zur Schlamperei ausgeartet und beiden Seiten übel bekommen – das schlimmste Beispiel dafür war der Konkurs von Weihenstephan 1801 –, aber im Falle von Rottenbuch hatte es damals keine Not; die Pröpste sahen ihr Vertrauen honoriert und kamen umgekehrt nicht auf den Gedanken, daß sie ihre Gläubiger oder Schuldner betrügen könnten. In diesem System fand jeder Kredit, der als Person kreditwürdig war, auch wenn er kaum dingliche Sicherheiten zu bieten hatte. Die häufigste Kreditform in der Landwirtschaft war der Investitions- oder Erbauseinandersetzungskredit, im 18. Jahrhundert während des starken Aufschwungs der bayerischen Landwirtschaft traten dann auch echte Expansionskredite, besonders für die Erweiterung der Viehbestände und die dafür notwendigen Bauten, hinzu. Daneben gab es den Überbrückungs- und Notfallkredit, der bei Ernteausfällen, Viehseuchen oder Bränden, nach Hagelkatastrophen und ähnlichen Risikofällen gewährt wurde. Hier kannten die Rottenbucher Augustiner und mit ihnen die übrigen Klosterführungen eine Fülle von Möglichkeiten, Kredittypen zu mischen, indem sie etwa auf Forderungen verzichteten, gleichzeitig kostenlos Saatgut oder Vieh hergaben und außerdem vielleicht noch Barmittel zum Wiederaufbau eines verbrannten Gebäudes vorstreckten.

Gegenüber den Handwerkern, den Gewerbetreibenden, den Häuslern, Söldnern und Tagelöhnern beherrschte der Typ des Existenzgründungs- oder Festigungskredites die Kapitalausgaben. Jeder, der dem Rottenbucher Propst als Person für 120 oder 150 Gulden, ein anderes Mal für 250 oder auch nur 80 Gulden gut war, bekam einen solchen Kredit, dessen Laufzeit meistens 40–45 Jahre betrug und mit dem er sich eine Werkstatt einrichten, eine Gewerbekonzession kaufen oder auch ein Bloßhäusel bauen konnte. Die „bayerische Binnenkolonisation" und die „Territorialisierung des Gewerbes" als bayerische Sonderentwicklung seit 1500, so wie in der Einleitung beschrieben, sind auf diese Weise finanziert worden.

Wenn noch heute das Wort umgeht, unterm Krummstab sei gut leben gewesen, dann hat dieses Wort in diesen und anderen ähnlichen Verhältnissen seine Wurzeln. Es braucht nicht wunderzunehmen, daß bei solchen Strukturen bis 1803 der Kreditwucher und das Durcheinander auf den Kapitalmärkten, wie sie Preußen und Ostösterreich kennzeichneten, in Bayern keine Chance hatten. Während in den europäischen Großstaaten der unersättliche Kapitalhunger des Staates und des Adels die Bauern und das Handwerk von den Kapitalmärkten ausschloß, wurde diese Entwicklung trotz der unwahrscheinlichen Schuldenwirtschaft der bayerischen Kurfürsten durch die Sparkassen- und Bankenfunktion der Kirchen in Bayern verhindert.

Wer sich dennoch mit Wucher versuchen wollte, dem konnte es übel ergehen. So begründete zum Beispiel der Benediktbeurer Gerichtsdiener Anton Mauermayer sein Pensionsgesuch an den bayerischen Staat vom 4. September 1803 u. a. auch damit, daß er „. . . in zwanzigjährigem Dienst bei Tag und Nacht im Klostergericht den Spitzbuben auf das gründlichste nachgegangen und gemeinschaftlich mit seinem

Hunde gar manchen Wucherer aus dem Gericht gejagt habe, wobei er dank der Gnade des Herrn Abtes auf dem Buckel solcher Wucherer auch mehr als einen Stecken entzweischlagen durfte". Diese Schilderung wirft ein Licht auf die in allen Klostergerichten wiederkehrende Härte, mit der die Gerichtsherren sich den barbarischen Unfrieden durch Wucher und Elend, das der Wucher verbreitet, vom Halse zu halten wußten. Welche Gesamtbedeutung für die bayerische Wirtschaft diese Kreditstrukturen besessen haben, davon wird noch zu sprechen sein.

Natürlich stellt sich die Frage, wo denn nun die Rottenbucher Augustiner das Geld erwirtschaftet haben, das sie verleihen konnten. Es war schon davon die Rede, daß es sich bei diesem Stift so wie bei allen anderen um einen typischen Verbundkonzern gehandelt hat. Unter den Bedingungen von Rottenbuch besaß in diesem Verbund die Landwirtschaft überragende Bedeutung. Das Stift bewirtschaftete vier landwirtschaftliche Großbetriebe mit einer Gesamtfläche von 1660 ha, wobei es sich jedoch bei der Hälfte davon um Ödländereien und Moore bei der Schwaige Murgenbach handelte. Aufgeteilt war dieser Besitz in den Mayrhof mit 450 ha, in die Schwaige Schild – der Betrieb besteht heute noch – mit 240 ha, in die Schwaige Sprengelsbach mit 94 ha und eben in die Schwaige Murgenbach mit 875 ha Moosgründen; letzte war eigentlich kein Betrieb, sondern nur eine Sommerhutung mit ein paar Hirtenhäusern in einer naturnahen Einsamkeit, von der wir uns heute keine Vorstellung mehr machen können.

Hier beschäftigte Rottenbuch 47 Dienstboten und an die 100 teilzeitbeschäftigte Tagelöhner und Häusler. Es waren hauptsächlich Grünland- und Viehwirtschaftsbetriebe, auf Milch- und Fleischerzeugung für die Selbstversorgung ausgerichtet. Aus wirtschaftlicher, und ganz besonders aus der Sicht der landwirtschaftlichen Betriebswirtschaft kommt man zu dem Schluß, daß die vier Betriebe von Rottenbuch insgesamt die Kosten, die sie dem Stift verursachten, durch ihre Produktionsleistung nicht aufbringen konnten. Das lag hauptsächlich an den niedrigen Leistungen der Schwaige Schild und den hohen Kosten der Nutzung der Moose von Murgenbach, vor allem aber an der intensiven Beschäftigung mit entsprechendem hohem Lohnaufwand auf diesen Betrieben. Im Rottenbucher Mayrhof zum Beispiel waren 7 Fuhrleute, 1 Mayr, 1 Mayrin, 1 Köchin, 4 Strohschneider, 6 Hirten und 4 Mägde für den Kuhstall tätig. Die Produktion an Milch und Fleisch ging einmal in die eigenen Haushalte und diente zum anderen dazu, das Personal zu verpflegen sowie die Insassen des Spitals auf dem Peißenberg und die Armen in den Pfarreien zu versorgen; verkauft wurde von der Produktion kaum etwas, allerdings auch deshalb nicht, weil es im Hügelland über der Ammer damals kaum Marktmöglichkeiten gab. So hatte Rottenbuch mit seinen großen Haushalten, seinen lebensmittelverarbeitenden Handwerken und seiner vielfältigen Beschäftigung, die es hauptsächlich in Naturalien entlohnte, seinen landwirtschaftlichen Betrieben einen inneren Markt geschaffen, der wieder die intensive Viehhaltung ermöglichte. In Rottenbuch standen immerhin 38 Hengste, 49 Stuten, 20 Fohlen und Jährlinge, 152 Milchkühe, 58 tragende Jungrinder, 91 1–2jährige Kälber, 8 Stiere, 18 Saugkälber, 2 Schweinsbären, 6 Schweinsmütter, 4 Frischlinge, 31 Mastschweine, 21 Widder, 81 Schafe, 48 Lämmer, 9 Enten und 59 ,,Hiener". Diese intensive Viehhaltung konnte ein hohes Maß an menschlicher Arbeit verwerten, so daß die aus heutiger Sicht unvorstellbar niedrigen Erträge der umfangreichen Ländereien des Stiftes über die Viehhaltung zur Grundlage von stabilen und verhältnismäßig gut entlohnten Arbeitsplätzen wurden. Ohne die Verbindung mit den übrigen Besitzteilen hätte Rottenbuch allerdings das Zuschußgeschäft seiner Landwirtschaft nicht aufrecht erhalten können, die aber als Versorgungseinrichtung unbedingt notwendig war.

Wie marktfern dieses Gebiet lag und wie sehr es auf ein landwirtschaftliches Verarbeitungs- und Versorgungszentrum angewiesen war, das läßt sich an dem Aufbau der Handwerksbetriebe von Rottenbuch ablesen. Das Stift unterhielt 11 solcher Betriebe, unter denen alle wichtigen land- und forstwirtschaftsnahen Gewerke vertreten waren. Es gab eine Zimmererwerkstatt, 1 Ziegelei, 1 Kalkbrennerei, 1 Mühle, 1 Bäckerei, 1 Sägewerk, 1 Wagnerei und Kistlerei, 1 Schmiede und 1 Steinbruch. Außerdem betrieb das Stift die Tafernwirtschaft von Rottenbuch, und das recht lohnend, weil die Fuhrleute auf der Straße nach Augsburg hier eine Ausspanne hielten, und vor allem die Brauerei. Sie warf wie in den meisten Klöstern mit den größten Gewinn ab und gehörte mit einem Ausstoß von etwa 2 500 hl und einem Kapital von fast 8 000 Gulden unter den damaligen Verhältnissen schon zu den größeren Betrieben. Im zwanzigjährigen Durchschnitt brachte sie einen Jahresnettogewinn von 2 295 Gulden und 36 Kreuzern und damit mehr als ein Drittel des gesamten Ertrages von Rottenbuch. Eine Maß Bier kostete 4 Kreuzer, der Absatz war gesichert, und trotz der Notwendigkeit, fast das gesamte Malz zuzukaufen, hatte nach allen Aufzeichnungen, die sich im Archiv feststellen ließen, die Rottenbucher Brauerei seit jeher mit einem ansehnlichen Überschuß abgeschlossen.

Man muß sich einen Brauereibetrieb der damaligen Zeit als ein arbeits- und energieintensives Unternehmen vorstellen. Das Brauverfahren unterschied sich im Grunde nicht von dem heutigen, die Braupfannen und -kessel waren aus getriebenem Kupfer geformt, gebraut wurde nach dem bayerischen Reinheitsgebot von 1516. Man kannte Winter- und Sommerbier, wobei das Sommerbier einen wesentlich niedrigeren Stammwürzegehalt besaß, um die Lagerfähigkeit zu verbessern und bei allzu heftigem Durst beim Genuß nicht gleich entsprechend nachhaltige Räusche zu verursachen.

Der Durst war groß

Der Durst war groß, die Bereitschaft, ihn zu befriedigen auch. Nach allem, was sich feststellen läßt, muß der Bierkonsum zwischen 230 und 280 l pro Kopf und Jahr gelegen haben.

Die wirtschaftliche Hauptsorge aller Brauereien war die Beschaffung des Feuerungsmaterials, das aus Holz bestand. Der hohe Energieverbrauch der damaligen Brauereien hat wesentlich zu der Waldverwüstung des 16.–18. Jahrhunderts beigetragen, die sich in ganz Europa als ein schwerwiegendes Problem herausstellte. So war es etwa kein Zufall, daß es Tegernsee mit seinen 21 000 ha Forsten nie gelungen ist, den Energiebedarf seiner Brauereien und des Klosters aus den eigenen Wäldern zu decken.

Eine Brauerei der damaligen Zeit wurde während der Kampagnen im Schichtbetrieb geführt. Deswegen arbeiten im Rottenbucher Bräuhaus nicht weniger als 5 Mann: der Braumeister, 3 Bräuknechte – im alten Bayern hat man für die ausgebildeten und losgesprochenen Gesellen im Brauwesen die Bezeichnung „Knechte" beibehalten – und 1 Bräuhelfer. Ein Mann mußte ständig die Feuerung bedienen, um den Sud auf einer gleichmäßigen Temperatur zu halten.

Das zweite betriebstechnische Hauptproblem war die Beförderung der Rohstoffe innerhalb der Brauereien, schlicht und einfach gesagt also das Schleppen der Kornsäcke über Treppen und beträchtliche Höhenunterschiede. Was in den Brauereien von heute dagegen sehr viel Investitionskapital verschlingt, nämlich die Abfüll- und Etikettieranlagen und die Hantierung der „Biertragerl", hat in der damaligen Zeit noch keine Rolle gespielt, weil man nur die Faßabfüllung kannte. Am schwierigsten aber erwies sich die Kühlung; denn es erforderte einen enormen Bauaufwand, um Keller anzulegen, die auch bei hohen Sommertemperaturen mit Mühe und

Not noch eine Bierlagerung ermöglichten. Die Qualität der Keller und damit der Bierlagerung entschied weitgehend über die Konditionen im Konkurrenzkampf um den Absatz; den im ganzen Osten so verhaßten Bierzwang, mit dem die gutsherrschaftlichen Brauereien ihre Untertanen zwingen konnten, nur das Gutsherrnbier zu trinken, auch wenn es vom Teufel gebraut zu sein schien, gab es nämlich in Bayern glücklicherweise nicht. Auch wenn die Kirche in weiten Gebieten fast ein Braumonopol, mindestens aber ein Oligopol besaß – bei der Konkurrenz um die Gunst der durstgepeinigten Biertrinker mußte sich jede Brauerei auf einem freien Markt durch Qualität behaupten. Benediktbeuern zum Beispiel geriet mehr als einmal in Absatzschwierigkeiten, weil ihm seine Wirte wegen der schlechten Qualität der Bierlagerung gekündigt hatten. Untereinander lieferten sich die Klöster auf den Biermärkten Konkurrenzschlachten, die den heutigen Wettbewerbskampagnen der Brauereien in nichts nachstanden.

Rottenbuch befand sich auf diesem Gebiet in einer günstigen Lage. Es hatte kühle, trockene Keller und ein Klima niedriger Durchschnittstemperaturen, dabei aber vielfältige Möglichkeiten der Eisgewinnung aus seinen 17 Fischweihern mit 131 ha. Die winterliche Arbeit des „Eineisens" für die Brauerei ermöglichte es zusätzlich, für die Beschäftigten der landwirtschaftlichen Betriebe Arbeit zu beschaffen.

Welch vielfältige Beschäftigungsmöglichkeiten ein solcher Betriebsverbund überhaupt geboten hat, das zeigt die Lohnliste von Rottenbuch. Da gab es 1 Schuster, 1 Schneider und 1 Schneidergesellen, 1 Sägemüller, 1 Ober- und 1 Untergärtner, 1 Gärtnerjung, 1 Koch, 1 Abspüler, 2 Küchenhelferinnen, 1 Konventdiener, 1 Barbier, 1 Konventheizer, 1 Pfisterbuben, 1 Schmiedbuben, 1 Scheffler, 1 Weinkellerdiener, 2 Singerbuben, 6 Küchen- und Hausdienerinnen, 2 Schreiner, 2 Zimmerer, 3 Sattler, 2 Müller, 2 Schmiede, 2 Wagner und Scheffler, 2 Nachtwächter, 2 Torwärter, 1 Apotheker und 1

Apothekenlaboranten, 1 Metzger und 3 Fischer. Hier handelt es sich um ständig Beschäftigte mit voller Entlohnung. Hinzu kam eine Vielzahl von Teilzeitarbeitnehmern, die man im einzelnen mit ihrem Lohnanteil kaum erfassen kann. Schließlich beschäftigte Rottenbuch noch 1 Klosterrichter und 1 Gerichtsschreiber sowie 1 Polizeidiener, 5 Förster, den Obervogt für seine Herrschaft Schwabmühlhausen und 1 Kastner für den Getreide- und Zehendkasten in Schongau. Typisch für diese Arbeitnehmergruppen sind durchschnittliche Beschäftigungszeiten von 33 Jahren und ein Durchschnittsalter von 49 Jahren. Daraus geht hervor, daß der Eintritt in den Dienst des Klosters in der Regel schon mit 16 Jahren erfolgte. Der Durchschnittslohn in Naturalien und Geld betrug etwa 100 Gulden im Jahr – in Geldwerten gerechnet – natürlich mit sehr starken Schwankungen nach oben und unten. Der Klosterrichter etwa erhielt ein Jahresgehalt im Wert von 1600 Gulden, die Lehrbuben in den Handwerken und die Hütebuben auf den Schwaigen brachten es nur auf Lohnwerte von etwa 35 Gulden pro Jahr. Das ganze System war dynamisch aufgebaut, ein wenn auch bescheidener Aufstieg vom Stallbuben bis zum Oberknecht und zum Schwaiger oder vom Lehrling bis zum Meister war durchaus möglich und auch die Regel. Umgekehrt ließen die Rottenbucher Augustiner – auch darin standen sie keineswegs etwa allein – ihre Arbeitnehmer auch nicht im Stich, wenn sich die Lebens- und Leistungskurve wieder senkte. Der einstige Fuhrknecht oder Schwaiger wurde im fortgeschritteneren Alter zuerst Mäster im Stall, dann Strohschneider und schließlich Torwart oder Ofenheizer. Man gab ihm also dann, wenn er sich der schweren Arbeit in der Landwirtschaft, im Fuhrwesen – die Klosterfuhrleute waren mit ihren Gespannen ständig über die Alpen nach Südtirol unterwegs – oder auch den hohen Beanspruchungen im Sägewerk, in der Mühle oder in der Brauerei nicht mehr gewachsen fühlte, schonendere und leichtere Arbeiten in geschlossenen Räumen, wo geheizt wurde oder wo

N.o	Name	Stand	Tab.	Pensions jährlich fl. kr.	
1	Lorenz Eichstädt	Direktor	I	600,	50
2	Peter Eichstädt	Amtsschreiber	II	240,	20
3	Johann Neumann	„	„	180,	15
4	Anton Gahlhofer	Jäger	IV	150,	12
5	Georg Rosenbacher zu Hollstein	„	„	130,	12
6	Ignatz Oettmann zu Königsdorf	„	„	72,	6
7	Josef A. Michel	„	„	120,	10
8	Georg Gandner Aschaffenburg	„	„	72,	6
9	Ignatz Häselmaier zu Gattenhof	„	„	100,	8
10	Rog Diebl	als Messner	VII A	120,	10
11	Johann Zaubitsch	Klostermann	VIII	60,	5
12	Jakob Offenhal	„	„	60,	5
				Latus 1924	160

*Niemand von den Beteiligten hat es erkannt - doch mit diesen Pensions-
norma hat Bayern 1803 das vorweggenommen, was später „Reichsver-*

	Name	Stand	Job.	Pensions...	
3	Michael ...	...	VIII	36	3
4	Johann ...	"	,	48	4
5	...	,		36	3
6	...	,	,	36	3
7	Joseph ...	,	,	36	3
8	...	,	.	18	1 20
9	...	,	,	24	2
10	...	,	,	36	3
11	...	"	,	12	1
12	...	,	"	96	8
23	...	...	IX	36	3
			Latus.	414	34 20

sicherungsordnung'' hieß, also die Verfahren zur Ermittlung der sozialen Sicherung kapitalloser Arbeitnehmergruppen.

die Tiere Wärme verbreiteten. Altersgrenzen gab es grundsätzlich nicht, dennoch wurden Pensionäre, die nicht mehr arbeitsfähig waren, versorgt. In Rottenbuch waren es 10 Personen mit einem Durchschnittsalter von 68 Jahren. Üblicherweise bekamen die Pensionäre etwa $1/3$ ihres einstigen Lohnes als Altersversorgung, so daß sie dann zwar ein recht knappes, aber doch gesichertes Auskommen hatten.

Beachtet man nun, daß Rottenbuch bei einer so vielfältigen Beschäftigung und so zahlreichen gewerblichen Betrieben kaum 10000 Gulden in seinen Gewerken und Handwerken investiert hatte, dann wird hier ein sorgfältig geplanter und ausgewogener Ausgleich zwischen kapitalextensiven, aber beschäftigungsintensiven und kapitalstarken, aber beschäftigungsschwachen Betriebsteilen erkennbar. Der Land- und Forstwirtschaft kamen insgesamt Kapitalanteile von etwa 30 % zu, wobei sie die Hälfte aller Arbeitnehmer beschäftigte, die Handwerke mit einem Kapitalanteil von nur 2 % konnten dagegen etwa 20 % der Arbeitnehmer aufnehmen. Finanziert wurde dieser Ausgleich durch die hohen Erträge der Brauerei, die wesentlich dazu beitrug, die vielen unproduktiven Arbeitsplätze, die nur der Versorgung und der Verarbeitung dienten, zu sichern.

Alte Suppenhühner für die Prälaten

Ein ähnlicher innerer Ausgleich wird auch zwischen den selbstbewirtschafteten Besitzteilen und dem Rechtsbesitz deutlich. Bei Rottenbuch tritt eine für alle Voralpenklöster typische Erscheinung hervor, nämlich die weite Streuung seines Besitzes an Rechten und Abgaben in das Gebiet nördlich des Alpenvorlandes, vor allem in den Raum Augsburg. Offensichtlich hat man diese Verteilung ganz bewußt vorgenommen, um auch Bezugs- und Abgaberechte an Getreidebaugebiete zu haben und so einen Ausgleich zu den geringen

Möglichkeiten des Getreidebaues am Alpenrand zu finden. Rottenbuch besaß eine umfangreiche Grund- und Gerichtsherrschaft mit dem Mittelpunkt Schwabmühlhausen im Landgericht Schwabmünchen zwischen Landsberg und Augsburg und außerdem einzelne abgabepflichtige Untertanen in Füssen, Hohenschwangau, Murnau, in der Grafschaft Werdenfels, in Mindelheim, Türkheim, Oberndorf, Buchloe, Langenöhringen und Bayersoien. Insgesamt verfügte Rottenbuch mit den Einwohnern seiner Hofmark in Rottenbuch selber über 385 abgabepflichtige Untertanen. Die damaligen Abgaben bestanden im wesentlichen aus dem Zehnden, also 10 % der Bruttoernte, einer Besonderheit, die sich die Kirche im 8. und 9. Jahrhundert gesichert hatte, und den Getreidediensten in Form einer Abgabe auf den Nettoertrag nach dem Ausdrusch; dazu kamen die Stiften und Gilten, eine Art von Pacht und Entgelt für die Überlassung des Hofes, an dem ja der Grundherr Obereigentümer war, und schließlich die Laudemien, eine Erbschafts- und Übergabesteuer, die in der Regel in Höhe von 10 % des Hoffußwertes erhoben wurde – bei der Übergabe oder Vererbung etwa eines halben Hofes mit 700 Gulden Schätzwert also 70 Gulden. Zuletzt gab es noch den Grün- und den Blutzehnd, Abgaben auf die gartenbauliche und viehwirtschaftliche Produktion von allerdings sehr geringem Umfang, und den Küchendienst, auf den die Klöster größten Wert legten. Er bestand in der Ablieferung von Produkten überwiegend aus der Geflügelhaltung, also von Eiern, Gänsen, Enten und Kapaunen; auch Schmalz oder frische Butter und Schlachtkälber, gelegentlich auch „Osterzicklein" spielten dabei eine Rolle. Die aus der Literatur und der Witzzeichnung, aus vielen Hausvätergeschichten und den Spottschriften der Aufklärung überlieferten Bilder von beleibten Prälaten, die sich mit einer gewaltigen Serviette über dem schwarzen Rock begeistert über ein paar Kapaunen hermachen, haben hier ihre realen Wurzeln. Die Wirklichkeit sah allerdings oft anders aus: Den Bauern, und wohl noch mehr den Bäuerinnen, waren diese Abgaben herzlich verhaßt, und sie ließen keine Gelegenheit aus, ihren Pfarrherren oder ihr Kloster mit ihren ältesten Suppenhühnern zu versorgen.

Insgesamt errechnet sich aus all diesen Abgaben die schon einmal erwähnte Gesamtbruttobelastung von 24–28 %, die damals der bayerische Bauer zu tragen hatte. Sie war gewiß nicht gering, und sie war ebenso gewiß eine schwere Last, aber unverkennbar standen diesen Belastungen eben auch die vorhin beschriebenen Gegenansprüche auf Kredit- und Naturalhilfe und Risikosicherung gegenüber. Außerdem hatte der bayerische Staat, und das ist zweifellos ein beachtliches historisches Verdienst, für das gesorgt, was man heute soziale Symmetrie und steuerliche Gleichheit nennt, und zwar durch die massive Besteuerung auch des Herrschaftsbesitzes in Bayern.

Insgesamt bezog Rottenbuch aus allen diesen Abgaben seiner Untertanen 10229 Gulden, 9 Kreuzer und 19 Pfennig pro Jahr. Rechnerisch ergibt sich eine Belastung von etwa 30 Gulden pro untertäniger Hofstelle. Zu erwähnen ist dabei noch, daß die bayerischen Bauern dank der durch seine Schuldenmacherei erzwungenen fortschrittlichen ländlichen Sozialpolitik des „blauen Kurfürsten" Max Emanuel schon seit 1723 die Möglichkeit besaßen, die Scharwerke, also die Verpflichtungen zur persönlichen Arbeitsleistung auf dem Besitz des Grundherrn in Geld abzulösen. Gerade die Rottenbucher Untertanen hatten davon kräftigen Gebrauch gemacht.

Vergleicht man nun diese Einnahmen im Wert von 10229 Gulden, die zum großen Teil in Geld bestanden, mit der Geldüberschußrechnung von Rottenbuch, die weit niedriger ausfällt, dann kommt man zu dem Schluß, daß auch hier ein Ausgleichsmechanismus wirksam gewesen ist. Die ansehnlichen Überschüsse, die sich in diesem Bereich ergaben, wurden zu einem erheblichen Teil von den hohen Ausgaben für die ertragsschwachen oder ertragslosen Betriebsteile, besonders aber für die Erfüllung sozialer Aufgaben wieder aufgezehrt. Aus seinen Wirtschaftsbesitzungen und Rechten hat Rottenbuch 24 785 Gulden eingenommen und in diesem Bereich 18 530 Gulden wieder ausgegeben, wobei 44 % der Einnahmen für Lohn- und Versorgung weggingen.

Der Rohüberschuß von 6 255 Gulden bedeutet allerdings noch längst nicht auch Reingewinn. Aus diesem Betrag mußte das Stift den Unterhalt der Stiftskirche – sie ist ein heute weithin bekanntes Besuchsziel – und vor allem des Seminars finanzieren, das einer weiterführenden Schule vom Gymnasialtyp entspricht und etwa 45–50 Seminaristen Platz bot. Außerdem galt es, damit den Pfarrbetrieb in Rottenbuch selber, der ohne eigene wirtschaftliche Grundlage war, zu bestreiten. Hinzu kam dann noch der Unterhaltsaufwand für das Spital auf dem Peißenberg und das dortige Observatorium. Insgesamt verbrauchte Rottenbuch dafür noch einmal 2 580 Gulden im Jahr, wobei die Wachszieher und die Stukkateure besonders bedacht wurden; sie waren es ja, die für die laufende Ergänzung und Instandhaltung des Kirchenschmucks zu sorgen hatten. Waren auch noch diese Aufgaben finanziert, dann blieben Rottenbuch im Jahr etwa 3 680 Gulden übrig, ein Überschuß, der in erster Linie in die Kreditgewährung und in die Erhaltung der laufenden Zahlungsfähigkeit floß. Man kann also mit gutem Gewissen sagen, daß Rottenbuch alles andere als ein „kapitalistischer" Betrieb mit einem ausgeprägten Streben nach „Gewinnmaximierung" war, wie es im heutigen Rotwelsch der linken Gesellschafts- und Wirtschaftsreformer heißen würde. Obwohl Rottenbuch mit weitem Abstand das bestgeführte Kloster Bayerns darstellte und die höchsten Erträge in seine Kapitalanlagen hatte verwandeln können, erreichte es doch nur eine Kapitalrendite von 0,8 und eine Umsatzrendite von 1,4 %. Das sind typische Werte für ein Unternehmen, das in erster Linie sozialwirtschaftlich und nicht gewinnwirtschaftlich arbeitet.

Man kann wieder dem Aufhebungskommissar Baldauf, der es wissen mußte, das Wort geben, wenn es um die Frage geht, was nun alles in Rottenbuch an Leistungs- und Versorgungsstrukturen zerstört worden ist. In einer Stellungnahme zu der Frage, ob man nicht in Rottenbuch ein sogenanntes „Sterbekloster" einrichten könne – diese Bezeichnung hatte sich die Generallandesdirektion einfallen lassen, als sie die Frage lösen mußte, wo denn nun die Konventsmitglieder aller Klöster bleiben sollten, die keine Angehörigen mehr hatten und zu alt oder zu krank waren, um noch irgendeinen neuen Dienst zu versehen – schreibt er: „Das weitläuftige Gebäud und die überaus großen Zimmer, die deshalb hart zu heizen und doch wegen dem rauhen Klima 8–9 monatelang geheizt werden müssen, sind ebenso beschwerlich als die Gegend wegen dem Mangel der nötigsten Lebensmittel abschröckend ist. Bald nach der Ökonomieauflösung waren die meisten hiesigen Konventualen gezwungen, sich theils zu ihren Eltern, theils zu den umliegenden Pfarreien zu begeben, weil es ihnen an denjenigen Lebensmitteln zu gebrechen anfing, die nur in einer ganz gewöhnlichen Hausmannskost schon erheischt werden. Ein Zentral- oder Sterbekloster müßte also mit einer neuen Ökonomie versehen oder nahe derselben belegen werden oder in eine Stadt verpflanzt werden, um alle diese Lebensnotwendigkeiten käuflich erlangen zu können. Hierzulande trägt auch das Geld, das die Konventualen aus ihren Pensionen im Sack tragen, nichts zu dieser Erlangung bey. Auch die Brauerei, die für die Bewohner der hiesigen Gegend eine wahre Wohltat gewesen ist, sie ist nicht mehr, so daß auch niemand mehr auch nur seinen nothwendigsten Durst befriedigen kann."

Das spricht für sich. Dieser Schilderung von Trostlosigkeit sei ein Zitat aus einem Dankbrief eines französischen Divisionskommandeurs gegenübergestellt, der 1796 mit seiner Einheit, die sich aus Südfranzosen aus der Gascogne zusammensetzte, im spätwinterlichen Schneetreiben und bei einem äußerst beschwerlichen Marsch nach Rottenbuch gekommen und dort mit seinen Soldaten untergebracht worden war. Aus Frankreich hat er später an den Propst geschrieben: „Auch die Sonne unserer so viel südlicheren Heimat wird uns den beispiellosen Eindruck nicht vergessen machen können, den wir empfangen haben, als wir durch die wilde Talschlucht über die beschwerlichen Höhen Rottenbuch erreicht hatten und aus allen Fenstern das gastfreundliche Licht wie aus einem festlichen Schloß uns entgegengestrahlt hat. Insonderheit wird uns die Erinnerung an die hohe Kultur und Gesittung der Herren Augustiner und den Wohlstand und das friedfertige Behagen der Bewohner von Rottenbuch begleiten."

Trotz seiner zentralen Bedeutung für einen ganzen Siedlungsraum und seiner hohen Leistungen in der Versorgung der Bevölkerung ist Rottenbuch als Mittelbesitz einzustufen. Eine genaue Untersuchung des Besitzstandes auf Grund der Schätzungsakten aus der Säkularisation von 1803 hat Gesamtanlagewerte von etwa 411000 Gulden ergeben. Damit ordnet sich Rottenbuch in den Typ des vielgegliederten klösterlichen Mittelbesitzes ein, der in Bayern das Bild dieses Teils der Wirtschaft und des sozialen Lebens beherrscht hat. Von den verhältnismäßig wenigen, aber sehr großen, den römischen Latifundialbesitzungen nachgebildeten Klosterkomplexen, die es in Bayern gegeben hat, war das Augustinerchorherrenstift über der Ammer damit aber noch recht weit entfernt.

Das bayerische Urkloster Benediktbeuern

Das Modell für diesen Großbesitz haben wir im bayerischen Urkloster Benediktbeuern vor uns. Es wurde 739 fast gleichzeitig mit dem Inselkloster auf der Reichenau im Bodensee und St. Peter in Salzburg als erste Ordensniederlassung nördlich der Alpen mit einem Kolonisationsauftrag gegründet. In seinen Strukturen erhielt sich bis zum Ende einmal die Villikationsverfassung, also der selbstbewirtschaftete unternehmerische Kern mit vielfältigen Betriebsteilen, wie später auch die bedeutende Rolle der Ordensklöster in Bayern in der Gebiets- und Wirtschaftsverwaltung in sehr deutlicher Form. Benediktbeuern gehörte neben den benachbarten Benediktinerabteien Ettal und Tegernsee zu den drei Klosterbesitzungen Bayerns mit einem eigenen sogenannten hochgerichtlichen geschlossenen Gerichts- und Verwaltungsbezirk und besaß eine so hoch entwickelte Verwaltungs- und Leistungsstruktur, daß der bayerische Staat diese Struktur unverändert übernahm. Wie in den Instruktionen vom 11. März 1803 deutlich wird, wies er seine Beamten an, keine Übertragungen von Rechts- und Verwaltungsstrukturen auf die umliegenden staatlichen Landgerichte vorzunehmen, sondern den Benediktbeurer Bezirk so weiterzuführen wie bisher. Der Gerichts- und Verwaltungsbezirk hatte eine fast gleichmäßige dreieckige geographische Gestalt, die beginnend an der Südseite des Walchensees, in einem spitzen Winkel bis vor das Südende des Starnberger Sees bei Seeshaupt reichte und den größten Teil der heutigen Landkreise Bad Tölz – Wolfratshausen umfaßte. In diesem Bezirk erledigte das Kloster die gesamte Gebiets- und Gerichtsverwaltung bis hin zum sogenannten „Malefiz". Darunter verstand die alte bayerische Rechtssprache die gerichtliche Behandlung sogenannter „todeswürdiger Verbrechen", also derjenigen Verstöße gegen das Strafrecht, die heute als Schwerstkriminalität bezeichnet würden. Den Klosterrichtern kamen allerdings in der Entscheidung darüber, was sie als Malefiz ansehen wollten, gewisse Freiheiten zu, ein Umstand, der besonders in der Zeit der Hexenverfolgungen von Bedeutung war. Die drei nebeneinanderliegenden Klostergerichtsbezirke Ettal, Benediktbeuern und Tegernsee führten nämlich im späten Mittelalter und in der frühen Neuzeit kaum Hexenprozesse durch, weil bei dem wissenschaftlichen Aufklärungsstand die dortigen Benediktinerkonvente den Hexenglaube stillschweigend ablehnten. Das benachbarte Marktgericht Garmisch dagegen tat sich gerade auf diesem Gebiet kräftig hervor – ein Beispiel mehr für die uns heute unbegreiflich erscheinende Rechtsungleichheit der Vergangenheit auf engstem Raum. Welche Aufwendungen Benediktbeuern für seine Verwaltung tätigen mußte, läßt sich daraus ersehen, daß im Benediktbeurer Gericht drei examinierte Juristen und drei Verwaltungskräfte beschäftigt waren. Ganz freiwillig hat das Kloster diesen hohen Aufwand natürlich nicht getätigt – Klosterrichter oder Klosterschreiber zu sein, das waren lukrative Posten, die Gehälter erbrachten, wie sie im Staatsdienst etwa die Gerichtsvorsitzenden der Obergerichte oder die Räte in den Hofbehörden hatten. Aber diesen Aufwand erforderte einmal der hohe Bedarf der Untertanen an solchen Leistungen, zum anderen der gesetzliche Zwang, dieses Fachpersonal zu beschäftigen, wozu zum dritten auch noch politische Gründe traten; der Staat nämlich wartete nur darauf, den Niedergerichtsherrn jeder Art Versäumnisse und Mängel in ihrer Verwaltung nachweisen zu können, um einen Beleg mehr dafür zu haben, daß die Erfüllung dieser Aufgaben in staatlichen Händen besser aufgehoben sei.

Will man sich nun eine Vorstellung von der Art dieser Leistungen für die Bevölkerung machen, dann kann man das am Beispiel einer Hofübergabe ablesen. In einem solchen Fall wandte sich der Übergeber mit seinem Nachfolger an das Klostergericht oder, wenn wie bei den Landsberger und Scheuringer Untertanen, Benediktbeuern zu weit entfernt war, an die Beamten in der Landsberger Außenstelle des Klosters und brachte mündlich sein Begehren vor. Der Übernehmer und künftige Hofbesitzer äußerte sich dann ebenfalls mündlich zu seiner Bereitschaft, das Anwesen zu übernehmen. Darüber wurde ein Protokoll angefertigt, das meistens sogar in direkter Rede wörtlich wiedergab, was die Antragsteller vorgebracht hatten. Allein diese Protokolle stellen im übrigen sprachgeschichtliche Denkmäler der altbayerischen Bauern-, Wirtschafts- und Rechtssprache von hohem Rang dar. Dann wurde ein Termin zu einer Besichtigung und zur Inventaraufnahme auf dem Hof selbst vereinbart. Zu dem vereinbarten Zeitpunkt begab sich der Beamte mit seinem Schreiber auf den Hof, ging mit der Familie jeden Raum ab und nahm das gesamte Inventar auf. Er beschrieb dabei jedes einzelne Stück, erfaßte die Vorräte und schätzte sie ebenso auf ihren Wert wie den Hausrat und das lebende und tote Inventar des landwirtschaftlichen Betriebes; schließlich wurden die landwirtschaftlichen Nutzflächen nach Größe, Bodengüte, Nutzung und durchschnittlichem Ertrag genau festgehalten und ebenfalls nach Erfahrungssätzen bewertet. Am Ende dieses Beschreibungsvorganges las der Schreiber der Familie alles noch einmal vor und ließ sich entweder durch eigene Unterschrift oder durch Handzeichen die Richtigkeit bestätigen.

Auf der Grundlage dieses Materials arbeitete dann der juristische Beamte des Benediktbeurer Gerichtes den Übergabe- und Übernahmevertrag mit den Bedingungen und mit allen Rechten und Pflichten beider Seiten schriftlich aus und ließ ihn vom Schreiber in Reinschrift mit mehreren Kopien in die vorgeschriebene Vertragsform bringen. Dabei muß man heute daran erinnern, daß es natürlich keine Techniken der Durchschrift gab, so daß die Mehrfertigungen dieser Urkunden zwar Kopien hießen, aber natürlich keine Kopien waren. Jedes Schriftstück wurde in Originalschrift mehrfach hintereinander abgeschrieben. Deshalb gab es auch in jeder Verwaltungsstelle immer einige „Kanzlisten und Kopisten", die mit dieser Beschäftigung ein allerdings recht karges Brot verdienten, und für einen jungen Büroschreiber war es die beste Empfehlung, wenn ihm bestätigt wurde, daß „er eine schöne Hand schreibt".

Lag das Vertragswerk schließlich fertig vor, kamen die Beteiligten, also der Übernehmer und der Übergeber, meistens mit allen Familienmitgliedern wieder auf das Klostergericht, der Vertrag wurde ihnen verlesen, mit ihnen genau besprochen und dann nach Genehmigung aller Beteiligten rechtswirksam. Das Klostergericht übernahm die Verwahrpflicht für mindestens zwei Ausfertigungen; so bestand bei Streitigkeiten oder Unklarheiten stets die Gewißheit, daß an einer Zentralstelle Originaltexte der Urkunden vorhanden waren, die man zur Klärung dieser Fragen heranziehen konnte. Die tausend- und mehrjährige Kontinuität der Ortsherrschaft der Klöster führte schon deswegen nicht nur zu einer entsprechenden Bürgernähe und Gleichmäßigkeit im Rechtsvollzug, sondern vor allem auch zur Rechtssicherheit über die Jahrhunderte hinweg. Neben vielen politischen und wirtschaftlichen Ursachen liegt hier auch einer der Gründe für den so seltenen und so glücklichen Umstand, daß auf den bayerischen Bauernhöfen und Handwerksstellen die Wechselquote im Besitz traditionell gering ist und sich Familien oder Sippen stets sehr lange auf ihren Heimstätten halten konnten.

Man stelle sich nun einmal vor, was es für die Bevölkerung bedeutet hat, daß das Benediktbeurer Klosterarchiv – und mit ihm natürlich auch alle anderen Archive – schlagartig aufgehoben, an einen anderen Ort, nämlich nach München, transportiert und dort vor allem rettungs- und hoffnungslos durcheinandergebracht wurde. Die Benediktiner von Benediktbeuern hatten im späten 17. Jahrhundert ein eigenes gesondertes Bibliotheks- und Archivgebäude errichtet, an Architekturvorbildern aus Florenz orientiert und aus Gründen der Feuersicherheit von allen übrigen Gebäuden räumlich abgesetzt. Der Klosterkistler Ötschmann aus Bichl, ein für das alte Bayern typischer Handwerksmeister von genialen Gestaltungsfähigkeiten, hatte die Ausstattung entworfen und für jede Archivschublade Barock- und Rokoornamente sowie Farbzusammenstellungen gefunden. Zusammen mit anderen Handschriften der Karolingerzeit und des frühen Mittelalters und mit einzigartigen Inkunabeln wurde dort auch die Handschrift der „Carmina Burana" aufbewahrt. In dem gleichen Gebäude haben die Salesianer Don Boscos heute ihren Speisesaal untergebracht.

Archive – im Moor versunken

Dort lagerten also die Akten des Benediktbeurer Gerichtes, nach Sachbetreff in Schubladen geordnet. Im Mai 1803 blieb dem Aufhebungskommissar von Ockel auf Drängen seiner vorgesetzten Behörden nichts anderes übrig, als meisten Arbeiter der landwirtschaftlichen Betriebe, die er gerade freibekommen konnte, zu nehmen und von ihnen den Inhalt dieser Schubladen in dazu völlig ungeeignete, oft aus Bretterresten notdürftig zusammengenagelte Kisten mehr werfen als einpacken und dann auf Fuhrwerken oder auch auf Loisachflößen nach München schaffen zu lassen. Das dabei angerichtete Durcheinander konnte bis heute nicht wirklich bereinigt werden – der Zustand, in dem sich der gewaltige Bestand an Klosterliteralien in den bayerischen Staatsarchiven befindet, ist der Schrecken jedes Archivars und jedes Benutzers –, und damit waren faktisch die Akten über mehr als die Hälfte der bayerischen Bauernhöfe und ihre rechtliche, wirtschaftliche und familiäre Vergangenheit unzugänglich und unbenutzbar geworden. Welcher Verlust an Rechtsnähe und Rechtssicherheit damit verbunden sein mußte, darüber hat sich bis heute niemand wirklich Gedanken gemacht. Eine Unzahl von Rechts- und Besitzproblemen der Landwirtschaft und des Handwerks sind daraus entstanden oder konnten nicht wirklich befriedigend bereinigt werden. Die ganze merkantilistische Blindheit, die eben nur vom Erlös fasziniert war, wird auch hier wieder deutlich: Niemand war in der Lage, sich vor Beginn dieser Maßnahmen ihre Folgen vorzustellen.

In den 1239 Jahren der Geschichte des Klosters sind die 127 Jahre der Säkularisation und des Besitzwechsels mit einem entsprechenden Verfall nur eine Episode, gleichsam ein Tag.

Gerade deshalb kann man sagen, daß Benediktbeuern trotz des Ordenswechsels von 1930, als der geschichtlich junge Orden der Salesianer Don Boscos mit seiner starken pädagogischen Orientierung aufzog, immer den gleichen Schwerpunkt vertreten hat, nämlich soziale Versorgung und schulische Leistungen. Zur Zeit der Benediktiner unterhielt das Kloster die Schulen in Benediktbeuern, das als Siedlungsort damals Laingruben hieß, in Kochel und in Königsdorf. Zu ihm gehörten außerdem zwei Kranken- und Pflegeanstalten, einmal in Benediktbeuern selbst, zum anderen in Kochel. Schließlich betrieb das Kloster eine größere Apotheke mit einer Art von Depot in Königsdorf. In diesem Bereich waren fast 4 % seiner Beschäftigten tätig, und hier verbrauchte es auch einen ansehnlichen Teil seiner Ausgaben, weil diese Besitzteile, etwa die Apotheke, nicht im entferntesten ihre Kosten selbst tragen konnten. Solche Versorgungseinrichtungen waren auch ganz bewußt auf den Zuschuß aus anderen Besitzteilen angelegt. Sie sollten gar nicht als Einnahmeträger, sondern eben als Versorgungsträger dienen.

Ohne dies hier nun in allen Einzelheiten beschreiben zu wollen – aus den Akten ergibt sich allerdings sehr wohl, mit welchen Methoden die Benediktiner diese Leistungsstrukturen eingerichtet und finanziert haben –, kann man sagen, daß die etwa 3 200 Personen umfassende Bevölkerung des Benediktbeurer Herrschaftsgebietes eine stark verbilligte oder kostenlose Versorgung mit den damals möglichen Leistungen des Gesundheits- und Schuldienstes durch das Kloster hatte. Am deutlichsten zeigt sich das bei der Apotheke, wo man mit einer sehr interessanten Methode des gespaltenen Preises gearbeitet hat, die auch im späteren ersten Konzept von Raiffeisen bei seinem Weyerbuscher Brotverein im Notwinter des Westerwaldes von 1846 wiederkehrt. Die Medikamente wurden zu verschiedenen Preisen verkauft: Die einkommensstärkeren Kunden bezahlten den vollen Betrag und subventionierten damit die Medikamente für die Schwächeren. Sehr einkommensschwachen Bevölkerungsgruppen gab man die Arzneien gegen eine Art von Rezeptgebühr ab. Benediktbeuern konnte es sich dabei leisten, auch noch einen eigenen Arzt zu beschäftigen, der so etwas wie eine Gesundheitsstation betrieb. Er verdiente für damalige Begriffe mit dem 4,5fachen des Durchschnittseinkommens der Arbeiter in den Wirtschaftsbetrieben recht gut, besaß auch ein eigenes Haus und ließ seine Kinder studieren – blieb aber mit seinem Einkommen hinter dem des Lohnführers in der Benediktbeurer Belegschaft, dem Braumeister, zurück. Man stelle sich einmal heute einen Arzt vor, der weniger verdient als ein Braumeister in einer ländlichen Mittelbrauerei!

Die Klostermedizin, die 1803 zerschlagen wurde, war die Medizin der Antike und des Mittelalters. Sie ging von einem ähnlich universalen Ansatz, von einem ähnlich umfassenden Denkmodell vom Menschen aus wie das Bildungswesen der Orden, dem es ja ebenfalls darauf ankam, Persönlichkeiten zu bilden und nicht nur Fachwissen zu vermitteln. So hat man damals auch nicht in erster Linie einzelne Krankheiten, sondern die Menschen behandelt, indem man versucht hat, den Kranken als biologische und soziale Einheit in seinen sozialen Umweltbeziehungen zu erfassen und die medizinischen und pharmakologischen Einwirkungen durch psychologische zu ergänzen und abzustützen. Verwirklicht wurde dieses Medizinkonzept durch die Heilkräutermedizin, die man heute wieder zu entdecken beginnt. Nicht zufällig fand vor kurzem ein regelrechter Medizinkongreß im Kloster Ebersbach im Rheingau zwischen Medizinern und Apothekern statt mit dem Ziel, sich über die Grundlagen der alten Klostermedizin neu zu unterrichten. Natürlich hat diese Art von Medizin bei der Behandlung der Infektionskrankheiten namentlich bei Klein- und Kleinstkindern kaum überzeugende Erfolge gefunden. Dagegen wären die Ergebnisse bei der Behandlung innerer Krankheiten und in der Wundtherapie einer gründlichen medizingeschichtlichen Behandlung wert.

Auch zu den Schulen – Benediktbeuern unterhielt ebenso wie die meisten anderen mittleren und größeren Klöster neben den Elementarschulen auch eine weiterführende Schule – ist ein Wort zu sagen. Die Elementarschulen vermittelten ein Wissen, das für den Bauern und Handwerker bestimmt war und, wie die Schreib- und Rechengewandtheit gerade der Vertreter dieser beiden Berufsgruppen in der Säkularisation selbst zeigte, voll ihren Bedürfnissen gerecht wurde. Hauptfächer waren ,,Christenlehre und Gesittung, Recht- und Schönschreiben, deutsches Wort und deutsche Schrift, Rechnen, biblische Geschichten und Berichte aus der Historie". Die Lehrmethoden der damaligen Volksschullehrer konzentrierten sich auf den erzählenden Bericht und das Frage- und Antwortspiel sowie auf das Nachsprechen und Nachschreiben. Für begabte Kinder bestand so eine Art Aufbauzug; am Ende der fünf- bis sechsjährigen Schulzeit wurden Grundkenntnisse in Latein und Mathematik vermittelt, und wer ihnen gerecht wurde, hatte dann die Möglichkeit, ins Seminar überzuwechseln.

Unter einem Seminar verstanden die Orden eine weiterführende Schule, die vom pädagogischen Programm und den Lehrinhalten her eine sehr komplexe Mischeinrichtung darstellte, wo sich Schulelemente vom gymnasialen Typ mit solchen der heutigen Kollegstufen und des Fachunterrichtes mischten. Bei ziemlich selbständiger Organisation unterlagen solche Seminare in den Lehrentscheidungen nicht dem Mehrheitswillen des Konventes und konnten daher langfristig pädagogisch planen. Es gab ein Stipendiensystem, das auch mittellosen Schülern die Möglichkeit zum Besuch eines solchen Seminars bot. Das Personal setzte sich natürlich in erster Linie aus Konventmitgliedern zusammen, die Volksschullehrer dagegen waren weltliche Klosterbeamte mit einer in Benediktbeuern geordneten Bezahlung, die etwa zwischen der eines Handwerksmeisters und der eines Arztes lag und eine gehobene Lebenshaltung erlaubte. Der bayerische Staat oder die weltlichen Gemeinden besoldeten zur gleichen Zeit die Schullehrer, die sie seit 1771 anzustellen für gut befunden hatten, so schlecht, daß sich zum Beispiel die Lehrer im Traunsteiner Landgericht alle nur durch einen Hauptberuf als Ferkelkastrierer über Wasser halten konnten.

Freilich war die bayerische Bevölkerung mit ihren Kindern mit solchen Schullehrern immer noch vergleichsweise gut bedient. Preußen stellte zur gleichen Zeit ausgediente Korporäle der Armee, die kein Unterkommen als sogenannte Landjäger gefunden hatten, als Schulmeister an, die als einzige pädagogische Leistung ihren aus der Truppe mitgebrachten Korporalsstock, mit dem sie früher auf die friederizianischen Soldaten eingeschlagen hatten, nun auf den Kindern entzweischlugen. Abgesehen von der hemmungslosen Verrohung der Unterführer in der damaligen preußischen Armee und ihrer perfekten pädagogischen Unwissenheit ergab sich dieses Verhalten schon daraus, daß die Schulmeister ihren ehemaligen Kameraden, den Landjägern, nicht nachstehen wollten. Diese Landjäger waren die Kreispolizisten, die auf ihren lahmen Schimmeln über Land ritten und ihre Ordnungsaufgabe ebenfalls in erster Linie darin sahen, mit irgendeinem Stock auf die Untertanen ihrer Majestät einzuschlagen. Die beispiellos brutale Behandlung der Schulkinder im 18. und 19. Jahrhundert hat in diesen Mißständen ihre eigentlichen Wurzeln.

Klostersuppen als Lernanreiz

In Bayern war sie in diesem Ausmaß und in diesen Formen nicht üblich, in den Klosterschulen praktisch unbekannt, und schon deshalb war zumindesten auf der Hälfte des Landgebietes des Kurfürstentums ein pädagogisches Versorgungsangebot gegeben, das, sehr im Gegensatz zu den gängigen historischen Berichten, die Nachbarstaaten übertraf. Hinzu kam eine materielle Abstützung und ein materieller Anreiz zum Schulbesuch durch die Verpflegung der Kinder aus den Klosterküchen. Nach unseren Ermittlungen und vergleichenden Berechnungen kann der Benediktbeurer Fall als durchaus repräsentativ gelten. Die Kinder der Elementarschulen – es handelte sich schon wegen der weiten Schulwege um Ganztagsschulen, allerdings unterbrochen von Spiel- und Singstunden und dergleichen – bekamen die „Klostersuppe", wie sich der Kommissar von Ockel ausdrückte. Darunter verstand er natürlich mehr als eben nur eine Suppe, sondern, wie dann seine Berechnungen zeigen, die volle Tagesverpflegung für ein Kind. Er bewertete sie mit 11 Kreuzern pro Tag. Geht man nun davon aus, daß die Mindestlebenshaltungskosten in Oberbayern um 1800 mit 20 Kreuzern pro Tag angesetzt wurden (1 Gulden = 60 Kreuzer), dann wird hier sichtbar, daß ein Benediktbeurer Schulkind mit seiner Verpflegung etwa $^1/_2$ des Lebensunterhaltsaufwandes für einen Erwachsenen erhielt.

Selbstverständlich hatte sich dieses System aus den damaligen Siedlungsverhältnissen und den weiten Schulwegen entwickelt. Den Klöstern blieb gar nichts anderes übrig, als eine solche Schulverpflegung einzurichten, wenn sie Schüler haben wollten. So gehen diese Formen schon auf das frühe Mittelalter zurück. Zugleich war aber dieses Verfahren auch als Anreiz für die Eltern bestimmt, ihre Kinder zur Schule zu schicken, und so hat es auch gewirkt; denn für die Eltern hieß das, daß sie ein 6–7jähriges Kind tagsüber bereits „von der Schüssel brachten", wie man damals sagte. Pure Menschenfreundlichkeit steckte natürlich nicht dahinter, wenn sich die Konvente zu diesen saftigen Ausgaben in Naturalform bewegen ließen. Zwar nicht gerade Benediktbeuern, aber dafür umsomehr andere Klöster haben auch genug darüber gejammert und gestöhnt. Der Hauptbeweggrund war vielmehr der Wunsch, sich durch dieses Angebot an die ländliche Jugend den Nachwuchs und die Talente zu sichern, was auch durch runde tausend Jahre hervorragend gelungen ist. Auf diese

Weise konnte die Kirche in Bayern ihr Bildungs-, Schul- und Wissenschaftsmonopol aufrichten, ausbauen und festigen, und so ist sie auch zu dem großen sozialen Fahrstuhl geworden, der die alte Gesellschaft Bayerns ununterbrochen von unten nach oben durchfahren und alles mitgenommen hat, was Talent, Energie und Bildungswillen besaß. Auf diese Art wurden Häuslersbuben und Tagelöhnerskinder Prälaten, Fürstäbte, Universitätsprofessoren und Mathematiker oder Schriftsteller.

Als die Uhren über den Arkaden des Benediktbeurer Klosterhofes am 31. März 1803 die Mitternacht schlugen, war es damit freilich vorbei. Der Kommissar von Ockel, im Hauptberuf Starnberger Landrichter, hatte Befehl, die Schulen und das Seminar aufzulösen, die Lehrer zu entlassen und die beiden Kranken- und Pflegehäuser zu schließen. Selbstverständlich kam er diesem Befehl nach, schickte die Schüler nach Hause und empfahl dem jammernden Arzt kurzerhand, Hühneraugenstecher zu werden. Dann setzte er sich in seine Kanzlei und berichtete über die Ausführung seiner Befehle nach München, nicht ohne am Schluß dieser Berichte zu fragen, was denn nun zu tun sei. Die Schulen seien geschlossen, die Kinder trieben Schabernack auf den Straßen, und bald werde sich im Benediktbeurer Gerichtsbezirk die gleiche „beklagenswerte Unwissenheit" verbreiten, wie sie etwa unter dem Volk im staatlichen Landgericht Tölz herrsche. Außerdem werde er am nächsten Tag die Apotheke aufheben und das Inventar feilbieten, das Volk aber bedürfe dringend der Arzneien und Latwergen, ohne daß ihm dieses alles noch geboten werden könne. Sein Vorgesetzter, der Sekretär Eisenrieth, schrieb ihm zurück: „Die Meldungen über die Gefahr der Ausbreitung von Unwissenheit im Benediktbeurer Gericht haben zur Nachricht gedient." Mehr wußte auch die Generallandesdirektion zu der Grundfrage der ganzen Säkularisation, nämlich der Strukturzerstörung, nicht zu sagen.

Welche Bedeutung besaß nun aber ein Großkloster mit

Anlagewerten von über 1 Million Gulden – also mit etwa 20 Millionen Mark auch heute noch ein stattliches Unternehmen – für die Beschäftigung und die Auftragsstruktur seines Gebietes? Benediktbeuern hatte natürlich, wie eben die ganze Wirtschaft, seinen Schwerpunkt in der Bodenwirtschaft, das heißt in der Land- und Forstwirtschaft. Etwa 70 % seiner Anlagewerte entfielen auf die 5 landwirtschaftlichen Betriebe, den Klostermayrhof und die Schwaigen Wahl bei Wolfratshausen (heute: Schwaigwall), Häusern, Straßberg und Walchensee sowie auf die etwa 5600 ha Forsten. Letzte lagen in der Jachenau, in der Hinterriß – hier verwaltete der Vater von Ludwig Thoma rund 60 Jahre später den einstigen Klosterbesitz – und am Walchensee; auch am Ochsensitzer, von dem herab das Christkind zu dem kleinen Ludwig Thoma geflogen sein soll, lag 700 Jahre lang eine Forststelle des Klosters. Die landwirtschaftlichen Betriebe bewirtschafteten zusammen mit den Mooswiesen ungefähr 600 ha und bildeten in sich einen engen Verbund, der sich vor allem auf den Austausch von Vieh gründete, so daß im Klostermayrhof von Benediktbeuern nur Milch- und Mastvieh stand und auf den Schwaigen das Jungvieh aufgezogen wurde. Außerdem bildeten die landwirtschaftlichen Betriebe die Grundlage für eine Art Speditionsunternehmen, das die Verbindungen mit den Tiroler Besitzteilen im oberen Inntal und in Südtirol, wo die 4 Klosterweingüter lagen, aufrecht erhielt.

Wer heute vor dem gewaltigen Mayrhofgebäude von Benediktbeuern, dem ,,Schloß der Kühe" von 1718 steht, wie es der Generalkonservator des Landesamtes für Denkmalspflege nennt, der fragt sich natürlich, warum ein landwirtschaftlicher Betrieb derartig viel Gebäuderaum benötigte. Verständlich wird das erst, wenn man die Zentralfunktion für das Kloster und die landwirtschaftlichen Außenbetriebe und die Spedition berücksichtigt. Schließlich standen hier einmal 95 Pferde.

Stark vertreten waren auch die gewerblichen Betriebe. Da

*Die Hauptfassade des Mayrhofes in Benediktbeuern im Entwurf,
geschaffen von dem Schreinermeister Michael Ötschmann aus Bichl.
Die noch heute zu sehende Bauausführung weicht von dem Ursprungs-
plan leicht ab. Kennzeichnend ist neben der gestalterischen Sorgfalt
der Formenreichtum, die auch für ein Wirtschaftsgebäude aufgewandt
wurden.*

gab es eine Bäckerei mit 2 Öfen, die Moosmühle mit 2 Mahlgängen, die Klostermühle mit 3 Mahlgängen, 1 Ziegelei, 1 Gipssteinbruch, 1 Sägewerk, 1 Kalkofen und dann die Verarbeitungs- und Zulieferwerkstätten wie Schmiede oder Binderei, Schreinerei und Schlosserei; dazu kamen eine Brauerei mit einem Jahresausstoß von 4 500 hl und eine kleine Brauerei am Walchensee, die für den Durst der Benutzer der Kesselbergstraße bestimmt war, sowie schließlich das Wirtshaus in Laingruben im heutigen Dorf Benediktbeuern, ein ebenfalls gewinnbringender Betrieb. In diesen wirtschaftlichen Eigenunternehmen bot das Kloster etwa 180 Vollzeitarbeitsplätze und an die 800 Teilzeitarbeitsgelegenheiten, wie es damals hieß, sofern man die Jachenauer Bauern mit ihren Fuhren für die Holzabfuhr aus den Klosterforsten hinzurechnet. Was dort verdient wurde, wie das Lohn- und Versorgungssystem aussah und wie hoch entwickelt das Solidarverfahren der Stützung der Schwachen und Alten durch die Stärkeren und Jüngeren gewesen ist, das wird im nächsten Kapitel „Aus benediktinischem Geist. . ." zu behandeln sein. Insgesamt kann man aber sagen, daß hier ein beispielhafter und in den anderen Klosterbezirken im Modell ebenso anzutreffender Großverbund zum Austausch von Leistungen aufgebaut worden war.

Das läßt sich auch noch an der Einnahme- und Ausgaberechnung von Benediktbeuern veranschaulichen, das allein für den Unterhalt seiner Kirchen und der Repräsentationsräume des Klosters, insbesondere natürlich für Beleuchtungsmittel, Aufträge über 4 200 Gulden im Jahr an das örtliche Handwerk und Gewerbe vergab.

Der Kommissar von Ockel wurde mit alldem schnell fertig. Auf höheren Befehl ließ er die Betriebe schließen und entließ das Personal, um sich dann an die Lohnwertberechnungen und an den Versuch zu machen, wenigstens einigermaßen gerechte Pensions- und Alimentationsbezüge festzustellen. Nicht als einziger, aber als typischer Vertreter dieser Gruppe

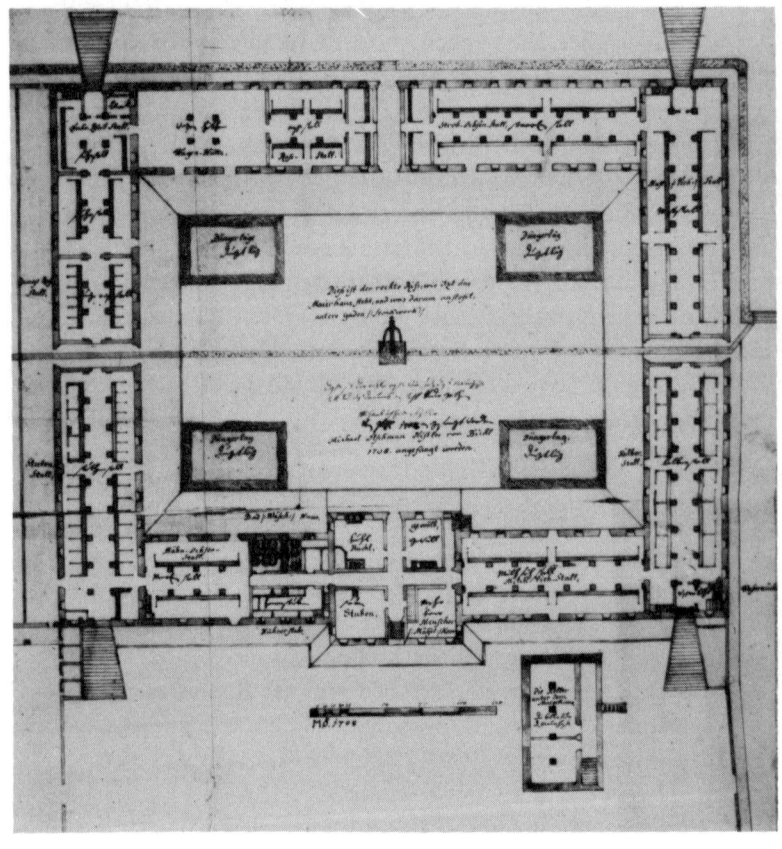

Der Grundriß und die Nutzungsplanung für den Benediktbeurer Mayrhof, in dem zur Benediktinerzeit 95 Pferde und etwa 420 Rinder untergebracht waren. Bis zur Einführung der großen Landmaschinen vor wenigen Jahren genügte diese Planung eines oberbayerischen Handwerksmeisters auch noch den Anforderungen der Landwirtschaft der Gegenwart.

machte ihm dabei der Kammerdiener Josef Ertl besondere Mühe. Er war 24 Jahre alt und, wie der Kommissar betonte, von „übermäßiger Leibesfülle". Außerdem hatte er schlechte Augen. Überzeugend konnte er dartun, daß er einen gut entlohnten Dienst wie den des Kammerdieners beim Benediktbeurer Abt Karl Klocker nicht wieder finden würde. Deshalb wollte er eine Pension haben. Nach einigen bissigen Bemerkungen des Kommissars über die „übermäßige Leibesfülle", welche ihn zu „nutzbringender, aber schweißtreibender Arbeit schwer tauglich mache", räumte der Landrichter von Ockel ein, daß schon wegen seiner Augenschwäche dieser 24jährige Josef Ertl in der Tat ein neues Unterkommen schwerlich finden werde. Man werde ihm daher eine Pension zusprechen müssen, die freilich nicht 240 Gulden im Jahr wie sein bisheriger Lohn ausmachen könne. Daß er mit dieser Pension dann dem „schimpflichen Müßiggang" überlassen sei, wie er in seinen Petitionen beklage, daran könne auch die kurfürstliche Gnade nichts ändern.

So wie diesem Josef Ertl erging es auch den meisten anderen Arbeitnehmern. Mochten sie nun wie die Bräumeister und ihre Knechte, die Müller oder die Steinmetzen hochproduktive und gewinnträchtige Arbeiten verrichtet haben, mochten sie Schwerarbeiter in den landwirtschaftlichen Betrieben oder Behinderte oder Alte gewesen sein, die als Torwarte oder Brotausgeber beschäftigt wurden, nur eben um beschäftigt zu sein – ob jung oder alt, sie standen buchstäblich vor einem wirtschaftlichen Nichts. Es kam zu einer Reduzierung der örtlichen Kaufkraft um etwa $^2/_3$, und der Staat gab Geld dafür aus, um Leute zu unterstützen, die diese Unterstützung nicht gebraucht hätten, wären ihre Arbeitsplätze nicht ersatzlos beseitigt worden.

In kaum einem anderen Gebiet Bayerns ist die Erinnerung an diesen „Sturz ins Bodenlose" im Unterbewußtsein der Bevölkerung so lebendig geblieben und nirgends haben die Bewohner dem Staat diese Katastrophe weniger vergessen wie im Raum Benediktbeuern. Wer mit der Bevölkerung spricht, hört dort immer wieder die gleichen Vorwürfe, obwohl man sie meistens gar nicht mehr exakt historisch begründet. Die Bauern der Jachenau und des Benediktbeurer Raumes wußten sich auch zu rächen. Knapp zwei Monate nach dem Beginn der Säkularisation fingen sie mit dem bayerischen Staat einen Streit an, der bis heute in hoher Blüte steht und Generationen von Forstmeistern mitsamt ihren Vorgesetzten beschäftigt hat. Es ist der Streit um die Holz- und Weiderechte im Gebiete der Jachenau, der Hinterriß und des Walchensees, der mit der Aufhebung von Benediktbeuern begann und bis heute keinen Abschluß fand. Allein die Verwaltungskraft, vom Ärger zu schweigen, die dafür eingesetzt werden mußte, läßt die Säkularisation schon in einem höchst fragwürdigen Licht erscheinen.

Im frühen 19. Jahrhundert hat es einen Wirtschaftstheoretiker gegeben, der wegen seiner genialen Denkmodelle auf wirtschaftstheoretischem Gebiet als einer der großen Erzväter der modernen Volkswirtschaftslehre gilt, der Landwirt und Gutsbesitzer Johann Heinrich von Thünen. Er stammte aus der Gegend von Hamburg, aus dem Jeverland, wo seine Eltern ein mittleres Rittergut besaßen, und hat später einen größeren landwirtschaftlichen Betrieb in Mecklenburg bewirtschaftet. Auf Grund seiner Beobachtungen und Erfahrungen als Betriebsleiter und Wirtschaftsteilnehmer hat er eine der genialsten wirtschaftlichen Grundtheorien entwickkelt, die die Geschichte kennt, und sie in seinem Buch „Der isolierte Staat" niedergeschrieben. Dieser Vorstellung liegt das gedachte Modell eines Staates zugrunde, der ohne irgendwelche Außenbeziehungen, seien sie politischer oder wirtschaftlicher Art, allein auf sich selbst angewiesen ist und in dessen Mitte eine große Stadt mit dichter Bevölkerung und einer sehr vielfältigen Gewerbe- und Verbrauchsstruktur liegt. Dann hat sich Thünen überlegt, wie die Wirtschaftsstrukturen auszusehen hätten, die in verschiedenen Entfernungen von diesem Absatz- und Bezugszentrum gebildet sein müssen, um die gegenseitige Versorgung zu günstigsten Preisen und mit der höchsten Sicherheit herzustellen. Er ist dabei zu dem Modell der ,,Thünenschen Ringe" gekommen und hat seine Denkergebnisse so dargestellt, daß sich in konzentrischen Ringen um dieses Großzentrum je nach Transportkosten und Entfernung die verschiedensten land- und forstwirtschaftlichen Erzeugungs- und Beschäftigungsformen wie die Ringe eines Sonnenspektrums legen.

Der ,,isolierte Staat" Frauenchiemsee

Der geniale Theoretiker Thünen hat immer wieder betont, daß er seine Grunderkenntnisse nicht auf Universitäten und in Ministerialkanzleien, sondern im Umgang und im Gespräch mit seinen Arbeitern, mit Bauern, Handwerkern, Wanderhändlern und anderen Gutsbesitzern gewonnen habe. Man könnte ihm dies auch dann ohne weiteres glauben, wenn er das Ergebnis dieser Gespräche nicht in täglichen Notizen und Berechnungen festgehalten hätte. Was Thünen nämlich da in wissenschaftliche Form gebracht hat, das haben vor ihm, und sicher schon sehr lange vor ihm, die Praktiker des Wirtschaftslebens bereits aus Erfahrung gewußt. Einige von ihnen konnten das sogar schriftlich ausdrücken, und zu ihnen gehörten die Untertanen der Hofmarken des Klosters Frauenwörth im Chiemsee Gstatt und Seebruck im Jahre 1803.

Das Benediktinerinnenstift Frauenwörth im Chiemsee – die erste Äbtissin war eine Enkelin Karls des Großen – stellt nicht nur wegen seiner unvergleichlichen Lage, seines altersgrauen Gebäudebestandes und seiner geschlossenen Struktur seit jeher ein besonderes Erlebnis dar. Für den Wirtschaftsgeschichtler verkörpert die Abtei in ihrer Verfassung bis 1803 auch in faszinierender Weise die Wirklichkeit für das Thünensche Gedankenmodell, eben die Lage eines Wirtschafts-

zentrums isoliert im Raum. Frauenchiemsee konnte zwangsläufig keinen land- und forstwirtschaftlichen Schwerpunkt
haben. Hier tritt der Rechtsbesitz mit 4 Hofmarken – eine davon lag weit entfernt in Buch am Erlbach zwischen Erding
und Landshut – zusammen mit den gewerblichen Betrieben,
namentlich der Brauerei stark in den Vordergrund. Fragt man
sich aber, wie ein Inselkloster mit 40 Nonnen und Schwestern
und 42 Handwerker- und Gewerbearbeiterfamilien im
Chiemsee zu einem guten Teil von den Erträgen seiner Brauerei leben konnte, dann stößt man auch auf die wirtschaftliche
Bedeutung und den Umfang des Fremdenverkehrs im
18. Jahrhundert. Man kann ohne weiteres sagen, daß Frauenchiemsee im wesentlichen von den Erträgen seiner Rechte
und vom Fremdenverkehr lebte, der damals nur nicht so hieß,
sondern religiös geprägte Anlässe und Namen besaß. Man
lebte sogar recht gut davon, aber wer nun meint, es seien vor
allem die Nonnen gewesen, die von diesem guten Leben etwas gehabt hätten, der täuscht sich. Gewiß gaben sich die 14
adeligen Chorschwestern von Frauenchiemsee in erster Linie
dem Müßiggang, und zuweilen vielleicht auch nicht nur dem
Müßiggang hin und ließen dafür ihre Laienmitschwestern arbeiten, die gleichzeitig herzlich kurz gehalten wurden, so daß
Frauenchiemsee ein nur allzu typisches Beispiel für die im
ganzen düsteren Verhältnisse und die schroffen sozialen Unterschiede in den bayerischen Frauenkonventen der Zeit vor
1803 bildet.
Die Hauptnutznießer dieser besonderen Standort- und
Strukturverhältnisse, die die kleine Insel Frauenwörth zu einer Art ,,isoliertem Staat" gemacht haben, waren die weltlichen Dienstnehmer, und hier wieder nahezu ausschließlich
die Handwerker. 1803 zählte Frauenwörth insgesamt 146
Einwohner, von denen 106 den 42 Handwerker- und Arbei-
terfamilien angehörten, die auf der Insel von dem Kloster lebten. Selbst für die allerorten stark gegliederten Berufsstruktu-
ren unter den Beschäftigten der Klöster zeigt sich hier eine

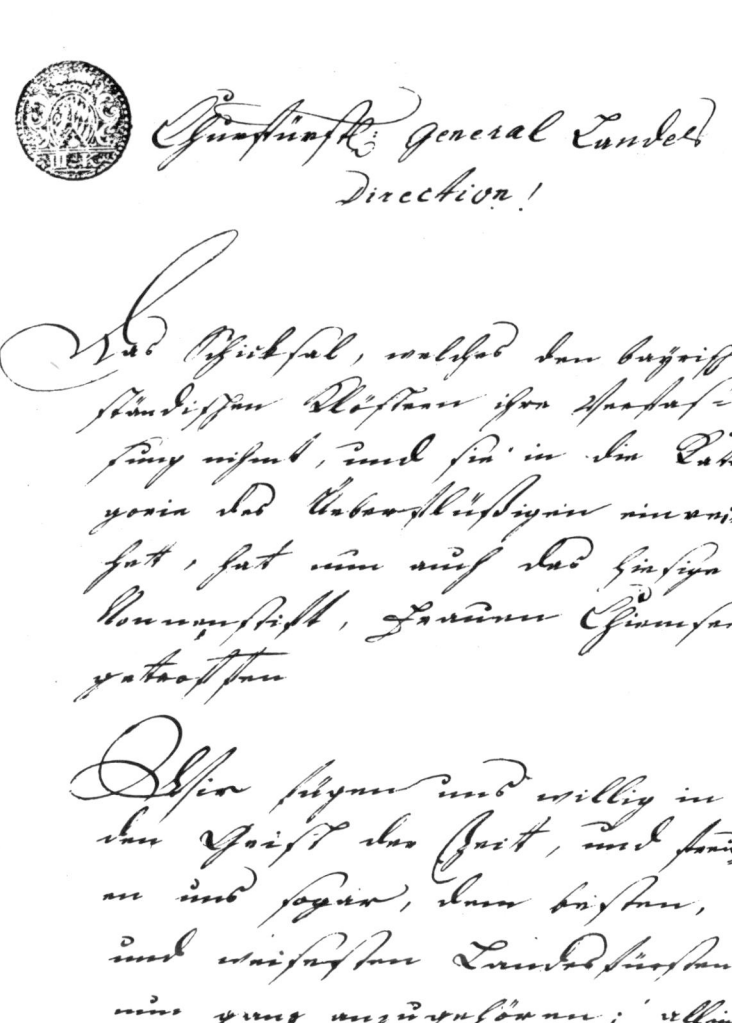

Bittschrift der Klosterhandwerker und Hofmarksuntertanen von Frauenchiemsee zum Verlust ihrer Existenzgrundlagen.

ganz ungewöhnliche Berufsvielfalt. Was sich Johann Heinrich von Thünen bei seinen Überlegungen vorstellte, das hatten die Nonnen und die Hofmarksbewohner von Frauenchiemsee schon längst vollzogen, sie hatten sich in ihrem „isolierten Staat" so eingerichtet, daß eigentlich jeder der gängigen Berufe der damaligen Zeit ein Unterkommen fand.

Besonders interessant ist nun, daß trotz der räumlich so beengten Verhältnisse und der niedrigen Ertragsleistung der einzelnen Gewerke zur Benediktinerinnenzeit die Handwerker auf der Fraueninsel um rund 50 % mehr verdienten als ihre Kollegen auf dem Festland. Der Grund lag in der wirtschaftlich hohen Ertragsleistung des Fremdenverkehrs, der im 18. Jahrhundert und davor Wallfahrtsbetrieb hieß. Was die Klöster als Wirtschaftszentren gerade für die Handwerker- und Gewerbebeschäftigung bedeutet haben und wie fein diese Ortsstrukturen und die in sie eingefügten Versorgungs- und Sicherungsleistungen durchgebildet waren, das läßt sich durch nichts überzeugender und wirklichkeitsnäher ausdrücken als durch die Worte, die die Betroffenen selber am 4. Mai 1803 dafür gefunden haben. An diesem Tag haben sie eine Bittschrift verfaßt, in der diese Strukturen beschrieben werden.

„Das Schicksal, welches den bairisch-ständischen Klöstern ihre Verfassung nihmt, und sie in die Kartegorie des Überflüßigen einreiht, hat nun auch das hiesige Nonnenstift, Frauenchiemsee getroffen.

Wir fügen uns willig in den Geist der Zeit, und freuen uns sogar, den besten und weisesten Landesfürsten nun ganz anzugehören, allein mitten in unserer Freude werden wir durch eine trübe, traurige Aussicht in die Zukunft gestöhrt; denn wir sehen unseren häußlichen Wohlstand, wenn uns nicht allenthalben, und thättig unter die Arme gegriffen wird, gänzlich zugrunde gerichtet

Unsere physische Lage und das Verhältniß, in dem wir bis-

Die Anbetung der Könige, ein Gemälde von Tiepolo
                    aus dem Kloster Münsterschwarzach.

her zu dem nun aufgelösten Stifte standen, veranlaßen nun diese unsere unterthänigste Vorstellung.

Nach dem Begriffe einer Insel leben wir hier, sozusagen abgeschieden von der übrigen Welt, einzig nur für das Kloster, und unsere wegseitige Verhältniße sind mit demselben so eng verwebt, daß der moralische Sturz desselben unseren physischen notwendig nach sich ziehen muß.

Die Insel zählt 42 Familien, und 106 Köpfe. Wir also, so wie wir sind, Wirth, Bäck, Metzger, Bader, Schuhmacher, Schneider, Weber, Schlosser, Schreiner, Maler, Hafner, Maurer, Zimmerleute, Taglöhner, und Fischer, sind von dem Kloster nach und nach aufgenommen, und uns die Heuraths-lizenzen ertheilet worden. Wir alle haben von selben, beynahe möchten wir uns ausdrücken, *kontraktmäßig* viele Naturalien oder ganz unentgeldlich, oder doch um die wohlfeilsten Preise erhalten, ohne davon Meldung zu thun, daß wir in Krankheiten und bey hohem gebrechlichem Alter auf alle Unterstützung, wenn auch nicht rechtlichen, doch sicheren Anspruch machen durften.

Aber auch wir Unterthanen der Hofmark Gstatt, 14 Familien, und 98 Köpfe stark, hatten unseren kleinen Wohlstand zum meisten Theile dem Nonnenstifte Chiemsee zu danken. Wir leben vom Feldbau, und der kleinen Schiffahrt, doch so, daß wir mit aufgelöstem Stifte jene nicht fortführen können, und diese uns ganz und gar keinen Nutzen mehr gewähren würde. Im folgenden liegt der Beweis.

Wir alle erhielten zur Kultur unserer Felder zu gewissen Zeiten den besten Holzdünger *unentgeldlich*, und so durften wir immer auf eine gute gesegnete Aernde uns Hoffnung machen. Was noch mehr war, ist, daß die meisten aus uns auch aus den Klosterforsten das benöthigte Brenn, und Bauholz ebenfalls gratis erhielten, und daß wir durch Tagelöhnern bey der Klosterökonomie immer für uns, und unsere Familien hinlänglich Nahrung fanden.

Die Schiffahrt auf dem See hört bey diesen Verhältnißen

ebenfalls in mehreren Rücksichten auf. Wir werden weder Fremde noch andere nahegelegene Gemeinden zum Überführen bekommen; da doch der Verdienst bey jenen auf ihren Lustreisen, und bey diesen um in die Arbeit oder Kirche zu kommen, das Jahr hindurch bedeutend und groß war; und wenn auch je zuweilen sich durch Fahren auf dem See ein Verdienst machen ließe, so fehlt es uns gerade an dem, ohne welchen sich keine Schiffahrt nicht einmal denken läßt; an *großen Fahrzeugen!* Denn auch diese erhielten wir von unserer Grundherrschaft entweder ganz ohne Bezahlung, oder wir bezahlten hieran kaum den vierten Theil des reellen Werthes.

An diese beiden Vorgänge, an die Inselbewohner nämlich und an die Unterthanen der Hofmark Gstatt schließen auch wir Unterthanen der hierher gehörigen Hofmark Seebruck uns an; indem alles das, was sie gehorsamst anführten, auf uns vollkommen, und dem Buchstabe nach Bezug und Anwendung hat.

Nun nehmen wir auf ein paar Augenblicke den Fall an, daß die Nonnen nach wenig Jahren ausgestorben sind, oder daß sie vielleicht gar bald ihre Pensionen auch außer dem Kloster verzehren dürfen, welch ein trauriges Bild drängt sich dann uns auf? Die Gewerbe, und Professionen, die wir Inselbewohner treiben und ausüben, geraten mit einem Male in vollkommenes Stocken, und mit ihnen hört auch, ohne die Sache zu übertreiben, der notwendigste Lebens-Unterhalt auf.

Ohne allen Verkehr, ohne den geringsten Feldbau, werden wir uns auf der verödeten Insel auch keinen Tag länger halten können, und das Loos, das uns treffen *muß* ist Verlassung unserer Heimat. Was unser Schicksal noch trauriger macht, ist, daß wir unsere leeren Häuschen unter solchen Umständen auch nicht um den geringsten Werth an den Mann zu bringen wissen, und so sind wir die Einzigen im Vaterlande, die als einheimische Staatsbürger im Vaterlande kein Plätzchen zur Niederlassung haben; wahrlich das traurigste Loos!

Wenn auch uns Unterthanen der Hofmärkte Gstatt und Seebruck das Schicksall nicht gerade mit der Schwere, wie unsere Nachbarn, die Inselbewohner trifft, so ist selbes doch nicht minder traurig. Verlieren auch wir nicht unsere ganze Existenz, so verlieren wir doch sicher die Hälfte, und einige noch mehr, als die Hälfte, an unserem häußlichen Wohlstande, und dies ist doch immer einer der einzigen und traurigen Fälle! . . ."

Die soziale Katastrophe im Chiemsee

Daß die Hofmarksbewohner von Frauenchiemsee ihre Lage nicht zu schwarz gesehen haben, ja daß es schlimmer gekommen ist, als von ihnen befürchtet wurde, das bestätigt eine Eingabe des Brauereipächters von Frauenchiemsee namens Lamberg vom 12.9.1804. Durch die katastrophalen Zustände in seiner Umgebung gedrängt, seinerseits auf die unhaltbar gewordene Lage hinzuweisen, schreibt er wörtlich: „Die traurige Lage, in welcher sich 41 Familien auf der Fraueninsel befinden, ist eine der schrecklichsten, die man sich denken kann. Diese Leute waren fast alle vom Kloster genährt – Professionisten aller Art hatten beständig Arbeit für selbes; jetzt ist das alles vorbey, kümmerlich trotzen sie dem halben oder viertel Tagwerk Erde, welches ihnen bey Aufhebung des Klosters zur Entschädigung gegeben wurde, etliche Metzen Getreide ab, und damit sollen sie das ganze Jahr leben selbst dann, wenn ihnen ein fataler Schauer, wie schon zwey Jahre der Fall war, die Erzielung ihrer angebauten Frucht versagt. Ich kann auf Ehre versichern, daß manche Innwohner den ganzen Tag in meinem Bräuhaus um ein schwarzes Stück Brod oder um 6 Kreuzer Taglohn die schwersten Arbeiten verrichten. Wenn mir gleich dieser geringe Lohn zu meinem großen Vorteil gereicht, so geht mir ihr Unglück doch so nahe, daß ich lieber um einige Groschen mehr zahlen wollte,

wenn ich dafür unter wohlhabenden und nicht äußerst dürfti-
gen Menschen herumgehen dürfte. Allein auch selbst die Erhöhung des Arbeitslohnes, den sie bey mir in einem so kleinen Brauwesen verdienen können, wäre noch viel zu unbe-
deutend, um sie nur aus der drückendsten Armut herauszu-
halten, nachdem alle sonstige Profession aufgehört hat."

Die Generallandesdirektion reagierte darauf nicht etwa
ungehalten. Sie antwortete vielmehr, was sie in solchen Fällen
immer geantwortet hat, nämlich daß ,,. . . der Bericht des
Brauereipächters Lamberg zur Kenntnis gedient hat und diesem bedeutet wird, daß es nicht Sache des Staates sein kann,
Professionen zu erzeugen, wo sie bereits aufgehört haben."

St. Nikola vor Passau

Eine Mischform zwischen einem Stadt- und einem Landbe-
sitz in der Hand eines Ordens bildete das Augustinerchorherrenstift St. Nikola, 1803 vor den Toren von Paussau noch auf
kurbayerischem Gebiet gelegen, heute mitten in der Stadt
und als Sitz der neuen Universität Passau gerade ein zentraler
Punkt geworden. Die Besitzverfassung von St. Nikola repräsentiert ebenso wie das benachbarte Benediktinerkloster
Vornbach die alte staatliche Gemeinschaft zwischen Bayern
und Österreich. Etwa die Hälfte der Besitztümer St. Nikolas
lagen in Ober- und Niederösterreich, und es war das einzige
bayerische Kloster, das über größere Liegenschaften nord-
östlich von Wien verfügte. Hinzu kamen Weingüter in der
Wachau und in Klosterneuburg sowie Besitzungen im Salz-
burgischen und auch auf dem Gebiet des Hochstiftes Passau.
Auf bayerischem Boden spielte der Grundbesitz nur eine un-
tergeordnete Rolle; das Stift bewirtschaftete in der Nähe des
Innufers unterhalb des Klostergebäudes einen Mayrhof mit
50 ha und hatte außerdem seine Pfarreien im Rottal mit landwirtschaftlichen Betrieben ausgestattet, die in der schon beschriebenen Art ausreichten, um die Grundlage des Pfarrun-

terhaltes zu finanzieren. Forstbesitz kannte Nikola nicht.

Seine eigentliche Bedeutung auf wirtschaftlichem Gebiet besaß das Kloster, wenn man es einmal so ausdrücken will, als Firma für Weinimport und auch -export, als Kellerei und als gewerblicher Arbeitgeber. Wegen der geringen Rolle der Landwirtschaft und der Stadtnähe war St. Nikola schon seit Jahrzehnten dazu übergegangen, sich die Naturalabgaben seiner Untertanen sowohl auf bayerischem Gebiet, wo sie nur von mäßiger Bedeutung waren, wie auch auf österreichischem nach dem jeweiligen Marktpreis in Geld auszahlen zu lassen. Damit war im Einflußgebiet des Stiftes ein Stück von der sogenannten „Bauernbefreiung" in beiden Ländern vorweggenommen worden, weil auf diese Weise die Bauern von St. Nikola alle Naturalverpflichtungen losgeworden waren und vor allem kaum noch eine direkte Einwirkung in ihre Betriebe und Haushalte erfolgte. Die Maßnahmen, welche die österreichische Verwaltung nach der Übernahme des Innviertels von Bayern ab 1779 ergriff, orientierten sich örtlich ausdrücklich an dem Beispiel der 56 Bauernhöfe des Innviertels, an denen St. Nikola das Obereigentum hatte und auf denen dieses System bereits eingeführt war.

Der umfangreiche Kellerei- und Weinhandelsbetrieb, den das Stift auf dem Gebiet der Stadt Passau selbst unterhielt, besaß vor allem zusammen mit der Klosterbrauerei als gewerblicher Mittelpunkt erhebliche Bedeutung, und zwar auch als Kreditzentrum. Letztes galt besonders für den gewerblichen Bereich, landwirtschaftliche Besitzfinanzierungen gegenüber Bauern finden sich dagegen in der umfangreichen Ausleih- und Finanzierungstätigkeit von St. Nikola nur in geringem Umfang. Recht interessant ist die für die damalige Zeit sehr fortschrittliche und stärker auf ein organisiertes Marktgeschäft ausgerichtete Art der Kapitalausleihungen. Die Führung des Stiftes hatte sehr sorgfältig gestreut und verteilt, wenn es um die Unterbringung des Geldes ging; sie leistete zwar mit 77 804 Gulden an die Bayerische Landschaft einen erheblichen Beitrag zur Staatsfinanzierung in Bayern, engagierte sich aber gleichzeitig mit etwa 43 000 Gulden auch beträchlich bei den Landschaften von Ober- und Niederösterreich. Hinzu kamen Ausleihungen an das Fürstbischöfliche Kammeramt in Passau und an die Königlich-Kaiserliche Hofkammer in Wien über 6 000 Gulden sowie bemerkenswerterweise eine Bankanlage bei der Österreichischen Staatsbank in Wien über 23 400 Gulden, so wie sie heute durch den Kauf von Bankpapieren jeder Art und die Anlage von höherverzinslichen Guthaben auch durchgeführt wird. Der zweitgrößte Einzelposten mit etwa 35 000 Gulden waren aber die Privatausleihungen des Klosters in und um Passau, im Rottaler Gebiet und im Innviertel. Hier wurden gewerbliche Kredite, und zwar besonders an Gastwirte und, wie es damals hieß, ,,Schenken" bevorzugt, die sich namentlich im Innviertel fanden, wo es auf Grund der österreichischen Agrarpolitik zahlreiche bis heute bestehende kleine Ausschankrechte für Privathäuser gab. Etwa die Hälfte dieser Kredite war in Naturalform gegeben worden, hauptsächlich in Form von Wein und – in geringerem Umfang – auch von Bierlieferungen. Hinzu kamen Kleinkredite an die zahlreichen Passauer Handwerker und Gewerbetreibenden nach dem schon beschriebenen Typ. Andererseits bot St. Nikola aber auch zahlreiche Geldanlagemöglichkeiten. Es hatte von Privatgläubigern aus dem Fürstbistum Passau und aus Oberösterreich Einlagen über etwa 50 000 Gulden hereingenommen, die offensichtlich auf dem Weg über die Klosterkasse dann wieder in Finanzierungen sowohl in Niederösterreich und Wien als auch in Bayern umgewandelt wurden.

Bei näherem Zusehen zeigen diese Verhältnisse, daß Nikola durch seine bevorzugte Lage am Schnittpunkt von drei damals selbständigen Staaten und durch seine Besitzverteilung auf dem Gebiet dieser drei Staaten ein kleines internationales Kapitaltransferzentrum darstellte. Die Bevorzugung passauischer Gläubiger bei der Hereinnahme von Kapital erklärt sich aus dem wesentlich breiteren Angebot, zu dem es einfach deswegen kam, weil das einstmals reiche Fürstbistum Passau mit seiner hohen Industriedichte kein Kapitaleinfuhrgebiet wie Bayern war. Die Konkurrenz um den Kapitalgeber war dort deutlich geringer als in Bayern und auch als im Raum Wien. In Oberösterreich herrschten dagegen ganz ähnliche Verhältnisse wie im Passauer Bistum. So sorgte St. Nikola mit seiner umfangreichen Kredittätigkeit für einen örtlichen Kapitalmarktausgleich und bot seinen bayerischen Schuldnern die Chance, auf dem überforderten innerbayerischen Kapitalmarkt gegen die beiden Großnachfrager, die Landschaft und den Kurfürsten, im Einzelfall überhaupt noch bestehen zu können. Umgekehrt führte diese Tätigkeit des Klosters für anlagesuchendes Kapital aus Passau und Oberösterreich zur Bereitstellung einer ausreichenden Nachfrage. Schließlich, und auch das darf nicht übersehen werden, eröffnete Nikola mit seinen Kellereibetrieben weit entfernten Erzeugungsgebieten zusätzliche sichere Absatzmöglichkeiten. Der von dem Kloster vertriebene Wein stammte nämlich keineswegs überwiegend aus der Produktion der eigenen Güter in der Wachau, die wegen ihrer hohen Qualitäten bevorzugt für den Selbstverbrauch des Konventes und den Meßweinbedarf der Pfarreien bestimmt war. Der Schwerpunkt des österreichischen Besitzes von St. Nikola bestand vielmehr in sogenannten Weinherrschaften im niederösterreichischen Weinviertel, in denen die Herrschaft meist nur die Kellereianlagen unterhielt und die Winzer neben dem Weinzehnden, der allerdings meistens ein Zwanzigster war, dorthin auch ihre Produktion absetzen konnte. Nach der Aufhebung von St. Nikola hat sich die Zerstörung dieses multinationalen Geschäfts- und Kapitalmarktsystems für die örtliche Wirtschaft und besonders für das Gewerbe nachhaltig und selbstverständlich auch nachteilig ausgewirkt. Der bayerische Staat, dem es ja in allererster Linie um Bargeld ging und der sehr zu seinem Schmerz auf die fast 100000 Gulden ausländischer Forderungen von

St. Nikola verzichten mußte, weil der österreichische Staat die Hand auf sie gelegt hatte, wollte sich in seinem Wunsch nach Bargeld dann wenigstens an den Privatschuldnern schadlos halten und kündigte sämtliche Klosterkredite.

In den umliegenden Klostergerichtsbezirken von Aldersbach, Aspach, Fürstenzell, St. Salvator und Vornbach verfuhr er nicht anders. Damit aber setzte ein Wettlauf um jeden Gulden, der als Kredit angeboten wurde, ein, trieb die Preise und die Konditionen in die Höhe und öffnete dem Wucher schließlich auch Niederbayern. Am stärksten aber wirkte sich der Wegfall des von den Klöstern organisierten Kapitalmarktausgleichs über die Grenzen hinweg aus, der den staatlichen Restriktionen, Verboten und Zinsmanipulationen auf diesem Gebiet, die von beiden Seiten betrieben wurden, erst richtig zur Wirkung auch auf den sogenannten kleinen Mann verhalf.

Keine geringere Bedeutung besaß Nikola auch als Beschäftigungszentrum. Im Kloster selbst und in den angegliederten Handwerksbetrieben waren insgesamt 108 Personen tätig, infolge der Stadtnähe meistens Handwerker, Tagelöhner und Scharwerker mit eigenem Hausstand und eigenen Familien. Die Löhne lagen deutlich höher als bei den Landklöstern und erreichten etwa 120 Gulden im Jahr, was zum Beispiel gegenüber den Arbeitnehmern von Niederaltaich, Metten oder Mallersdorf einem Mehrverdienst von etwa 30 % bedeutete. Allerdings waren im Einflußgebiet von Passau auch die Lebenshaltungskosten erheblich höher. Der wohl wichtigste Vorteil für die Passauer Bevölkerung lag jedoch in der Hofmarksverfassung nach bayerischem Recht. Den Passauern Handwerkern bot sich damit eine Ausweich- und Existenzmöglichkeit, wenn sie in den geschlossenen Passauer Zünften, in denen die Prinzipien der restriktiven Handwerkspolitik des Reiches durchgehalten wurden, kein Unterkommen fanden. Die etwa 40 Handwerker in den beiden Hofmarken Windschnur und St. Nikola, die als feste, mit beamtenähnlichem Status versehene Arbeitnehmer für das Kloster arbeiteten, erreichten mit Einkommen zwischen 280 und 430 Gulden im Jahr erheblich höhere Bezüge als ihre selbständigen Kollegen auf bayerischem Gebiet und auch als ein Teil der gezünfteten Passauer Handwerker. Hier tritt auch die Bedeutung des sogenannten „Heiratskonsens" der damaligen Zeit klar zutage. Dieser Heiratskonsens mußte vom Grund- und Gerichtsherrn eingeholt werden, und dieser konnte ihn verweigern, was in der späteren Literatur und in der politischen Agitation immer wieder als besonders wichtiges Beispiel für die Unterdrückung der damaligen Unterschichten angeführt wurde und noch wird.

Die Kehrseite dieser Medaille hat man dabei freilich weggelassen, sei es absichtlich, sei es aus historischer Unwissenheit. Unter den Verhältnissen Bayerns und des deutschsprachigen Österreich bedeutete nämlich ein Heiratskonsens eine Versorgungszusage, und zwar nicht nur für diejenigen, die ihn einholten, sondern auch noch für deren Kinder auf Lebenszeit, wenn eine solche Versorgung bei den Kindern notwendig wurde. Als überzeugendes Beispiel dafür kann der Oberbinder Michael Reisner von St. Nikola gelten, der im wesentlichen die Gebinde für den Kellerei- und Brauereibetrieb des Klosters herstellte. Er hatte Jahresbezüge im Wert von 432 Gulden einschließlich der ihm gestellten Wohnung. Etwa 60 Gulden davon waren Barlohn, der andere Teil bestand aus Naturalien jeder Art. Dieser Meister hatte nun einen „vernunftlosen", also einen schwachsinnigen Sohn, über den die Atteste des Kommissars von Hellersberg und des Passauer Amtsarztes aussagen, daß er ein schwerer Fall von Kretinismus war, wie wir heute sagen würden. Bisher hatte das Kloster die Bezüge seines Vaters so bemessen, daß dieser den Sohn in der Familie behalten und seine Mutter und seine Schwestern ihn pflegen konnten. Mit der Aufhebung des Klosters war es auch damit vorbei, der Bindermeister verlor seine Arbeit und erhielt dafür vom bayerischen Staat eine

„Gnadenpension" über 120 Gulden, die gerade eben für den Lebensunterhalt des Ehepaares, nicht mehr aber der Kinder ausreichte. Hier legte sich nun der Aufhebungskommissar ins Mittel und richtete an seinen Vorgesetzten von Schmöger in der Generallandesdirektion die Anfrage, was mit dem „äußerst unweltläufigen" Sohn des Binders zu geschehen habe. Wörtlich heißt es dann: „Gedachter Binder Michael Reisner durfte mit Klosterkonsens heirathen, es fällt also nach Recht und Herkommen somit auch der Unterhalt der Kinder dem Kloster auf Lebenszeit zur Last, sofern diese, wie es hier geschieht, sich nicht selbst zu erhalten vermögen. Die Pension des Binders reicht zur Ernährung des obigen unvernünftigen Sohnes nicht hin, der Staat ist aber nunmehr in alle Pflichten des Klosters eingetreten, und was diesem zur Last gefallen wäre, fällt jetzt ihm zur Last. Es wird daher nicht anders sein, als daß der Aerar für die Ernährung eben dieses vernunftlosen Sohnes einzustehen haben wird."

Alle 40 Handwerker von St. Nikola und die Bauleute und Oberknechte des Mayrhofes sowie die Näherinnen und Köchinnen im Kloster selbst waren zu diesem Recht beschäftigt. Hinzu kam dann noch die umfangreiche Sozialtätigkeit, die sich auf etwa 40 Personen erstreckte; sie hatten sich entweder in das Spital des Klosters eingekauft oder erhielten unentgeltliche Versorgung, nachdem sie in früheren Zeiten in irgendwelchen Arbeitsbeziehungen zu St. Nikola gestanden hatten. Die Basis für diese wirtschaftliche Großzügigkeit lag bei St. Nikola zum wesentlichen Teil auf österreichischem Gebiet, wo mehr als die Hälfte aller Einnahmen erzielt wurde und wo vor allem die Weinbaubesitzungen die Grundlage der Reinerträge von Nikola ausmachten. Mit der Zerreißung des Besitzzusammenhanges und der Beseitigung dieser ertragsbildenden Unternehmensbestandteile gingen auch die Grundlagen für entsprechende Leistungen auf dem örtlichen Arbeitsmarkt und in der Sozialversorgung verloren. Man hat bis in die jüngste Zeit hinein den Großraum Passau, namentlich den unteren Bayerischen Wald als das „Armenhaus Bayerns" bezeichnet. Das Wort Notstandsgebiet wurde bevorzugt mit diesem Raum in Verbindung gebracht. Vor 1803 hätten die Bewohner dieser Zone mit ihren vielen Grenzen das als schwere Beleidigung aufgefaßt. Der Passauer Raum bildete gerade durch die Konkurrenz der Machtträger und der Systeme in diesem Gebiet im 18. Jahrhundert eine Wohlstandszone mit einer hochentwickelten gemischten Wirtschaftsstruktur, in der die Montanindustrie, die Textilwirtschaft – man denke an das Wegscheider Leinen –, die Verarbeitung sowie der Nah- und Fernhandel und die Landwirtschaft eine glückliche Verbindung eingegangen waren. Wer die verheerenden Wirkungen der Säkularisation, die eben in der Praxis vor allem in der Zerschlagung dieser Systeme bestand, studieren will, der kann das am Beispiel des Passauer Raumes und der Funktion von St. Nikola in diesem Raum mit besonders guten Aussichten auf Erfolg tun.

Es sollte aber daneben auch noch an das Bildungs- und Informationsangebot erinnert werden, das von diesem Stift ausging. St. Nikola befand sich ja seit der Erhebung des Passauer Bistums zum Reichslehen im 12. Jahrhundert und seit der Abtrennung dieses Gebietes von Bayern und Österreich immer in einer delikaten Lage. Auf bayerischem Gebiet gelegen und von München natürlich immer besonders wachsam beobachtet, aber mit Passau und mit Österreich auf das vielfältigste und engste verflochten, mußte das Stift allen drei Herrschaftsträgern, an deren Gebiet es grenzte und gegenüber denen es sich behaupten mußte, immer seine „Konkurrenzfähigkeit" beweisen. Gegenüber Passau galt dies besonders für die Hofmarksverfassung, die Passau nicht kannte und deren Berechtigung demonstriert werden mußte, ebenso aber auch für das in der Residenzstadt traditionell reiche Bildungsangebot, hinter dem St. Nikola in seinem Herrschaftsgebiet nicht zu weit zurückbleiben durfte. Der bayerischen Landesherrschaft galt es gleichzeitig Loyalität und die Fähigkeit zu beweisen, im eigenen Einflußraum den Bewohnern ähnliche Verhältnisse zu bieten, aber auch ähnliche Abgabenerträge wie im wohlhabenden Passau zu erwirtschaften. Das alles hatte dazu geführt, daß Nikola in seinen Hofmarken und im Kloster selbst drei Elementarschulen und eine weiterführende Schule in der schon bekannten Seminarform unterhielt. Hinzu kam das schon erwähnte Altersheim und die Versorgung mit ärztlichen und pharmazeutischen Leistungen. Besonderer Berühmtheit aber erfreute sich die Bibliothek von St. Nikola, von der der Aufhebungskommissar besonders die einfache und leicht verständliche Ordnung hervorhebt, die geschaffen worden sei, um die Bibliothek auch dem Volke zugänglich zu machen. Daneben unterhielt St. Nikola ein sogenanntes Naturalienkabinett, eine Sammlung mechanischer und physikalischer Apparaturen, zu denen, ähnlich wie in Aldersbach, auch eine sogenannte Elektrisiermaschine gehörte. Damit bezeichnete die damalige Sprache der Technik ein Gerät zur Erzeugung von Reibungselektrizität, das in physikalischen Versuchen, und ganz besonders in der medizinischen Therapie Anwendung fand. Man muß dabei daran erinnern, daß seit den achtziger Jahren des 18. Jahrhunderts das Magnetisieren des berühmten Doktor Mesmer aus Meersburg am Bodensee in hoher Blüte stand, eines Arztes und Physikers, der die Verwendung von Schwachstrom als Reibungselektrizität in der Therapie einführte und damit zu hohen Ehren und zeitweise auch zu Geld gekommen war. Er war u. a. der Arzt der französischen Prinzessin Lamballe, der die Revolutionäre von 1791 zum Entsetzen des harmlosen Doktor Mesmer den Kopf abschlugen.

Wer damals in der Wissenschaft etwas auf sich hielt, der mußte diese Mode – auch und gerade in der Wissenschaft hat es immer Moden gegeben, auch solche, die töricht waren oder sind wie alle Moden – des Magnetisierens mitmachen. Die Klosterphysiker und Mathematiker bildeten hierin keine Ausnahme. Aber den Augustinerchorherren von St. Nikola, den Prämonstratensern von Steingaden und den Zisterziensern von Aldersbach ist es zu verdanken, daß sie wegen ihrer Nähe zur Wirtschaft und zur Technik, die sich aus ihren Besitzungen ergab, imstande waren, diese medizinische Mode wenigstens durch Denkmodelle auf die Realtechnik zu übertragen. In allen drei Klöstern wurde nämlich mit solchen Maschinen zur Erzeugung von Reibungselektrizität experimentiert, um die Frage zu lösen, ob sich diese Technik auch für Antriebe und für Feuerungen einsetzen ließe. Über Denkspiele ist das nicht hinausgekommen, aber ebenso wie die Grundgedanken der Spektralanalyse als geistige Vorläuferinnen der gesamten Atom- und Astrophysik auf wissenschaftliches Denken in einigen Benediktinerklöstern zurückgehen, so lassen sich spätere technische Umsetzungen solcher Gedanken in der Elektrotechnik und in der Mechanik ebenfalls auf Überlegungen zurückführen, die in klösterlichen, und natürlich auch anderen „Naturalienkabinetten" des 18. Jahrhunderts vorgedacht wurden.

Typisch für diese technisch-wissenschaftlichen Einrichtungen der Klöster ist, daß sie auch dem Handwerker und dem Handwerk dienten. Der enge Betriebs- und Arbeitsverbund der einzelnen Betriebsteile führte ganz zwangsläufig zu fließenden Übergängen, der examinierte Theologe und Mathematiker aus dem Konvent bastelte eben gemeinsam mit dem Klosterschlosser und dem Schmied etwa an der Verbesserung eines Antriebs für die Mühlenwerke des eigenen Klosters. Diese Mischverhältnisse hatten zum Beispiel in St. Nikola zur Folge, daß die Handwerker das Naturalienkabinett und seine Anlagen jederzeit für technische Versuche benutzen konnten. Dies führte dann zu der Entwicklung eines Wasserversorgungsnetzes nicht nur für das Kloster selber, sondern auch für die immer wieder unter Versorgungsschwierigkeiten leidenden Anwesen auf der Windschnur vor Passau. Die Klosterhandwerker entwickelten ein System von Hebewerken, das aus einer Kette von quelldruckgetriebenen

Widdern bestand und in der Lage war, das Wasserversorgungsnetz von St. Nikola und der Windschnur bei durchschnittlichen Grundwasser- und Quellverhältnissen mit Fließwasser zu versorgen. Dieses hochentwickelte und seuchenfeste Versorgungssystem veranlaßte dann den bayerischen Staat, nach der Übernahme von ganz Passau die Flächen des Klostermayrhofes als Stadtentwicklungs- und Bebauungsflächen zu bestimmen und hier die Bebauungspläne für die nächsten Jahrzehnte auszulegen. Das Klostergebäude selbst sollte zum Industriebetrieb und zum Zweigwerk der Nymphenburger Porzellanmanufaktur gemacht werden. Hier allerdings scheiterte der bayerische Staat an sich selbst. So wie er die Privatunternehmer, die wie etwa die schweizerische Firma Meyer aus Aarau oder der böhmische Industrielle Leitenberger bereit waren, in aufgehobenen Klöstern Industriebetriebe einzurichten, durch sein Unvermögen zu Fall gebracht hatte, einem Industriebetrieb die notwendige äußere strukturelle und rechtliche Umwelt zu schaffen, so scheiterte er auch in Passau an diesem totalen Mangel der eigenen Wirtschaftspolitik.

Am Ende einer Betrachtung über die zerstörten Strukturen und Leistungen darf aber auch ein Blick auf das nicht fehlen, was den Konventsangehörigen mit der Säkularisation genommen wurde. Hier läßt man am besten den sehr objektiven und urteilsfähigen Aufhebungskommissar von St. Nikola, von Hellersberg, zu Wort kommen, der über seine Einvernahme der Konventualen mit den Worten berichtet: ,,. . . und suchte ich befehlsgemäß den Äußerungen der Unzufriedenheit und des Mißmuthes Spielraum zu verschaffen, allein sämtliche Individuen fand ich hier einig und mit dem humanen Abte harmonisch, wozu die freie Verfassung des Stiftes das meiste beytrug. Bey diesem Personalstande ist es merkwürdig, daß durch die eigene Veranstaltung des Abtes außer ihm und den Offizialen alle anderen Klostergeistlichen zu gewissen Lehrämtern oder Seelsorgegeschäften bestimmt

Entwurf für Aufteilung und ornamentale Gestaltung der Schränke und Schubladen für das Klosterarchiv Benediktbeuern, gestaltet von Michael Ötschmann, dem Bichler Kistlermeister.

sind und keiner als ein unnützer Geistlicher betrachtet werden kann.

Die Klosterbibliothek ist trefflich bestellt, und jedermann kann dort nach seynem Wunsch Einsicht in ein Buch seyner Wahl nehmen. Die vernünftige Einrichtung, statt dem zugetheilten Naturalgetränk wahlweise das Geld zu erhalten, welches dieses Getränk wert ist, hat die Geistlichen von der in Klöstern gewöhnlichen Trunklust entfernt und der sklavische Mönchssinn ist von hier verscheucht. Man vertheidigt die landesherrlichen Verordnungen, wünscht aber in gewohnter Einigkeit beysammen leben zu dürfen, ist sonst zu allem bereit, wenn nur den Geistlichen das größte aller Übel nicht zutheil wird, nämlich die Versetzung in andere Klöster und der Müßiggang." Dieses Zitat spricht für sich.

Der Verfasser des Buches ist Passauer, genauer gesagt, er entstammt dem sogenannten Abteiland, also dem Grundherrschaftsgebiet des einstigen Klosters Niedernburg in Passau. Man wird es ihm daher nicht verübeln, wenn er hier zum Ausdruck bringt, daß die Passau und seiner Umgebung 1803 zugefügten Strukturschäden lange und bis in die Gegenwart hinein nachgewirkt haben. Erinnert man sich an die düstere Verkommenheit des Klosters St. Nikola noch in der Zeit des letzten Krieges und danach, als es Kaserne war, der Platz davor „kleiner Exerzierplatz" hieß und sein Bild von der architektonischen Ungeheuerlichkeit der „Nibelungenhalle" beherrscht wurde, deren Entwürfe Adolf Hitler persönlich begutachtet haben soll – was nach dem Aussehen dieses Bauwerkes schwer zu bezweifeln ist –, dann ist es keine historisierende Übertreibung mehr, wenn man sagt, daß erst jetzt durch die Universität Passau St. Nikola wieder das geworden ist, was es einmal war, und zu dem es immer bestimmt gewesen ist: ein Platz der Kultur und der Bildung durch Wissenschaft. Wenn die letzten Augustinerchorherren, die 1803 den Platz verlassen haben, an dem sie 1072 zum erstenmal nördlich der Alpen aufgezogen sind, heute nach 175 Jahren wieder durch ihr ehemaliges Stift gehen könnten, dann könnten sie wohl wieder zufrieden sein.

Die Wieskirche –
aus vollem Herzen mit leerem Beutel gebaut

„Hoc loco habitat fortuna – hic quiescit cor" – das hat der
Steingadener Prämonstratenserabt Marianus II. Mayr mit
dem Diamanten am Ring seiner Hand in ein Fenster des Prä-
latensaales an der Wieskirche geschrieben. „Hier wohnt das
Glück – hier findet das Herz Ruhe." Zwar läßt sich auch
heute noch ganz allgemein nachempfinden, daß die grüne
Wiesenlandschaft vor den Trauchbergen und den Tannhei-
mer Alpen mit ihren zwei Bauernhöfen und dem verwun-
schenen Märchen- und Kirchenschloß der Wieskirche mit-
tendrin das Gefühl von Glück vermitteln kann, was oder wen
aber dieses Abtwort wirklich meint, das ist nicht bekannt.
Manches in den Steingadener Akten, die dazu freilich auf das
gründlichste Blatt für Blatt durchgearbeitet werden müßten,
deutet daraufhin, daß sowohl bei dem Bauherrn, also dem
Prämonstratenserabt, einem echten Vertreter des Barock, wie
bei dem alternden Baumeister Dominkus Zimmermann im
Hintergrund Schicksalsbezüge stehen, die am Ende hinter jedem nie ganz erklärbaren Kunstwerk zu finden sind, Schicksalsbezüge, die die Hoffnungen, die Enttäuschungen und das
Schwinden der Höhen eines ganzen Lebens in sich schließen.
Die Kunst- und Gestaltungspsychologie, die Erklärung des
Schöpferischen mit psychologischen Mitteln stehen ja erst
ganz am Anfang und haben eigentlich noch keine Ergebnisse
gebracht.

Am weitesten ist da noch die Musikwissenschaft, und sie
meint, daß Schöpfungen wie die von Mozart, von Beethoven,
von Schubert oder Brahms nicht möglich sind, wenn es im
Leben der Schöpfer nicht Gestalten gegeben hat, die diese
Schöpfungen angeregt, heraufbeschworen und damit eigent-

lich erst geschaffen haben; damit aber ist etwa eine Symphonie von Beethoven oder eine Oper von Mozart am Ende nichts anderes als ein Symbol für eine bestimmte menschliche Gestalt, die für die Schöpfer dieser Werke ein Stück des Schicksals bedeutet hat. Bei Bauten wie der Wieskirche mag es nicht anders gewesen sein, schließlich quillt sie über von einem Gemisch aus christlicher und antiker Symbolik, vor allem aber von Fruchtbarkeits- und Lebenssymbolik. Man müßte das aufklären, könnte es sicher auch, nur Zeit gehörte eben dazu.

Gewiß ist aber, und das kann der Wirtschaftsgeschichtsschreiben beweisen, eines: Die Steingadener Prämonstratenser haben aus vollem Herzen, aber mit leerem Beutel gebaut. Gerade dadurch sind sie zu den repräsentativsten Vertretern einer ganz besonderen Fähigkeit der Ortsherrschaften des alten Bayern geworden, nämlich der Fähigkeit zu einer örtlichen und regional autonomen Konjunkturpolitik. Aus wirtschaftshistorischer Sicht bildete die Wieskirche mit ihrer ungeheuren Konzentration von Investitionsmitteln aus einem weiten Umkreis auf ein ganz bestimmtes beispiellos schwieriges Bauvorhaben eine Maßnahme zur Konjunktur- und Beschäftigungsstützung ersten Ranges mitten in dem strukturschwachen und durch seine Grenzlage zum Allgäu benachteiligten Raum des westlichsten Oberbayern. So wurde das Vorhaben auch von der örtlichen Wirtschaft aufgefaßt, und so wurde es betrieben; denn das nach dem ,,Tränenwunder von der Wies" vom 14. Juni 1738 eintretende ,,Drängen des gläubigen Volkes nach einer würdigen Wallfahrtskirche" führte zwar zum Bauauftrag und zu der ganz besonders arbeits- und kostenintensiven Art der Ausgestaltung, aber auch zu unzähligen Schwierigkeiten und Zwischenfällen, die vor allem technisch und verkehrstechnisch begründet waren. Dieses Drängen des gläubigen Volkes kann man ohne weiteres auch als organisierten Druck der örtlichen Bau- und Handwerkswirtschaft auf den Steingadener Konvent deuten, nun endlich ebenfalls etwas zu tun, nachdem die Klöster des übrigen Pfaffenwinkels alle ihren Handwerkern so großartige Aufträge hatte zukommen lassen.

Man hatte Glück und fand in den Steingadener Prämonstratensern die richtigen Partner. Sie waren es deshalb, weil sie Stümper und Toren waren, wenn es ums Rechnen ging; ihre Bücher befanden sich seit 1700 in einer wachsenden Unordnung, und ihre bedenkenlose Schuldenmacherei war in ganz Oberbayern berüchtigt. Bei den Ursachen für dieses Verhalten stößt man unweigerlich auf den prämonstratensischen Geist. Er hat seit jeher die Liturgie und die liturgische Feier der Ehre Gottes in den Mittelpunkt seiner Andacht gestellt. Den Baumeistern ihrer Kirchen ließen die Prämonstratenser freie Hand, es hat nie einen prämonstratensischen Baustil gegeben, und gerade deshalb konnten die Architekten dieses Ordens so bauen, wie es ihnen einfiel, wenn sie den nächtlichen Chorgesängen der weißen Mönche zuhörten. Aus solcher geistigen Ausrichtung dürfte die Neigung zur Mystik hervorgegangen sein, die sich in Symbolik ausdrückt und die auf deutschem Boden anscheinend nirgends eine höhere Entfaltung erreichte als bei den Steingadener Prämonstratensern. Im Barock war diese Mystik von der ganzen Extravaganz und Exklusivität dieses Zeitalters erfüllt, bis zu der holden Narrheit, die zum Bau der Träume in Ziegel und Kalk führte, von denen der Aufhebungskommissar berichtet hat, zum Bau des ,,Thronsaales Gottes im grünen Tann'', von dem freilich der Wirtschaftsgeschichtler nicht weiß, ob es nicht doch ein verkapptes Rokokoschloß gewesen ist. Für Rechnerei, für die Aufschreibung von Zahlen und für den überlegten Umgang mit Gulden und Kreuzern konnte es inmitten der ,,neun Chöre seliger Geister'' an den Decken der Wieskirche keinen Platz geben. Vielleicht muß man sich das bei einem 700jährigen Konvent, der, und das fällt bei Steingaden besonders auf, immer ein hohes Maß an Zusammengehörigkeit gezeigt hat, so ähnlich vorstellen wie bei einer alten Familie: Da wird ein paar jahrhundertelang gearbeitet, werden Bäume gerodet, Moore trockengelegt und Bücher geschrieben, wird das Chorgebet gesungen, wird Beichte gehört und werden Prozesse geführt, wird zusammengerafft, und am Ende wird in den Zellen gestorben. Wenn das alles lange genug gedauert hat, dann kommen, so wie in den alten Soldatenfamilien, die Träumer, die Mystiker und Dichter, die alles auf mehr oder minder törichte Art verwirtschaften und ruinieren, aber dabei Dinge zurücklassen, die das Leben von Generationen erfüllen. Vielleicht hatten die Steingadener Prämonstratenser um 1750, als sie die Wieskirche bauten, ihre wirtschaftlichen Kräfte und sogar ihre rationale Vernunft verbraucht. Die Träume, die Vergessenheiten, auch die Pflichtvergessenheiten hatten die Herrschaft angetreten, und Träume lassen sich nicht aufschreiben, nicht in „Pecunial-" und auch nicht in „Naturalrechnungen".

Das Durcheinander in den Steingadener Rechnungen mag darauf zurückzuführen sein. Ohne dieses Durcheinander und ohne den dadurch entstandenen fehlenden Überblick über die eigene wirtschaftliche Lage wäre die Wieskirche vermutlich nie entstanden, weil man es nicht gewagt hätte, einen solchen Bau überhaupt anzufangen. Er hat nämlich die ganze Struktur des Klosters, aber auch der Umgebung umgewandelt. Obwohl von den Bauernkriegen als einziges bayerisches Großbesitztum schwer mitgenommen und von den Schweden im Dreißigjährigen Krieg zweimal geplündert und niedergebrannt, war Steingaden doch bis in die Bauperiode des Hochbarock ein wirtschaftlich stabiles, reiches Kloster, das unmittelbar am Ende des Dreißigjährigen Krieges in großem Umfang Wiederaufbaukredite und Steuervorauszahlungen für seine Bauern leisten konnte. Das änderte sich erst im 18. Jahrhundert, eben durch den Bau der Wieskirche, ein Vorhaben, das eine Personalvermehrung und eine Ausdehnung der Fuhrkapazitäten um jeweils mehr als 100 % mit sich brachte. Der Grund lag in der abgelegenen und sehr schwierigen Baustelle, die man nur unter hohen Kosten entwässern und nur unter größten Schwierigkeiten versorgen konnte. Der Bau war mehrfach akut gefährdet durch den Zusammenbruch der Materialzufuhr, die nur durch die Vergrößerung des Pferdebestandes von 24 auf 36 Pferde und durch teure Lohnfuhren der Bauern sicherzustellen war. Dennoch gelang es auf die Dauer nicht, die schweren Baustoffe in der notwendigen Menge ständig herbeizuschaffen. Vieles deutet darauf hin, daß es sich bei der im ganzen Barock einmaligen Verwendung von Holz als statisch tragendem Material für die gesamte Oberkonstruktion der Wieskirche um geniale Improvisationen von Dominikus Zimmermann gehandelt hat, der auf diese Weise den technischen Problemen der Baustellenversorgung mit Schwermaterial und der Finanzierung ausgewichen ist. Auch die Finanzierung war immer wieder akut gefährdet, so daß das Kloster es vorzog, auf den Einsatz von betriebseigenem Baumaterial, also von Holz, auszuweichen.

Trotz aller Probleme, die schon während der Bauzeit mehr als einmal den Konkurs des Konventes unvermeidlich erscheinen ließen, gelang es, den Bau nicht nur fertigzustellen, sondern auch allen Gewerken und allen Gläubigern Genüge zu tun. 170–180 000 Gulden kamen so am Ort unter die Leute, was, wollte man heute in einem Gebiet mit 20% Arbeitslosen auf einmal ein solches Projekt anfangen, ein paar Millionen DM Lohngelder unter die Leute brächte. Damit war es freilich noch nicht getan. Die Steingadener Prämonstratenser vollbrachten das seltene Kunststück, durch die schon beschriebene Vermehrung ihres Personals, das sie dann beibehielten, über 50% ihrer Einnahmen für Löhne wieder auszugeben. Auch hier wurden noch Jahrzehnte nach dem Tode von Dominikus Zimmermann im Gefolge dieses Vorhabens wirtschaftliche Mittel breit verteilt und wurde Kaufkraft bei den örtlichen unterbäuerlichen und unterhandwerklichen Schichten geschaffen.

Dazu kam es nicht nur mit der Durchsetzung dieses Vorhabens an einem im Grunde unmöglichen Ort, sondern vor allem durch die Ausgestaltung der Wieskirche, die das handarbeitsintensivste Projekt des bayerischen Barock überhaupt gewesen sein dürfte. Wer heute im Kirchenschiff steht und sich umschaut, der sieht, daß hier nicht nur gegen die Gesetze der Schwerkraft Formungen gesucht wurden. Es wurden auch Gestaltungsformen gesucht und gefunden, die ein Höchstmaß an gestalterischem Ingenium von Handwerksmeistern und Bauarbeitern und zugleich ein Höchstmaß von menschlicher Arbeit aufnehmen konnten. Insgesamt kann man sagen, daß mit dem Dreieck der Bauvorhaben von Dießen, Rottenbuch und Steingaden das westliche Oberbayern den Anschluß an die 140jährige bayerische Vollbeschäftigung der Zeit vor 1800 und an die allgemeine bayerische Konjunkturpolitik für Handwerker gefunden hat. Zugleich ist es der Schuldenwirtschaft der Steingadener Prämonstratenser gelungen, eine Umverteilung von örtlichen Kapitalkonzentrationen herbeizuführen. Wenn auch bei ihnen immer wieder die Zahlungsunfähigkeit ausgebrochen ist, zum Konkurs ist es bis 1803 nicht gekommen. Dies war den immer wiederholten Kapitalhilfen von Polling, Dießen, Wessobrunn und Rottenbuch für Steingaden zuzuschreiben. Polling konnte sich diese Hilfen wegen seiner eigenen großen Bau- und Bücherprogramme eigentlich nicht leisten, Dießen, Rottenbuch und Wessobrunn besaßen dagegen echte Kapitalüberschüsse, die über die aus unternehmerischer Sicht unverantwortliche Steingadener Schuldenmacherei den Weg in ein Kapitalzuschußgebiet und in ein Gebiet der Unterbeschäftigung gefunden haben.

Ihr verstorbener Kustos, Prälat Satzger, hat über ein Kapitel seiner Deutungen der Wieskirche geschrieben: ,,Wer glaubt, von dem werden Ströme lebendigen Wassers ausgehen." Dies läßt sich auch sozialhistorisch deuten. Wasser, lebendiges zumal, hat die Tendenz, gleichmäßige Oberflächen zu bilden. Das zeigt sich nirgends so eindrucksvoll wie im

Konjunktur- und Sozialprozeß des Pfaffenwinkels im
18. Jahrhundert. Die örtlichen Notstandsprogramme, die
sich schließlich zu großen Bauvorhaben verdichteten, mit denen die Klöster der Überbesetzung der Handwerke und der
Unterbeschäftigung im Gewerbe entgegenzuwirken versuchten, breiteten sich nach Art des Wassers aus, um gleichmäßige
Oberflächen zu bilden. Der Steingadener Bauprozeß zwar
zeitlich der letzte innerhalb dieser Geschichtsperiode; das
Kapital, das sich in den reichen Klöstern, die freilich auch die
besser geführten waren, angesammelt hatte, floß dann wie
Wasser in den Steingadener Raum ab und bildete dort zu dem
übrigen benachbarten Sozialprozeß des Pfaffenwinkels gleiche Oberflächen.

Natürlich hat das niemand so gewollt. Die Prälaten der
umliegenden Klöster waren nur einsichtig genug, ihre prämonstratensischen Nachbarn nicht in einem Skandal unter-
gehen zu lassen, der u. a. sicherlich auch zutage gefördert hätte, daß der Sinn der Steingadener für kostbare Gemälde, Ta-
felgeschirr und Silber, feine Textilien, edle Pferde und andere
Schönheiten des Daseins nur allzu ausgeprägt gewesen ist.
Aber gerade diese Spontaneität in der Auffassung der wirtschaftlichen Zusammenhänge hat dazu geführt, daß es im alten Bayern zur Zeit des Barock eigentlich keine Ausnahme
von der ,,Politik gleicher Oberflächen" – wie beim lebendigen Wasser – gegeben hat.

Aus benediktinischem Geist. . .

„Benedikt kennt die unterschiedlichen Bedingtheiten der
einzelnen, etwa im Miteinander von ‚Starken‘ und ‚Schwachen‘ – beide gibt es im Kloster: Der Starke muß lernen, daß
er weniger braucht und daß von ihm mehr gefordert wird.
Und der Schwache muß lernen, demütig zu akzeptieren, daß
er mehr braucht, ohne es beanspruchen zu können, und daß
er nicht so viel zu leisten vermag, ohne damit eine Ausrede
zum Faulenzen zu haben."

Das schreibt der Benediktinerpater Dr. Gerhard Voss in
seinem Beitrag „Benediktinische Lebensordnung" in der
Festschrift für den Niederaltaicher Altabt Emmanuel M.
Heufelder zum 80. Geburtstag im März 1978. Der Verfasser
versucht dort, das, was die Regel des heiligen Benedikt über
die Ordnung des Lebens des Einzelnen wie der Gemeinschaft
aussagt, in einem modernen Sinne zu deuten, und hebt mehrfach und mit Nachdruck das immer wieder hervortretende
Solidargebot der benediktinischen Regel hervor. Nach seinen
Worten war dem heiligen Benedikt, den nicht nur die theolo-
gische Geschichtsforschung den „Vater des Abendlandes"
nennt, die Rücksichtnahme auf die unterschiedliche Bedürftigkeit des Einzelnen ein besonderes Anliegen. Ihm ging es
dabei um die Person und Persönlichkeit dieses einzelnen, er
wollte verhindern, daß jemand vorzeitig in einem Existenz-
kampf verbraucht wird, der über seine jeweiligen Kräfte geht;
vielmehr sollte jeder stets und in allen Lebenslagen und Le-
bensstufen das notwendige Mindestmaß an innerer Freiheit
besitzen, um das zu finden, was die Benediktiner die Selbst-
findung durch Gottsuche nennen.

In allererster Linie ist das selbstverständlich theologisches
und seelsorgerisches Programm, das aber durch zwölf Jahrhunderte benediktinischer Praxis auch eine immer wieder ge-
lebte, immer wieder gefährdete und oft genug scheinbar ver-
fallene und dann doch wieder aufgerichtete Realität wurde.

Christus am Kreuz, aus der großen Tegernseer Passion, entstanden 1450.

Der Bayernherzog Tassilo reitet zur Jagd, Darstellung aus den Pollinger Tafeln von 1444.

Doch für den Sozialwissenschaftler bedeutet das alles gleichzeitig noch viel mehr, hier liegt im Grunde die Wurzel der Gesellschaftsorganisation der großen Industrie- und Arbeitnehmergesellschaften und auch der hochdifferenzierten Sozialformen der alten europäischen Staaten.

Die große Überraschung und das vielleicht eindrucksvollste Erlebnis für den sozialgeschichtlichen Forscher, der in den Räumen der bayerischen Staatsarchive vor den riesigen Aktenbergen der Klosterliteralien sitzt, ist die Entdeckung, daß unser System der sozialen Sicherheit und Versorgung und unser Ideal der „humanen" Arbeitswelt, die dem einzelnen und seinen Möglichkeiten Rechnung tragen soll, in den großen Wirtschaftskomplexen der Benediktiner und Zisterzienser Bayerns schon im hohen Mittelalter in sorgfältigsten Ausprägungen existiert hat. Die übrigen Orden, mochten sie nach geistiger Herkunft, reguliertem Leben und wissenschaftlichem oder religiösem Programm von den Benediktinern auch noch so unabhängig sein, haben dieses System übernommen, so daß sich seine Grundzüge auch in allen anderen vielgegliederten Ordensunternehmen bis 1803 wiederfinden. Interessanterweise übernahm auch der große Gegenspieler der Mönchsorden, der bayerische Staat, als ihr Nachfolger dieses Verfahren, formte es aus und machte sich damit selbst sozusagen zum ersten „Sozialversicherungsstaat" Europas, nicht ohne freilich diese Schöpfung, die auch eine originäre geistige Leistung der Staatsbeamten war, mit dem natürlichen Auslaufen der Versorgungsprobleme der Klosterarbeitnehmer wieder zu vergessen.

Wie hat nun dieses System ausgesehen? Nehmen wir als Beispiel vor allem das bayerische Urkloster Benediktbeuern mit seiner mehr als tausendjährigen Tradition am Aufhebungstage und seinen hochentwickelten Wirtschafts- und Sozialstrukturen. Die außerordentliche Qualität der Buchhaltung von Benediktbeuern ermöglicht es, hier dieses seit dem hohen Mittelalter bestehende soziale Beschäftigungs- und Sicherungssystem nachzuzeichnen. Von den Arbeitnehmern Benediktbeuerns stand nur wenig mehr als die Hälfte im direkt produzierenden Bereich mit hohen Leistungsanforderungen, also in der Landwirtschaft, in den ertragsbildenden Handwerksbetrieben, in der Brauerei oder in der Mühle und in den Forsten. Die andere knappe Hälfte war zu Versorgungszwecken beschäftigt. Die Phantasie der Klosterführungen beim Finden von Arbeitsfunktionen war schier unerschöpflich. Was man den Prälaten, und übrigens auch dem Adel, später so gern als barocke Verschwendung oder feudale Hemmungslosigkeit bei der Beschäftigung von immer mehr Personal vorgeworfen hat, das stellte in Wirklichkeit Arbeitsbeschaffung dar. Man braucht sich nur einmal die Funktionen bei den sogenannten Klosterdienern von Benediktbeuern anzusehen, dann sieht man auch, daß hier in allen Bereichen die Arbeit solange aufgeteilt wurde, bis auch der Schwächste eine hatte. Da gab es Kammerdiener und Gästediener, da gab es einen Weinbesorger, später geteilt auf Rotwein und auf Weißwein, Brotausgeber, Oberköche, Unterköche, Drittköche, erste, zweite und dritte Abspülerinnen, Torwarte und Pförtner natürlich, einen Marstaller, der nur die Kutschpferde des Abtes zu putzen und die Kutschen zu polieren hatte; es gab einen Vorreiter für den Viererzug des Abtes und die Kutscher für diese Gespanne, dazu noch Konventdiener und Konventkutscher, die die Fuhren für die übrigen Mönche besorgten, Wäscherinnen, Ofenheizer, Tafeldecker, Silberputzer und Porzellanbewahrer. Dies nur als Beispiel. Es hat so in allen klösterlichen Haushalten ausgesehen, oft genug übrigens auch in denen des Hochadels, der sich durchaus ähnlich verhalten hat.

Natürlich kann auf den ersten Blick der Eindruck entstehen, hier sei eine Personalvergeudung ohnegleichen getrieben worden, aber den wahren Zusammenhang versteht man erst, wenn man die Lebensdaten und die Lebensgeschichten dieser Menschen, die damit zugleich auch wieder aus der Vergessenheit der Geschichte hervortreten, mit heranzieht. Dann zeigt sich nämlich eine sehr starke Differenzierung nach Lebensalter und vor allem eine sorgfältige Zuordnung der einzelnen Funktionen zu den verschiedenen Lebensaltern.

Die Gesamtbelegschaft von Benediktbeuern war keineswegs überaltert. Sie besaß ein Durchschnittsalter von knapp 34 Jahren. Am niedrigsten lag es bei den Dienstboten der landwirtschaftlichen Betriebe und bei den Holzknechten mit knapp 26 Jahren. Im Durchschnitt etwa 40 Jahre alt waren die Handwerksmeister und die längerdienenden Gesellen sowie die Beamten. Die Führungsstellen in den Klosterbetrieben vom Gericht über die Brauerei bis zu den Stellen der Schwaiger in der Landwirtschaft hatten Menschen mittleren Alters inne.

Benediktinische „Sozialversicherung"

Bei den Klosterdienern, wie es damals hieß, also bei jenen, die im Zentralkomplex als Einheizer, Tafeldecker oder Silberputzer beschäftigt waren, fand sich ein durchschnittliches Lebensalter von über 55 Jahren. Nimmt man noch ihre Biographien hinzu, dann versteht man dieses System erst wirklich. Einheizer, Weinbesorger, Brotausgeber oder Marstallknecht war jener, der in jungen Jahren als Knecht in der Landwirtschaft, als Bräuknecht oder Müllergeselle, als Fuhrmann oder als Holzer in der Hinterriß oder über dem Walchensee Schwerarbeit geleistet und im produktiven Bereich der Klosterunternehmen an der Erwirtschaftung des Ertrages mitgearbeitet hatte. Die Beschäftigung war so organisiert, daß die Positionen mit den höchsten Leistungsanforderungen das niedrigste Durchschnittsalter aufweisen, während dann das höchst Durchschnittsalter mit den niedrigsten Leistungserwartungen in enger Beziehung steht.

Man kann es auch so ausdrücken: Die Anwendung der benediktinischen Regel auf das Arbeitgeber- und Unternehmerverhalten der Ordenskonvente hatte dazu geführt, daß eben nicht nur für die Konventsmitglieder, sondern auch für ihre Arbeitnehmer, und damit letztlich für die Masse der Beschäftigten des alten Bayerns die Arbeits- und Berufskurven den Lebenskurven angepaßt waren. Die Beanspruchung stieg mit der Lebenskurve an und erreichte im mittleren Lebensalter zusammen mit ihr auch den Höhepunkt. Dann wurde sie im gleichen Ausmaß zurückgenommen, wie auch die Leistungsmöglichkeiten langsam abgesunken sind. Man hat, um es modern auszudrücken, diesen Menschen nicht nur den Aufstieg, man hat ihnen auch den Abstieg ermöglicht. Sie wurden, ließen ihre Kräfte nach und bedurften sie mehr Schonung, in leichtere, schonendere Tätigkeiten in geschützten Räumen übernommen. Das kann man nicht nur in den Haushalten, das kann man auch in den landwirtschaftlichen Betrieben feststellen. Auch hier hatten sich Funktionen entwickelt, die für ältere Arbeitnehmer bestimmt waren. Das Gleiche galt aber auch für Jugendliche: Benediktbeuern hat immerhin 25 % seiner Arbeitsplätze als Ausbildungsplätze gestaltet und seinen Lehrlingen die Möglichkeit zur kostenlosen Erlernung einer Lehre als Handwerker, Jäger oder Schreiber und im bescheidenen Umfang auch als landwirtschaftlicher Facharbeiter geboten. Im ganzen ähnelten diese Beschäftigungsverhältnisse dem heutigen öffentlichen Dienstrecht. Der Aufbau des gesamten Wirtschaftsgefüges, das quantitative Verhältnis der einzelnen Unternehmensteile zueinander und die Ordnung der Beschäftigungsverhältnisse zielten darauf ab, jedem Belegschaftsangehörigen, der sich Beschäftigungs- und Versorgungszusagen erdient hatte, eine seinem jeweiligen Leistungsvermögen angepaßte Beschäftigung zu bieten. Die Arbeit wurde solange aufgeteilt, bis jeder an ihr teilnehmen konnte, Altersgrenzen fehlten, Arbeitslose ebenso, und schon gar eine Ausscheidung von Schwächeren, geistig Behinderten oder auch körperlich wenig Leistungsfähigen aus der sozialen Gemeinschaft. Hier wurde das Prinzip der benediktinischen Regel, nach dem der Abt jedem geben muß, was er braucht, solange er es braucht, auch auf die weltlichen Mitglieder der Klosterfamilie und damit schließlich im Laufe eines Jahrtausends auf den gesamten ländlichen Sozialprozeß Bayerns übertragen. In der „Regula Benedikti" sind diese Prinzipien im 34. und 37. Kapitel niedergelegt.

Bemerkenswert ist dabei die konsequente Kombination dieses Systems mit dem Gedanken des unternehmerischen Risikos und der Kapitaldeckung für die oftmals fast erdrükkenden Versorgungslasten, die sich aus diesem Verhalten für die Klöster entwickelt hatten. Diese Kapitaldeckung mußte in den eigenen Anlagewerten gesucht werden, die Erwirtschaftung der notwendigen Erträge war Sache des Konvents und seiner Beauftragten. In Benediktbeuern zum Beispiel mußte der außerordentlich befähigte Pater Major öconomicus Waldramus Jocher eben sehen, wie er das ganze Unternehmen, und besonders die landwirtschaftlichen Betriebe so organisierte, daß jeder Arbeit hatte, der nun einmal da war.

Freilich besaß dieses Versorgungssystem seinen Preis. Die bayerischen Prälatenklöster haben alle einen aus streng gewinnwirtschaftlicher Sicht ungesund hohen Personalaufwand getätigt. Er betrug im Durchschnitt 35 % ihrer Einnahmen, was sich zu keiner Zeit der Wirtschaftsgeschichte mit dem Streben nach Höchstgewinnen vereinbaren ließ. Selbst ein so qualifiziertes Unternehmen wie Benediktbeuern hatte immer noch einen Lohnaufwand von etwa 30 % seiner Einnahmen. Dabei gelten als „magische Grenze" etwa 25 %.

Innerhalb dieses Lohnsystems muß man aber sehr sorgfältig differenzieren. Es gab Lohngruppen und weite Abstände zwischen ihnen. Wenn man von den Beamten absieht, verdiente meistens der Bräumeister als Lohnführer das Vier- bis Fünffache der untersten Lohngruppen, zu denen etwa die Hirten, die Strohschneider oder die Ofenheizer im Konvent gehörten. Unter eine bestimmte Schwelle freilich konnte der Lohn auch bei den Schwächsten nicht sinken. Verwendet man die heutigen Begriffe der Wirtschafts- und Sozialwissenschaft, dann könnte man sagen, daß die Klöster ein sehr kompliziert gemischtes kombiniertes Lohnsystem hatten; dieses kombinierte einmal Elemente des Leistungslohnes mit solchen des Familien- und Versorgungslohnes und zum anderen mit einem festen Sockellohn, bestehend aus Naturalien, der praktisch nie unterschritten wurde und der sich nach den Mindestlebensbedürfnissen richtete, und einen beweglichen Geldlohn, der sich an der Leistung orientierte.

Pater Gerhard Voss hat in dem am Anfang dieses Kapitels zitierten Beitrag geschrieben, daß nach dem Willen der benediktinischen Regel der Starke mehr geben muß, als ihm selbst zugewiesen wird, und der Schwache mehr empfängt, als er erarbeiten kann. In diesem Grundgedanken der benediktinischen Regel hat man zugleich das Grundmuster des Solidarprinzips vor sich, das in der Gegenwart die gesamte Sozialversicherung, wenn auch leider nicht das Beschäftigungs- und Lohnsystem beherrscht. Dieses Solidarprinzip ist nicht nur in Lippenbekenntnissen, sondern mit erheblicher Härte und Autorität in den Lohn- und Versorgungsfindungssystemen der Benediktiner und Zisterzienser praktiziert worden. Die Starken und Leistungsfähigen erhielten eine hohe Solidarlast für die Schwächeren aufgebürdet. Getragen wurde sie vor allem von den jüngeren Arbeitnehmern und von den Beschäftigten in der Land- und Forstwirtschaft. In der Unternehmenspraxis von Benediktbeuern sah das so aus, daß jeder Beschäftigte beinahe für einen ganzen Versorgungsbeschäftigten mitarbeiten mußte. Man könnte also rein rechnerisch davon sprechen, daß eine Lohnteilung vorgenommen worden ist, daß die Starken nur die Hälfte von dem empfangen haben, was ihrer Leistung entsprochen hat, während die andere Hälfte einem Schwachen, einem Alten, einem Behinderten, kurzum einem zugeleitet wurde, der im Sinne des heiligen Benedikt mehr brauchte, als er beanspruchen konnte.

Drückt man es in der Sprache der modernen Sozialversicherungswissenschaft aus, dann läßt sich feststellen, daß dieses System von zwei miteinander verbundenen Typen von Solidarverträgen gekennzeichnet wurde. Einmal gab es einen Vertrag zwischen den Generationen, also den jungen und den alten Arbeitnehmern, und zum anderen einen zweiten Solidarvertrag zwischen den Beschäftigten der gleichen Alters- und Berufsgruppen, wo ja auch die Schwächeren auf Kosten der Stärkeren mehr bekamen, als sie erarbeiten konnten.

Eine sehr genaue Untersuchung hat aber ergeben, daß dieses so außerordentlich fein durchgebildete System die Solidarlasten für die Starken doch wieder gemildert hat. Zwar stellten nämlich die Versorgungsbeschäftigten von Benediktbeuern – und diese Erscheinung kehrt in allen Klöstern wieder – zwar die Hälfte der Belegschaft, vereinigten aber nur etwa $^1/_3$ der Lohnsumme auf sich. Mit dem Leistungsfall und dem Übergang in schonendere, aber weniger produktive Beschäftigungen war auch ein Lohnfall verbunden, und es ist außerordentlich interessant, zu sehen, daß dieser Lohnfall etwa 17–18 % des Durchschnittslohnes ausmachte. Gewissermaßen war dies der Sozialversicherungsbeitrag, der mit dem Versicherungsfall eingehoben wurde. Er entspricht nach Prozentsätzen ziemlich dem, was wir heute ebenfalls für diese Sicherung nach dem Solidarprinzip aufzubringen haben.

Natürlich war ein solches System nicht nur an die geistige Grundlage der benediktinischen Regel und damit auch an das Prinzip gebunden, Schwache eben nicht zu zertreten, sondern zu stützen. Genauso wichtig war es für diese aus heutiger Sicht viel zu kleinen Versichertengemeinschaften, daß sie den rechtlich und wirtschaftlich starken Grundherrn und Unternehmer, eben das Kloster, im Hintergrund hatten, das mit seinem gesamten Besitz für die Erhaltung und Finanzierung dieser Beschäftigungs- und Versorgungssysteme, unerschüttert vom Zeitablauf, durch ein rundes Jahrtausend bürgen konnte. Außerdem mußte eine zweite Voraussetzung erfüllt sein, nämlich unter den damaligen Bedingungen die der

Naturalentlohnung. Aus geistiger und moralischer Sicht ist die Benediktinerregel die Wurzel dieses Systems einer im wahrsten Wortsinne praktizierten „Humanitas"; aus rechtlicher Sicht war es die vom Familienschicksal unabhängige juristische und kapitalwirtschaftliche Stabilität eines Stiftungsbesitzes, und aus finanzieller Sicht war es der Naturallohn, der die Funktion dieses Solidarprinzips über so lange Zeit überhaupt ermöglicht hat.

In dem Naturallohn steckte nämlich ein mindestens seit dem 16. Jahrhundert bekannter und klar gewollter Inflationsausgleich. Die Löhne waren damals aufs engste an die Getreide- und Brotpreise gekoppelt, und mit diesen Preisen stiegen praktisch auch die Löhne. Der Sockellohn war für den Arbeitnehmer und den Versorgungsempfänger „inflationsfest", und zwar zu Lasten des Arbeitgebers, der wie etwa Tegernsee bei hohen Getreidepreisen wegen Angebotsmangels dann eben zukaufen mußte. Umgekehrt enthielt der Aufschwung der Landwirtschaft nach dem Dreißigjährigen Krieg in Bayern auch die Chance der Personalkostenverbilligung, die zur Schaffung neuer Arbeitsplätze genutzt wurde.

Wie diese Löhne ausgesehen haben, zeigen Beispiele aus dem Zisterzienserkloster Fürstenfeld, das, noch größer als Benediktbeuern, das benediktinische System besonders konsequent praktiziert hat. In den großen Mayrhöfen waren etwa die Positionen in den landwirtschaftlichen Betrieben, die dem einzelnen Arbeitnehmer zugeteilt wurden, sehr eng gefaßt. So gab es Strohschneider, Strohabwerfer, Ochsenfütterer, Kuhfütterer, Pferdehirten, Fohlenhirten, Kälberfütterer usw. Die Betriebsorganisationen und die Beschäftigungsverhältnisse gingen auf Beschäftigung und Versorgung, nicht auf Produktivität aus. Das kommt auch in dem hohen Aufwand an Bedienungspersonal in den Klöstern selbst zum Ausdruck. Nach den Lohnlisten stellte jeder zweite Arbeitsplatz einen reichlich unproduktiven Versorgungs- und Beschäftigungsplatz dar.

Das galt weitgehend auch für den klösterlichen Großbesitz Fürstenfeld. Neben dem Konvent fanden in den Fürstenfelder Besitzungen 163 Personen ihre wirtschaftliche Existenzgrundlage. 10 davon (5,2 %) waren Beamte des Gerichtsamtes, der Forstverwaltung und der Schul- und Sozialeinrichtungen, 54 (28 %) arbeiteten in den landwirtschaftlichen und handwerklichen Betrieben, der Brauerei und als Bediente im Kloster- und im Hausbetrieb. 21 (11 %) hatten ihren Arbeitsplatz in der Forstwirtschaft und in der Fischerei. 17 Dienstnehmer (8,8 %) waren in der Probstei St. Leonhard beschäftigt und 10 (5,2 %) in den Eßlinger Weingütern. Außerdem fanden 32 Tagwerker mit eigenem Haushalt (16,6 %), die in Geld und Brot entlohnt wurden, in Fürstenfeld eine ganzjährige Beschäftigung. Mit insgesamt 25 (13 %) war die Zahl der Versorgungsempfänger auffallend hoch. Dies hing mit der Regelung in St. Leonhard zusammen, wo das Kloster die Versorgungslast für die Ortswaisen voll getragen hat.

Die Löhne in Fürstenfeld waren, wenn man die Verhältnisse im südlichen Oberland heranzieht, vergleichsweise hoch. Der Aufhebungskommissar mußte den Wert der Gesamtbezüge, also der Naturalleistungen und des Geldlohnes, in Geld feststellen, so daß günstige Voraussetzungen für eine Lohnbeschreibung bestehen. Die Handwerker und die Beschäftigten der Mayrhöfe von Fürstenfeld erreichten je nach Dienststellung (Baumann, erster Knecht, zweiter Knecht, Kutscher, Pferdehirt usw.) Bezüge im Gesamtwert zwischen 293 fl 20 X und 188 fl 15 X im Jahr, was der Kaufkraft von Löhnen von 4 688 bis 3 000 DM entspricht. Sehr im Gegensatz zu den Großklöstern in den bevölkerungsschwachen Gebieten am Alpenrand waren die Frauenlöhne mit 190–205 fl (Kaufkraft = 1 fl 16 X) nur unwesentlich niedriger. Wie üblich bezog auch in Fürstenfeld der Braumeister den Spitzenlohn, hier Johann Bäck aus Wildenroth, ein Angehöriger der Familie, die damals das heutige Gasthaus Wipfler an der Amperbrücke in Wildenroth besaß. Er erhielt Jahresbezüge von

365 fl 50 X, wobei wieder der größte Teil in Naturalien bestand. Der Bierverbrauch des Braumeisters lag nach den erstaunten Bekundungen des Aufhebungskommissars bei 12–14 Maß pro Tag, doch habe ihm aber nach einem Bericht an die Generallandesdirektion in ständischen Klostersachen der Braumeister versichert, „. . . daß er damit nur seinen schlimmsten Durst befriedige und nach seines Leibeskonstitution noch viel mehreres vertragen könne." Die übrigen Handwerker, beispielsweise der Schmied oder der Sägemüller, der Schäfflermeister oder der Ziegelbrenner rückten dem Braumeister in der Lohnhöhe mit Gesamtbezügen im Wert von 280–310 fl recht nahe.

Wie hat nun die Lohnzusammensetzung eines Arbeitnehmers von Fürstenfeld ausgesehen? Nehmen wir als Beispiel den Müllermeister. Er bezog einen Jahrlohn im Gesamtwert von 301 fl. Davon betrugen Barbezüge 30 fl im Jahr, die tägliche Kost wurde mit 20 X bewertet (1 fl = 60 X). Daraus ergab sich ein Lohnwert von 121 fl 40 X. Außerdem erhielt er pro Tag 6 Laibl Brot, die einen Wert von 73 fl pro Jahr ausmachten, dazu täglich 2 Maß Bier mit einem Jahreswert von 48 fl 40 X. Das Trinkgeld von den Kunden der Klostermühle machte im 20jährigen Durchschnitt immerhin 20 fl im Jahr aus. Hinzu kam ein Wäscheschaff im Wert von 1 fl 40 X aus der Klosterschäfflerei und die Bereitstellung von Bienenwachs für die Beleuchtung seiner Wohnung im Wert von 6 fl im Jahr. Daraus ergab sich dann diese Gesamtsumme von 301 fl. Die Wohnung wurde oft nicht bewertet. Die Kommissare lassen bei der Suche nach Wertansätzen eine deutliche Unsicherheit erkennen. In den Fällen, in denen eine Bewertung erfolgte, neigten sie interessanterweise dazu, als Wert für die Wohnungsnutzung stets etwa 20 % der sonstigen Lohnwerte anzusetzen. So wären beim Klostermüllermeister von Fürstenfeld dann noch einmal 60 fl im Jahr für seine Dienstwohnung dazugekommen. Vergleicht man das mit der von uns ermittelten Kaufkraft, dann kommt man auf etwa 5700 Mark, die der Klostermüller von Fürstenfeld jährlich verdient hat. Seinen Lebensstandard und die Ausstattung seiner Wohnung, wie aus den Aufhebungsakten zu rekonstruieren, bestätigen dies.

Ein anderes Beispiel ist der Baumeister, also der Betriebsleiter des Mayrhofes Roggenstein. Seine Bezüge waren nur wenig niedriger als die des Müllermeisters, sie lagen bei 293 fl pro Jahr. Die Zusammensetzung ist im Naturallohn nahezu gleich mit dem Lohn des Müllers. Ein Unterschied fand sich nur beim Barlohn, der mit 45 fl pro Jahr den des Müllers überstieg. Das hat aber seine Ursache darin, daß der Baumeister, der einen in den Betrieb integrierten Haushalt führte, geringere Bezüge an gebackenem Brot erhielt, weil seine Familie im Betriebshaushalt mitverpflegt wurde. Unterschiede ergaben sich auch insofern, als den Dienstnehmern der landwirtschaftlichen Betriebe Kleidungsstücke als Bestandteil ihrer Entlohnung zustanden. Ähnlich aufgebaut waren die Lohnverhältnisse auch für alle übrigen Arbeitnehmer. Sehr gut verdient hat das Verwaltungs- und Gerichtspersonal. Der Klosterrichter kam auf Bezüge von etwa 1400 fl im Jahr, wobei nur noch 40 % aus Naturalentlohnung bestanden. Der Gerichtsschreiber und der Gerichtsdiener sowie die vom Kloster entlohnten Lehrer und Polizeibeamten hatten, nach dem Dienstalter gestaffelt, Bezüge im Wert zwischen 500 und 800 fl im Jahr. Insgesamt gab Fürstenfeld für seine 163 weltlichen Dienstnehmer eine Lohnsumme von etwa 16000 fl im Jahr aus, was ungefähr 30 % seiner Einnahmen entsprach. Aus der Sicht des Betriebswirtes war dies ein bedenklich hoher Anteil an allen Einnahmen, der auch Erklärungen für den geringen Gewinn liefert, den Fürstenfeld aus seinem Besitz erzielt hat.

Nun muß man bei der Bewertung dieser Löhne vor allem die außerordentliche Sicherheit der Arbeitsplätze berücksichtigen. Stichproben in den immerhin 544 Jahre zurückreichenden Fürstenfelder Klosterakten ergaben, daß Kündigungen und Arbeitsplatzverluste die große Ausnahme bildeten. Das Kloster machte, ähnlich wie die anderen Ordensbesitzungen, sogar die teilweise unvertretbare Ausweitung seines Personalbestandes während des 18. Jahrhunderts, als die Bevölkerungszahlen stark gestiegen sind, offensichtlich widerstandslos mit.

Die allgemeine Geschichtsschreibung betont oft genug ihr Erstaunen darüber, wie schnell sich die damalige Wirtschaft, nicht zuletzt die bäuerliche Landwirtschaft, aber auch die großen Kirchen- und Klosterbesitzungen sowie der Adel immer wieder von Kriegsverlusten oder anderen Kalamitäten erholt haben. Die Verwunderung ist zwar begreiflich, geht aber auf einseitige Betrachtungen zurück. Es wird nämlich dabei meistens übersehen, daß größere Einbrüche in vorhandene Strukturen in der anschließenden Wiederaufbauphase als Motor für organisatorische und technische Verbesserungen wirken. Die drei großen Aufschwungphasen der Landwirtschaft und eines Teils des ländlichen Handwerks in Bayern liegen nicht umsonst in der frühen Neuzeit nach großen Kriegen, nämlich nach dem Dreißigjährigen Krieg, den Erbfolgekriegen und den napoleonischen Kriegen.

Das besondere Kennzeichen der bayerischen Entwicklung ist aber nun, daß dieser Wirtschaftsaufschwung, verbunden mit beträchtlichen Preisverbesserungen für Getreide durch das Übergewicht der Naturalentlohnung nach dem System, wie es von Benediktbeuern und Fürstenfeld beschrieben wurde, zur Einrichtung neuer Beschäftigungsmöglichkeiten genutzt wurde. Dies wieder führte zum Ausbau einer schon seit dem 16. Jahrhundert vertretenen, und wie Eckart Schremmer nachgewiesen hat, kaufkräftigen unterbäuerlichen Schicht, die eine verhältnismäßig hohe Konsum- und Sparfähigkeit besaß. Letzte wurde sehr unterschiedlich genutzt. Jüngere Arbeitnehmer, bevorzugt in der Landwirtschaft, brachten es mit ihrer Hilfe häufig zu teilselbständigen Existenzen, indem sie ein ländliches Kleinanwesen mit kombiniertem Erwerb beim Kloster übernahmen. Eine andere Gruppe verwendete diese Sparfähigkeit zur Depositenbildung in den Klosterkassen oder bei den Ortskirchen. Dort trafen ihre Sparkreuzer mit den Gulden einer weiteren, meist gemischt städtischen-ländlichen Sozialgruppe zusammen, nämlich jenen älteren, oft alleinstehenden oder verwitweten früheren Arbeitnehmern oder Handwerkern, besonders Frauen, auf die das Versorgungssystem der Klöster eine so hohe Anziehungskraft ausübte, daß sie sich dort gegen Hergabe ihrer Spargulden mit sogenannten Spaltbriefen in die Versorgungsleistungen eines Klosters einkauften. Diese beiden Bewegungen, die eine direkte Folge des sozialen Sicherungssystems der Orden gewesen sind, haben in hohem Maße zu der Bildung von Kapitalüberschüssen bei der wichtigsten Kapitalsammelstelle Bayerns, bei der Kirche beigetragen, die dann diese Finanzierungsmittel über ihre Bauvorhaben in die örtlichen Baumärkte und damit in die Konjunkturfinanzierung leitete.

1803 nahm das ein Ende, aber man kann nicht sagen, daß der bayerische Staat blind und taub dafür gewesen wäre. Er war auch nicht gefühllos, er erkannte nur nicht – und das war ja die große Denkschwäche des Merkantilismus – den inneren Zusammenhang und den Kreislauf der wirtschaftlichen Faktoren und begriff deshalb nicht, daß es mit der Gewährung von Gnadenpensionen nach Beseitigung sorgfältig finanzierter Arbeits- und Versorgungsplätze nicht getan war.

„Wir sehen uns von unserer Pflicht aufgerufen, gemäß der gnädigsten Instruktion, welche eine humane Bedachtnahme bey altgedienten ganz kraftlosen Klosterdienern erwähnt, über zwey hiesige derlei Individuen unterthänigste Vorstellung zu machen. Balthasar Mayr, hiesiger Thorwart, verdient volles Mitleid. Er ist schon in das 80. Lebensjahr vorgerückt, seyne Füße tragen ihn nicht mehr, und auch seyne Geisteskräfte sind wie erloschen. Mehr als 40 Jahre steht er schon, erst als Mayr, und bey der Abnahme seyner Kräfte als Thorwart in den Klosterdiensten. Er hat kein Patrimonialguth und der ihm jüngst gereichte Jahrlohn wird nicht lange mehr ausreichen, weil seit dem 1. dießes Monathes die unendgeldliche Nahrung und das Getränk aufhörten.

Josef Ambacher, bereits 23 Jahr in hiesigen Klosterdiensten, teils als Krankenwärter, teils als Bote, befindet sich eben auch in einem kläglichen Zustand. Er hatte nie einen Jahrlohn, sondern war, wie man sagt, aus Gottes Gnade und durch die berufene Mildthätigkeit des Klosters auf Ruf und Widerruf angenommen. Seyne Ältern sind lange todt, und er hat keine Verwandten mehr, als seynen Bruder, der gegenwärtig noch in der Ökonomie hierorts angestellt ist. Dieser kann ihn so wenig als jemand anderen unterstützen. Auch hat er noch das vorzügliche Unglück, so manchmal unter die mente captos zu gehören, wo er aber deß ungeachtet seyne ihm übertragende Verrichtung ordentlich macht. Wir bitten also gehorsamst, die Kurfürstliche Lokalkommission möge geruhen, Vorschläge zu machen, damit der arme Thorwart für seyne wenigen Lebenstage noch einen Unterhalt bekomme."

Dieses Zitat entstammt einem Schriftsatz des Unterbeamten der Benediktbeurer Aufhebungskommission an seinen unmittelbaren Vorgesetzten, den Landrichter von Ockel. Die Benediktbeurer Kommission hatte den Auftrag, das Kloster Schlehdorf mit aufzuheben, und während dieses Geschäftes sah sich der dort tätige Beamte zu diesen Vorstellungen veranlaßt. Er bildete damit ebensowenig eine Ausnahme, wie das frühere Benediktinerkloster und spätere Augustinerchorherrenstift Schlehdorf mit seiner „berufenen Mildherzigkeit" alleine dastand. Der Zwang für alle Orden und alle ihre Besitzungen, das vorhin beschriebene System anzuwenden, war so groß, daß sich diesem Verfahren auch kleine, dazu viel zu kapitalschwache Klöster nicht entziehen konnten. Daß Schlehdorf, und mit ihm nicht wenige andere dieser Besitzgrößen, „schon mehrmals dem Verderben nahe gewesen seien", das war kein Zufall und lag auch nicht an übermäßigem Schlendrian der jeweiligen Ordensführungen oder an wirtschaftlicher Leichtfertigkeit. An Schlehdorf zeigt sich typisch die Grundschwäche dieses Systems, daß nämlich die soziale Sicherung nach dem Solidarprinzip allzu eng an die Kapitaldekkungskraft eines einzelnen Besitztums gebunden war. War dieses Besitztum zu schwach mit Anlagekapital ausgestattet und außerdem noch durch Marktschwäche, wie etwa die Schlehdorfer Brauerei, belastet, dann kam es immer wieder in Krisen, weil es einfach seine Personallasten nicht finanzieren konnte.

Die Staatsbeamten haben das bei der Aufhebung sehr klar erkannt. Deshalb drangen gerade in solchen Klöstern die Kommissare oft sehr energisch auf eine Lösung der Sozialfragen, ja, in ihnen fanden die Schwächsten, die vorher von der Anwendung des benediktinischen Prinzips geschützt wurden, jetzt ihre Vertretung, wie in dem Schlehdorfer Fall, wo sich der Beamte bei der drohenden Verelendung sehr energisch zum Sprecher der Alten, Kranken, geistig Behinderten und deshalb nicht Ausdrucksfähigen gemacht hatte. Die Pensionsnormen waren das Mittel zur verwaltungstechnischen Regelung dieser Probleme.

Diese Pensionsnorma waren Tabellen, die in ihrer Systematik und in ihrem Aufbau praktisch die ersten ,,Musterbögen für die Rentenberechnung nach der RVO" darstellen. Der Beamte ermittelte zunächst Namen und Familienstand des betreffenden Arbeitnehmers, die Zahl seiner Kinder, dann die Art seiner Beschäftigung, die Lohnhöhe, die Dienstzeit und schließlich das Lebensalter. In sehr vielen Fällen, aber keineswegs in allen, äußern sich die Tabellen ferner noch zum Gesundheitszustand und beschreiben etwaige Einschränkungen der Arbeitsfähigkeit, dem Grade und dem Grunde nach, übrigens eine bisher nie erschlossene ergiebige Fundgrube für historische epidemologische Untersuchungen der Medizingeschichtler. Aus diesen Werten bildete der Beamte dann seinen Pensionsvorschlag, brachte also in einer Zahl, der er nicht selten noch dem Einzelfall angepaßte Begründungen hinzufügte, die Höhe des Versorgungsbezuges zum Ausdruck, die er für angemessen hielt. Wenn man die Aktenmasse, die diese Pensionsnorma für etwa 9000 Personen in den Archivbeständen bilden, durchgearbeitet hat, dann kommt man zu einem sehr interessanten Ergebnis. Die Aufhebungskommissare für die 57 landständischen Klöster in Bayern mit eigenen Belegschaften, die ohne jede Information untereinander und auf diesem Gebiet auch ohne alle Detailvorschriften ihrer Oberbehörde, der Generallandesdirektion in München, arbeiten mußten, kamen unabhängig voneinander im Durchchnitt zu einer Pensionshöhe von 45 % der Bruttolohnbezüge während der Beschäftigung der Arbeitnehmer, für die sie diese Normen aufgestellt haben. In Zahlen ausgedrückt bedeutet dies, daß alle jene Klosterbelegschaftsangehörigen, denen der Staat eine Pension zusprach – das waren etwa 25 % der gesamten betroffenen Personengruppe – im Durchschnitt einen Versorgungsbezug von 45–48 fl im Jahr erhielten. Der damalige Durchschnittslohn lag nämlich um 100 fl, wobei sich unter den Preisverhältnissen Bayerns der Gulden mit einer Kaufkraft von etwa 16,40 DM gleichsetzen läßt. (Die Beethoven- und Mozartforschung geht für die gleiche Zeit und unter den Preisverhältnissen von Wien von einer Kaufkraft des Gulden von 14–15 DM aus.) Natürlich bedeutete dies keinen voll existenzsichernden Versorgungsbezug, er entsprach etwa den Sätzen der Sozialhilfe, ging also von untersten Bedarfsansätzen aus, bewahrte aber wenigstens zunächst die Betroffenen vor einer völligen Verelendung.

Aus diesen Akten kann man nun die Tatsache erschließen, daß die bayrischen Beamten bei ihrer Aufstellung dieser Pensionsnormen von einer Prioritätenliste ausgegangen sind, die praktisch der unseres heutigen Sozialversicherungssystems gleichkommt. Für sie war bei der Beurteilung des Einzelfalles grundsätzlich das wichtigste Kriterium das Lebensalter. Je älter ein Arbeitnehmer war, desto höher setzten sie von vornherein ihren Pensionsvorschlag an. An nächster Stelle kam die Dienstzeit. Sie spielte in den Überlegungen der Beamten eine weit größere Rolle als die Lohnhöhe. Damit reagierten sie auf die Tatsache, daß die klösterlichen Arbeitgeber ein sehr fein abgestuftes Lohnbemessungssystem entwickelt hatten. Diese Lohnbemessung richtete sich nach zwei Grundkriterien, nämlich einmal der Bedürftigkeit, und zum anderen der Leistung. Der Bedürftigkeit wurde durch einen Sockellohn Rechnung getragen, der für alle gleich war und in Naturalien wie Wohnung, Kleidung, Verpflegung und Bier gereicht wurde. Der Leistungslohn kam im Geldanteil zum Ausdruck und war recht beweglich. Er richtete sich nach der im jeweiligen Lebensalter und der Beschäftigung möglichen Leistung. Die Aufhebungsbeamten berücksichtigten nun die Dienstzeit deswegen vor allem so stark, weil sie damit den Sockellohn, der für alle gleich und leistungsunabhängig war, stärker berücksichtigen wollten. Außerdem nahmen sie damit auf die Tatsache Rücksicht, daß mit sinkender Leistung auch der Geldlohn zurückgenommen worden war, um auf diese Weise gewissermaßen die Beiträge des einzelnen zu der lebenslangen Versorgung einzuheben. Man könnte also sagen, daß die Beamten, ebenfalls wie die heutigen Altersversorgungssysteme, einen ,,Beitrag'' umso höher bewerteten, je weiter seine Entrichtung in Form von abgeleisteter Dienstzeit zurücklag. Das dritte Kriterium schließlich bildete die Höhe des Lohnes, ausgedrückt in dem Geldanteil, der meistens 12–20 % des Gesamtlohnes ausmachte und im Naturalanteil, der nach örtlichen Preisen für Bier, Brot, Fleisch und Kleidung bewertet wurde. Ein Problem wurde nicht gelöst, nämlich die Bewertung der freien Unterkunft, die meistens in den Lohnberechnungen nicht oder nicht richtig berücksichtigt erscheint. Interessant ist nun, daß die Kommissare bei der Ermittlung dieser Einkommensbezüge der Arbeitnehmer ebenso wie heute kurzfristige Schwankungen dadurch ausgeschaltet haben, daß sie das Durchschnittseinkommen der letzten 5–6 Jahre vor 1803 zu ermitteln versuchten und sich bei dem dann gefundenen Wert und der Bemessung ihrer Pensionsvorschläge an diesen Durchschnitten orientierten.

Auch eine Art von Berufsunfähigkeitsrente hat es gegeben, nämlich in der Form der Pensionsgewährung, und das selbst an vergleichsweise junge Antragsteller, wenn gesundheitliche Beeinträchtigungen oder körperliche Behinderungen kaum mehr eine Aussicht auf einen neuen oder einigermaßen gleichwertigen Arbeitsplatz boten. Ganz besonders ist hervorzuheben, daß bei diesen recht zahlreichen Fällen die Staatsbeamten meistens ganz ähnlich verfuhren wie heute die Sozialversicherungsträger. Sie rechneten zum Beispiel bei einem 35jährigen körperbehinderten Küchendiener von Ettal hoch, und zwar auf das 55.–60. Lebensjahr, und versuchten festzustellen, was er dann verdient hätte, wenn er bis dahin in den Klosterdiensten hätte weiter beschäftigt werden können. An der Summe dieser Verdienste orientierten sie ihren Pensionsvorschlag. Im ganzen hat dieses System natürlich nicht in der hier dargestellten reinen Form existiert. Es war vielmehr ein Mischsystem, in dem sich Alterssicherung, Arbeitslosenhilfe und Sozialhilfe teilweise so stark miteinander vermischen, daß die einzelnen Elemente selbst bei sorgfältigster Durchrechnung nicht voneinander getrennt werden können. Eine derartige Trennung wäre aber auch absolut nicht im Sinne des bayrischen Staates von 1803, dem es nicht auf Systematik, sondern auf soziale Auffangsituationen ankam, gewesen. Generell hat dieses Verfahren aber gut funktioniert und zumindesten einen Teil der durch die Säkularisation heraufbeschworenen Existenz- und Arbeitsmarktprobleme mit ausreichender Elastizität abgefangen. Nicht zu übersehen ist freilich eine Kardinalschwäche, das heißt die völlige Blindheit dieses Systems gegenüber dem Inflationsproblem. Der Naturallohn, der gerade in der bayrischen Wirtschaft des 18. Jahrhunderts eine so überragende Rolle spielte, war auf einen gewollten Inflationsausgleich durch Koppelung dieses Lohnes an den Getreidepreis angelegt, der dazu führte, daß der Lohn mit dem Getreidepreis stieg. Die totale Umstellung auf einen reinen Geldlohn, den diese Pensionsgewährung bedeutete, führte bei den Klosterangehörigen wie den Arbeitnehmern mit dem Einsetzen der großen Inflationsbewegungen ab 1805 zu schweren sozialen Problemen bis hin zur wirtschaftlichen Verelendung, die zwar zu einer unerhörten Flut von ,,Pensionsvermehrungsgesuchen'' an den Staat führten, denen aber dieser Staat schon aus Haushaltsgründen nicht gewachsen sein konnte. Die fehlende Dynamik dieses Versorgungssystems, die vor 1803 gegeben war, wurde damit zum Hauptproblem.

Bayern – der erste ,,Sozialversicherungsstaat''

Immerhin kann man aber doch die Aussage treffen, daß Bayern, ohne es zu wollen und zu wissen, wohl als erster Staat der neueren Geschichte ein soziales Sicherungssystem entwickelt und praktiziert hat, welches das gleichgerichtete System der Industriegesellschaft vorweggenommen hat. Mit dem Aussterben der Empfänger dieser Leistungen wurde es allerdings wieder vergessen und blieb auch historisch unbeachtet. Man kann sich fragen, wie es dazu gekommen ist. Von der geschichtlichen Forschung her ist diese Frage nicht geklärt. Vieles spricht aber dafür, daß sich der bayrische Staat hier mit seinem Verwaltungsverfahren mehr oder weniger unbewußt einem Versorgungssystem angepaßt hat, das er vorgefunden hat und das ihm aus den weit zurückreichenden Auseinandersetzungen mit seinem innenpolitischen Hauptgegner, dem Prälatenstand, bereits bekannt war, nämlich dem sozialen Versorgungssystem der Ordensbesitzungen mit eigener unternehmerischer Wirtschaftstätigkeit. Nach allem, was wir feststellen konnten, ist zu vermuten, daß der Gedanke, die kapitallosen Gruppen einer Gesellschaft, die allein auf die Nutzung ihrer Arbeitskraft angewiesen sind, durch soziale Sicherheit auf Lebenszeit zu emanzipieren, zu befrieden und damit in eine Gesellschaft einzubinden, die sich zunächst einmal aus Eigentümern oder Verfügungsberechtigten über Produktionsmittel gebildet hat, benediktinischen Ursprungs ist. Dieses Grundmuster findet sich schon, wie es eingangs beschrieben wurde, im hohen Mittelalter.

Ob nun wirklich ein direkter Weg von den Beschäftigungsverhältnissen in den Ordensbesitzungen, die natürlich auch auf ihre Umwelt eingewirkt und zur Nachahmung gezwungen haben, über das System der „Pensionsnorma" des bayerischen Staates in der Säkularisation bis zu der Reichssozialgesetzgebung von 1885 führt, das gilt es ideengeschichtlich erst noch zu klären. Häufig werden diese Konzepte dem Reformsozialismus und der Sozialdemokratie, wie sie Ferdinand Lassalle, August Bebel und die österreichischen Sozialisten vertreten haben, zugeschrieben. Man neigt zu der Auffassung, der Druck der Unruhe und der Forderungen, der von der Arbeiterbewegung ausgegangen ist, habe die Führung des deutschen Kaiserreiches dazu gezwungen, diese Ideen aufzugreifen, zu den ihren zu machen und zu verwirklichen.

Ob sich das tatsächlich so verhalten hat, bedarf, wie gesagt, der Aufklärung. Der Strom der Geschichte ist breit und fließt oft durch Nebenarme, die nicht selten sogar weite Strecken auf ihrem Weg durch die Zeit unterirdisch zurücklegen und nicht sichtbar sind. Dieser Strom der Geschichte trägt Ideen mit sich fort, die auf diesen Nebenwegen nicht selten an Stellen wieder zum Vorschein kommen, wo sie niemand gesucht hätte. So kann es auch mit dieser in der benediktinischen Regel wurzelnden Solaridee gewesen sein. Manches spricht dafür, daß es Bayern gewesen ist, das durch die Radikalität seines Säkularisationsverfahrens diese Ideen am Leben erhalten und in den politischen Prozeß des 19. Jahrhunderts eingebracht hat. Und schließlich ist der letzte der Tegernseer Benediktiner, die diesen Solidargedanken besonders energisch vertreten haben, erst 1862 gestorben, also nur 20 Jahre vor dem Erlaß des ersten Sozialversicherungsgesetzes.

Am Schluß der Betrachtung der Wirtschaftsbesitzungen der säkularisierten Klöster in Bayern und ihrer sozialwirtschaftlichen Bedeutung sollte eine Sonderfunktion der Ordensniederlassungen nicht unbeachtet bleiben: die der Repräsentation der antiken und mittelalterlichen Weinkultur auf bayerischem Boden.

Weinkultur auf bayerischem Boden

Es heißt nicht umsonst, daß den Speisen und Getränken, ihrer Herkunft, ihrer Zubereitung und Zusammensetzung, den Mahlzeiten und den Regeln, denen sie folgen, im Kultur- und Sozialprozeß eine Schlüsselbedeutung zukommt. Hier drückt sich Kulturbewußtsein und soziale Struktur aus, hier werden beide aber auch gebildet und weiter entwickelt oder verwandelt. An den Getränken, und hier wieder ganz besonders an der Rolle des Weines liest man nicht umsonst den Stand der kulinarischen und auch der sozialen Kultur einer Gemeinschaft ab. Die Bibel ist ebenso wie die Überlieferungen der Antike zu beiden Seiten der Adria voll von Symbolen, die vom Brot und vom Wein abgeleitet sind.

Zwar gilt Bayern im europäischen Bewußtsein als das wichtigste Land der Bierkultur, was aber für das Mittelalter und bis zum Beginn der frühen Neuzeit überhaupt nicht stimmt und bis 1803 nur teilweise zutrifft. Bis zur Säkularisation bestand in Bayern auf diesem Gebiet ebenfalls eine ganz typische Mischkultur, und die Weinkultur wurde in erster Linie von der Kirche und von den Klöstern auf dem Lande sowie in der Stadt vom Hof repräsentiert. Von den 57 hier beschriebenen landständischen Klöstern hatten 26 eigene Weinbaubesitzungen, wobei Südtirol und die niederösterreichische Wachau weit im Vordergrund standen. Aber auch Bayern selber ist damals Weinbaugebiet gewesen. Im Regensburger Raum und entlang des Urstromtales der Donau gab es Weinbaulagen, die bis ins frühe 19. Jahrhundert fortbestanden. Ebenso ist im späten Mittelalter bis ins 17. Jahrhundert an warmen Hängen des bayerischen Vorwaldes und des Donautales im Fürstbistum Passau gelegentlich Wein angebaut worden. Nicht unerwähnt darf hier freilich bleiben, daß sich Äußerungen zu der Qualität dieser Gewächse jedenfalls in der Säkularisationszeit so gut wie nie finden.

Ihren zünftigen Weinbau trieben die Orden in günstigeren Lagen, eben in Südtirol und in der Wachau. Insgesamt befanden sich in diesen beiden Anbauzonen Österreichs 50 Weingüter und Weinherrschaften in der Hand bayerischer Klöster. Im Vordergrund steht dabei Südtirol und hier wieder das eigene Weingut mit Flächengrößen von etwa 3–5 ha in den berühmtesten Südtiroler Lagen des Etschtales, wie in Mais und Terlan und Missian, in der nächsten Umgebung von Bozen und im Südtiroler Unterland bei Kaltern und Tramin. Ein großer Teil dieser Besitzungen stammte noch aus der Zeit der staatlichen Gemeinschaft, als das bayerische Staatsgebiet im Süden bis zur Mark Verona reichte. Die Klöster hatten aber auch im Mittelalter bis ins späte 18. Jahrhundert frei werdende Weingüter aufgekauft. Typisch ist dabei, daß immer versucht wurde, einen Verbund von drei bis vier Besitzungen zu bilden, die in verschiedenen Lagen und auch mit verschiedenen Produktionsrichtungen bewirtschaftet werden konnten. So hatten Andechs, Benediktbeuern, Steingaden oder Tegernsee stets darauf geachtet, immer mindestens drei Weingüter zu haben, wobei sie auf dem einen dann überwiegend Weißwein erzeugten. Die Erträge lagen damals bei etwa 14 hl je ha. Weit im Vordergrund stand der rote Tiroler Faßwein, wie man ihn nannte.

Natürlich sind auch hier wieder die Benediktiner die wichtigsten Weinbauunternehmer gewesen. Mit den großen

Weinherrschaften in der Wachau, die Tegernsee dort besaß, und dem umfangreichen Wiener Besitz des niederbayerischen Klosters Vornbach verfügten die bayerischen Benediktiner in Österreich über 21, die Augustinerchorherren über 13, die Prämonstratenser über 6 und die Zisterzienser über 10 Weingüter. Nur Fürstenfeld bildete eine Ausnahme, seine drei Weingüter lagen in Württemberg, nämlich im Gebiet der Stadt Eßlingen, an die heute noch zwei Gebäude in der Eßlinger Altstadt erinnern. Eines dieser Fürstenfelder Weingüter lag genau dort, wo heute der Stuttgarter Hauptbahnhof steht. Im übrigen zogen es aber Bayerns Prälaten vor, als Untertanen Ihrer Kaiserlichen Majestät ihren Wein zu erzeugen, nicht zuletzt deshalb, weil sie damit auch einen Fuß in der österreichischen Landespolitik und über die Landstände auch in der österreichischen Reichspolitik hatten. Vielfach gingen diese engen Besitzverbindungen aber auch auf die Gründungszeit zurück, die in die Periode der staatlichen Gemeinschaft fiel und ganz von selber zur Folge hatte, daß ein Teil der Schenkungen an die neu gegründeten Ordensniederlassungen auf später österreichischem Boden erfolgte.

Zugegeben – der Aufhebungskommissar von St. Nikola, von Hellersberg hatte so unrecht nicht, wenn er von der „in den Klöstern gemeinen Trunklust" schrieb. Der Alkoholkonsum sowohl bei Wein als auch bei Bier war bei den Konventualen hoch, und hier machten nicht einmal die Nonnen eine Ausnahme. Der Durst der Geisenfelder Benediktinerinnen war sprichwörtlich und konnte nur mit 400 l Bier pro Nonne und Jahr befriedigt werden. Man sieht einmal mehr, daß sich auch so exklusive Gemeinschaften wie die der Mönche nicht von allgemeinen Verhaltensgewohnheiten einer Gesellschaft abkoppeln konnten, und das alte Bayern war nun einmal von einer Nation der Durstigen bewohnt.

Aber gerade wenn man das alles berücksichtigt, bleibt zu betonen, daß die Weingüter der Klöster keineswegs allein für den Eigenbedarf, und damit als Luxusbetriebsteile angeschafft worden waren. Der Hauptverbrauch lag in den Pfarreien und in den Sozialeinrichtungen. Der Wein spielte durch ein rundes Jahrtausend als diätetisches und therapeutisches Mittel in der Medizin und in der Sozialpflege eine große Rolle. Man muß die Weinproduktion der bayerischen Klöster ihrer Zwecksetzung nach wirklich noch in biblischen und antiken Zusammenhängen sehen.

Es gibt manchen Hinweis aus den frühesten Klosterakten, daß auch die Braustätten zumindestens in der Spätantike und in der Karolinger Zeit therapeutische und medizinische Funktionen besaßen. Darauf deutet zum Beispiel die fast ausschließliche Verwendung von Warmbier in der Zeit der Klostergründungsperiode hin, als die Brauereien noch kleine Küchenbetriebe waren und Bier über dem Herdfeuer in kleinen hängenden Kupferkesseln im wahrsten Wortsinn „gesotten" wurde. Warmbier mit hohem Stammwürzegehalt ist als Narkotikum ohne weiteres verwendbar. Die vielen Weinsuppen, die die Klosterspitäler verabreichten, könnten ähnliche Funktionen gehabt haben. Auf jeden Fall sollte man sich davor hüten, in Vorstellungen zu verfallen, wie sie den bayerischen Staat im 18. Jahrhundert geplagt haben, als er eine derart extrem protektionistische Wirtschafts- und Zollpolitik einleitete, daß die geradezu abenteuerlich hohen Weinzölle, die in Mittenwald und auf der bayerischen Seite der Brücken von Schärding und Braunau erhoben wurden, die Gestehungskosten des eigenen Weines praktisch verdoppelten und jedes Klosterweingut, das diese Zölle zu zahlen hatte, zum Zuschußbetrieb machten. Er hielt dies damals alles für „landesverderblichen Luxus" und ein Übel, das durch hohe Zölle außer Landes vertrieben werden sollte.

Drei Südtiroler Klosterweingüter

Es lohnt sich, am Ende dieser Darstellung auch noch drei typische Klosterweingüter auf Südtiroler Boden näher zu be-

trachten. Es sind die Andechser Besitzungen in Moritzing bei
Bozen der Kuglerhof, der Mautschenhof und das Weingut
Neubruch. Andechs hat alle drei im 17. und 18. Jahrhundert
gekauft und war damit, auch das verdient Interesse, abgabepflichtig an Südtiroler Grundherrschaften, kam also in diesem Gebiet in die Rolle des Abhängigen.

Das erste dieser Güter war der Kuglerhof über der Land-
straße von Bozen nach Meran. Er zählte etwa 3 ha und gehörte zur Grundherrschaft des Klosters Unserer Lieben Frau
in Gries, dem Andechs den Zehnd schuldete. Dieser Fall zeigt
deutlich, daß die sogenannte Grunduntertänigkeit bodenge-
bunden und eine bodenrechtliche, aber keine personenrecht-
liche Qualität war. Andechs freilich hatte nach dem Erwerb
1675 diesen Zehnd mit 1050 fl, etwa einem Fünftel der Kauf-
summe für das Gut abgelöst. Dagegen bestanden die übrigen
Geld- und Naturalabgaben an die Grundherrschaft weiter.
Sie umfaßten 3,5 Eimer Wein (196 l), die an das von dem
Grieser Kloster in Bozen unterhaltene Spital gegeben wurden, einen Grundzins von 36 Kreuzern sowie einen Kapaunen und eine Suppenhenne an die Benefiziaten der Stadt-
pfarrkirche von Bozen. Diese Abgabenpflichten zeigen an-
schaulich, daß die sogenannten Feudalabgaben nichts mit der
Standeszugehörigkeit des Besitzers zu tun hatten, sondern
boden- und besitzgebundene Abgaben waren, die meistens
sozialen Zwecken dienten. Andechs war in Bayern selbst
Grund- und Gerichtsherrschaft, dessen ungeachtet in Südtirol aber abgabepflichtig an mehrere Grundherren, wie sich
noch zeigen wird.

Am 22. Februar 1787 wurde zwischen dem Kloster und
dem Bozener Josef Locher ein Anstellungsvertrag über seine
Beschäftigung als Baumann des Kuglerhofes geschlossen. Die
in diesem erhalten gebliebenen Vertrag verzeichneten Rechte
und Pflichten geben nicht nur Auskunft über die soziale Stellung des Bewirtschafters eines Südtiroler Weingutes, sondern
auch über die technische Bewirtschaftung selbst. Der Bau-

mann hatte einen jährlichen Grundlohn in bar von 136 fl, zahlbar in Vierteljahresraten. Hinzu kam ein Zuschlag von 11 fl gegen die Verpflichtung, auf dem Boden des Weingutes kein Getreide, kein Kraut, keine Rüben, keinen Rettich und keinen Kürbis für den eigenen Haushalt anzubauen, um der Weinproduktion keinerlei Bodenflächen zu entziehen. Auf dem Talboden in dem Überschwemmungsgebiet der Etsch besaß der Kuglerhof Mahdrechte zur Gewinnung von Rauhfutter für den Viehbestand des Weingutes. Die Gewinnung und die Heimfuhr des Heues wurden dem Baumann gesondert vergütet. Futterüberschüsse hatte er aber kostenlos dem zweiten Andechser Weinbetrieb auf dem Neubruch bei Bozen zu überlassen. Bei trockener Witterung mußte er außerdem auf einer neu zugekauften Mooswiese an der unteren Etsch das dort wachsende Futter ernten. Das Ausfahren und Einbringen des Düngers in die Weinberge wurde mit 18 Kreuzern je Fuder ebenfalls gesondert bezahlt. Hinzu kamen freie Wohnung und der Ertrag des Viehbestandes sowie 544 Maß Rotwein jährlich als Haustrunk. Dies entsprach 7,69 hl Wein mit einem Geldwert von 205 fl pro Jahr. Berücksichtigt man nun noch den Milchertrag von mindestens drei Kühen, über den der Baumann verfügen konnte und der bei den damaligen niedrigen Milchleistungen und dem hohen Bedarf für die Ernährung der Kälber mit etwa 350–400 l je Kuh und Jahr zu 4 Kreuzern je l anzusetzen ist, dann macht das auch noch einmal 70 fl im Jahr aus. Die Kälber mußten dagegen aufgezogen und zur Erhaltung des Bestandes verwendet werden, der Erlös für abgängiges Vieh war an den Klosteramtmann in Bozen abzuführen. Die Wohnung bestand großzügig aus Kuchl, Stube, Zechstube, 3 Kammern, Keller, Dachboden, Torggel, Heudillen und Stallung. Über die Höhe des Mietwerts sagen die Akten nichts, man kann ihn aber an Hand der Berechnungen über die Lebenshaltungskosten um 1800 auf etwa 60 fl pro Jahr schätzen. Aus diesen Bestandteilen läßt sich dann der Geldwert der Gesamtbezüge eines Klosterbaumanns auf einem Südtiroler Weingut dieser Größe um 1800 ziemlich genau feststellen. Das Bild sieht so aus:

1) Jahresgrundlohn	136 fl 30 Kr
2) Lohn- und Leistungszuschläge	68 fl
3) Wert der Weinentnahmen	205 fl
4) Milchertrag	70 fl
5) Wohnungsnutzung	60 fl
	539 fl 30 Kr

Diese Lohnrechnung läßt einen Vergleich mit Dienstnehmern der Klöster in ähnlichen Stellungen in Bayern und auch Rückschlüsse auf die soziale Stellung in dieser Lohngruppe zu. Der Baumann eines Klostermayrhofes von 100–150 ha in Bayern verdiente damals in Geld und Naturalien etwa 290 fl, wobei nur 20 % Geldlohn, 80 % Naturalien waren. Der Südtiroler Baumann hatte also einen um etwa doppelt hohen Gesamtlohn. Auch bei einem Vergleich mit den Klosterhandwerkern und sogar mit den Spitzenverdienern unter den Klosterdienstnehmern, den Braumeistern, schneidet der Südtiroler erheblich besser ab. Ein Klosterbraumeister verdiente um 1800 etwa 360 fl pro Jahr und erreichte damit die Bezüge, die man auch den aus den Klöstern vertriebenen Mönchen mit etwa einem Gulden pro Kalendertag als Pensionen zubilligte. Ein Baumann auf einem Weingut in Südtirol verdiente um ein Drittel mehr. Er stand damit im Einkommen den gehobenen Beamten in der staatlichen Gebietsverwaltung nahe, die es um 1800 auf etwa 600–700 fl pro Jahr brachten.

Die Anforderungen waren allerdings entsprechend hoch. Sie sind in den Dienstverträgen genau festgehalten. Den obersten Rang hatte dabei die Verpflichtung zur Rindviehhaltung. Wörtlich heißt es unter § 15 des Andechser Anstellungsvertrages von 1787 für den Baumann des Kuglerhofes: „Sind ihm für dermal 3 Kühe zu 15 fl im Werte, sowie auch 2 Ochsen zu 94 fl im Werte ausgehändigt worden. Weil er jetzt aber mehrere Fütterung als vorhin hat, so hat er Bedacht zu nehmen, mehrere und wenigst 5 Kühe zu halten, um mehreren Dung zu machen und damit die Reben ja oft und sorgfältig zu düngen. Dieses Vieh mag er nach Gefallen benützen. Wenn er aber nach jedem Theil zustehender halbjähriger Kündigung aus dem Dienste tritt oder entlassen wird, so muß er vorgedachtes Vieh nebst dem hernach benannten Gerät, wie es ihm überantwortet wurde, in der nämlichen Qualität wieder abtreten. Besonders aber muß er 2 Ochsen und auch das sonstige Hornvieh zu dem Ende beständig halten und darf nicht den Bestand schmälern, damit die Güter nötig beschlagen, gedüngt und bearbeitet werden."

In Andechs wußte man, warum man das so ausführlich fixierte. Dieser Viehbestand bedeutete eine Stalldungmenge von etwa 700 dz pro Jahr, damit konnte der Düngerbedarf von 1 ha Rebfläche pro Jahr gedeckt werden. Daraus ergab sich dann die Möglichkeit, die Weingärten im dreijährigen Turnus mit Stalldung zu versorgen. Die erstaunlich hohen Durchschnittserträge von 14–18 hl Weinmost je ha ohne Spritzungen und ohne Mineraldüngung, die das Kloster um 1800 erzielte, erklären sich aus diesem Vorrang der Viehhaltung.

Auch die Pflege der Rebanlagen ist genau geregelt. Im Vertrag heißt es unter § 11 wörtlich: „Der Baumann ist verbunden, die Güter jährlich viermal, das junge Gut aber wie gewöhnlich fünfmal gehörig zu bearbeiten, als da ist Hacken, Jäten, Lockern und Aufbinden. In dieser Hinsicht darf sich solcher bei Verlust seines Dienstes nicht unterfangen, für sich selbst ein eigenes Gut zu kaufen oder in Bestand zu nehmen noch sonst die Bearbeitung des Klostergutes zu vernachlässigen. Es liegt ihm ob, die Reben fleißig zu schneiden, aufzubinden und zu frümmen. Beim Lesen und Abziehen und auch sonst hat er die Tagelöhner zu beaufsichtigen und ohne besonderen Lohn mitzuhelfen. Bei Verlust seines Dienstes hat er sich zu enthalten, von der Fütterung, dem Obste oder anderen Früchten das Mindeste zu verkaufen oder sich zuzueignen, sondern derlei Früchte, besonders die Zwetschgen und Pfirsiche aufzudörren und nur im Falle, wenn solche das Kloster selbst nicht nehmen will, mit des Verwalters Vorwissen zu verkaufen und das Geld getreu selbem einhändigen.

Ferner hat er sich gänzlich zu enthalten, Bäume an Orten, wo sie den Reben schaden, zu ziehen. Nuß- und Kirschbäume sind gar nicht zu ziehen. Hingegen sind an freien Orten außer den Pergeln statt den alten wiederum neue und gute Äpfel- und Pfirsichbäume zu pflanzen."

Mit wie wenig Kapital damals ein Weinbaubetrieb in Südtirol ausgekommen ist, das zeigen die Inventarverzeichnisse. Auf dem Kuglerhof standen 2 Ochsen zu je 94 fl, 3 Kühe zu 15 fl, 1 Heuwagen zu 36 fl, 1 Ochsenjoch zu 40 Kr, 1 Paar Bindketten zu einem Gulden, 1 Gestell für die Lesefässer zu 10 fl und 1 Dungwagen zu 20 fl.

Neben dem Kuglerhof besaß Andechs noch das Weingut Neubruch in der nächsten Nachbarschaft zwischen Moritzing und Bozen, das es mit einer Größe von 2,48 ha 1678 um 4160 fl gekauft hat. Die Arbeits- und Lohnbedingungen für den Baumann glichen denen auf dem Kuglerhof, wobei als Besonderheit die Verpflichtung zur Bewässerung der Steillagen hinzukam. Das Gut war im vollen Umfang aus dem Weinertrag an das Kloster Gries zehndpflichtig. Der größte Weinbaubetrieb von Andechs in Südtirol bildete mit 4,49 ha der Mautschenhof in Moritzing, den das Kloster 1766 für 6300 fl gekauft hatte. Er besaß ein Ausschankrecht, so daß der Baumann gleichzeitig als Wirt tätig war und sich den Ertrag des Ausschanks mit dem Kloster teilen konnte. Ein Inventar gibt über die verhältnismäßig anspruchsvolle Ausstattung der Zechstube mit Nußbaummöbeln und Zinngeschirr Auskunft. Auch hier kehrt wieder die stark hervorgehobene Verpflichtung zur Viehhaltung zurück. Das Kloster hatte, um die Futterbasis für einen Viehbestand von 2 schweren Ochsen und 5 grauen Kühen zu sichern, 1784 unter erheblichem Kapitalaufwand, nämlich einer Gesamtsumme von 2655 fl, Überschwemmungswiesen an der unteren Etsch gekauft und sich an einer von der Regierung in Wien gebildeten Genossenschaft zur Finanzierung und Durchführung der Etschregulierung und der Entwässerung des Talbodens beteiligt – eine finanzielle Transaktion, die von den Klosterkommissaren in Andechs in ihren Schriftsätzen gegenüber ihrer vorgesetzten Behörde in München heftig kritisiert wurde, weil sie nach den Büchern zu einer Vermehrung der Defizite aus den Südtiroler Weingütern erheblich beigetragen habe. Der Klosteraufhebungskommissar von Göhl, der die Säkularisation von Andechs abwickeln mußte, bemerkt dazu in einem Schriftsatz nach München: „Die Mönche sind eben in das Etschland und seinen Wein nahezu verliebt gewesen und haben kein Defizit gescheut, um sich dort ihren eigenen Wein zu erbauen. Es muß auffallen, daß es ihnen eben nicht allein um den weißen Meßwein, sondern mehr noch um den roten zum eigenen Trunke zu tun war."

Wenn es um die Geldrechnungen nicht nur der Andechser Weingüter in Südtirol, sondern auch des Weingutsbesitzes der übrigen Klöster im Etschland ging, dann muß man den „Schreckensmännern", wie die Aufhebungskommissare von den vertriebenen Mönchen genannt wurden, zustimmen: Die Weingüter haben bei allen 21 Klöstern ohne Ausnahme erhebliche Defizite gebracht. Die Abwicklung der Geldwirtschaft oblag Amtmännern oder Verwaltern, die in Bozen oder Meran ansässig waren und den Verkauf der Produktion sowie den Zukauf etwaiger Bedarfsgüter selbständig erledigten. Einmal im Jahr wurde dann mit dem Kloster abgerechnet. Für die drei Andechser Güter wird der Durchschnittsertrag mit etwa 200 hl pro Jahr angegeben. Dies entspricht einem langjährigen Durchschnittsertrag von etwa 20 hl je ha, der aus den Ertragsermittlungen von ungefähr 125 Jahren gebildet ist und gegen Ende des 18. Jahrhunderts anstieg. Für den hl wurden etwa 27 fl angesetzt. Eine längere Tabelle, auf der die Einnahmen und Ausgaben auf den drei Weingütern festgehalten sind, ergibt im 30jährigen Durchschnitt Einnahmen von 1985 fl und 3 Kr und Ausgaben von 3452 fl und 27 Kr. Diese erheblichen Defizite, die auch in den Geldrechnungen der übrigen Klosterweingüter wiederkehren, sind vor allem auf die sehr hohen Transportkosten von Südtirol nach Bayern und die hohen Weinzölle zurückzuführen. Die Transportkosten ergaben sich daraus, daß der größte Teil der Weinernten in die Keller der Klöster nördlich der Alpen gebracht wurde, wobei hauptsächlich die teuerste Transportart, nämlich die Beförderung auf Tragtieren in Schläuchen gewählt wurde, weil die Verluste bei Fuhren mit Fässern über die Pässe zu hoch und der Aufwand für Vorspann nicht zu erbringen war. Ein zweiter Grund lag in den hohen bayerischen Weinzöllen. In den Klosterakten finden sich immer wieder Quittungen des bayerischen Zollamtes Mittenwald, aus denen hervorgeht, daß je Eimer Wein (56 l) nicht weniger als 41 Kr (1 fl = 60 Kr) Zoll erhoben wurden. Hinzu kamen dann noch erhebliche Verbrauchssteuern, die durch Schätzer der einzelnen bayerischen Rentämter in den Kellern der Klöster selbst ermittelt wurden. In der Geldrechnung der Wirtschaftsbetriebe hat man diese Ausgaben den Kosten für die Südtiroler Weingüter zugerechnet, und damit sind derartige Defizite entstanden, die in aller Regel bei 50 % der Einnahmen lagen. Man hat aber den Eindruck, daß aus steuerlichen Gründen den Klöstern diese Verlustquellen gar nicht so unangenehm waren. Beachtlich ist aber in jedem Fall der hohe Stand der Produktionstechnik und der Erträge, die um 1800 im Südtiroler Weinbau erreicht wurden.

Die Gesamtbilanz des Klostersturms

Eine Gesamtbilanz der bayerischen Säkularisation konnte von der Geschichtsforschung bisher nicht erstellt werden. Sie wird auch nie ganz gelingen, weil zum ersten aus den schon erläuterten Gründen der Aufhebungsvorgang das gesamte Wirtschaftsgut praktisch bis auf einen Restwert entwertet hat. Die gefundenen Sachwerte stellen eigentlich nur den Restpreis dar, den der Markt der damaligen Zeit trotz aller Überlastung und allen Überangebotes gerade noch zu zahlen bereit war. Unmöglich ist es auch, die gewaltigen Markt- und Preisschäden bei den Agrar- und Handwerksgütern und die Kaufkraftschäden durch die Vernichtung der Arbeitsplätze zu beziffern, die dann wieder auf den Handel, das Gewerbe und die Produktion zurückgewirkt haben.

Zum zweiten ließen und lassen sich auch nie die Kultur- und Geschichtsgüter der Klöster bewerten. Wer will sagen, was die einzigartige Benediktbeurer Handschrift der ,,Carmina Burana" 1803 wert gewesen ist und was sie heute wert sein könnte? Jeder hier verwendete Maßstab wäre falsch. Oder wer will eine Taxe für versunkenen Glockenklang finden? Auch das ist nämlich eine Säkularisationsfolge gewesen: Ab Juni 1803 verstummten die Türme der Klosterkirchen – die Glocken waren abgehängt und eingeschmolzen worden, der Sonntag auf dem bayerischen Land war anders, als er tausend Jahre lang gewesen war. Wie will man die Trauer einer alten Bäuerin bewerten, die auf einmal diese Laute nicht mehr gehört hat, die sie ihr Leben lang begleitet haben und die für ihr Zeitmaß Laute der Ewigkeit bedeuteten? Für diesen gesamten großen Bereich gibt es eben keine brauchbare Bewertung und bis heute nicht einmal eine umfassende Inventarisierung und Beschreibung, so daß immer noch Unsicherheit darüber besteht, welche Größe denn nun eigentlich zum Beispiel die Klosterbibliotheken wirklich besaßen.

Die Ordensniederlassungen Bayerns stellten ja eben nicht nur Zentren wirtschaftlichen Besitzes und sozialer Leistungen dar, vor allem bildeten sie Stätten religiöser Verkündigung und wissenschaftlicher und kultureller Arbeit, so wie es die Regeln der einzelnen Orden bestimmten. Ihre Aufhebung war deshalb weit mehr als nur eine wirtschafts- und sozialpolitische Aktion, sie war vor allem negative Kulturpolitik, nämlich eine Politik kultureller Verödung. 1803 wurden nicht nur Boden und Gebäude, Vieh und Vorräte, nicht nur betriebsfertig eingerichtete Brau- und Handwerksstätten weggeräumt, durcheinandergewirbelt wurde vor allem eine in dieser Form im übrigen Deutschland, nimmt man die österreichischen Länder westlich von Wien einmal aus, sonst unbekannte Form der ländlichen Hochkultur. Michael Doeberl, einer der Altmeister der bayerischen Geschichtsschreibung und nach Siegmund Riezler der zweite Inhaber des Lehrstuhls für bayerische Geschichte an der Münchner Universität, hat gewußt, was er meinte, als er schrieb: ,,Den tausendjährigen klösterlichen Kulturstätten und damit der Vervielfältigung von Mittelpunkten, aus denen sich wirtschaftliche und geistige Bildung über je einen Bezirk ergossen, ist es zu danken, wenn Bayern ein Land alter Kultur ist.''

Es macht nun naturgemäß die schon erwähnten unüberwindlichen Schwierigkeiten, die verlagerten und zerstörten Kulturgüter, namentlich die Bibliotheken, die Galerien und den Wert der gestalteten Formen, die das eingeschmolzene Klostersilber darstellte, nach dem Muster der Wirtschaftsgüter zu schätzen und in Geld auszudrücken. Man muß darüber hinaus auch noch sorgfältig zwischen Verlagerung und Zerstörung unterscheiden. Die Übernahme der Klosterbibliotheken, deren genauer Umfang bis heute nicht feststeht, war keine Zerstörung – die darüber verbreiteten Legenden, die Kommissare hätten sich die schlechten Wege vor ihren Kutschen mit Büchern pflastern lassen, sind Unsinn –, sondern in erster Linie eine Verlagerung, die eine Konzentration an städtischen Standorten erzielen wollte, womit allerdings in der Tat der Bevölkerung die Benutzung entzogen war. Selbst der Leiter der Sonderkommission für die Aufhebung der Bibliotheken, Freiherr von Aretin, hat eingeräumt, daß die Offenhaltung von Bibliotheken auf dem Land das einzig Gute gewesen sei, was die Klöster an sich gehabt hätten. Deshalb wollte er diese Leistung durch die Einrichtung von 70 öffentlichen Landbibliotheken ersetzen, drang aber mit diesem Plan nicht durch. Wieviel Bücher nun tatsächlich ausgehoben wurden, läßt sich nicht genau feststellen, aber man kann davon ausgehen, daß die ständischen Klöster – die Bettelklöster und ihre Bibliotheken brachten dem Staat nur 7843 Bücher – über einen Gesamtbibliotheksbestand von etwa einer halben Million Bänden verfügt haben müssen. Dabei entfielen auf Polling 88000 Bände, auf Tegernsee 66000, auf Benediktbeuern 45000 und auf Steingaden etwa 38000 Bände. Man sieht die enge Verbindung zwischen anspruchsvoller Bautätigkeit und intensiver Büchersammlung. Den größten Teil davon zog die kurfürstliche Hofbibliothek an sich, ein anderer Teil wurde den später eingerichteten Staatsbibliotheken der Bezirksstädte wie Landshut, Neuburg oder Passau und nach der Übernahme auch der Großstädte wie Regensburg, Nürnberg oder Würzburg übergeben. Die dort eingerichteten Staatsbibliotheken bildeten den Kern ihrer Bestände aus den Klosterbüchereien. Die Handschriftenabteilungen der Bayerischen Staatsbibliothek, der größten des deutschen Sprachraumes, stammen ebenfalls zum wesentlichen Teil aus den Handschriftensammlungen der säkularisierten Klöster. Allein Tegernsee lieferte 2000 Handschriften aus der Karolingerzeit und 4000 wertvollste Frühdrucke.

Man wird bei der Beurteilung der Wirkungen dieser Maßnahmen streng zu differenzieren haben. Bei den wissenschaftlichen Werken und vor allem bei den Frühdrucken und den Handschriften aus der ,,Morgendämmerung des bayerisches Staates'', um noch einmal mit Karl-Alexander von Müller zu reden, ist die Säkularisation und die Übernahme in staatliche Hand im Grunde positiv zu beurteilen. Seither ist dieses Material in einer sehr qualifizierten systematischen Aufbereitung der Öffentlichkeit und hier wieder vor allem der wissenschaftlichen Öffentlichkeit voll zugänglich. Man sollte sich daran erinnern, daß selbst die hochkarätigen Wissenschaftler aus dem Benediktbeurer Konvent der Benediktinerzeit, zu einem großen Teil Hochschullehrer an der Benediktineruniversität Salzburg, selber nicht gewußt haben, daß sie die Handschrift der „Carmina Burana" besessen haben. Niemand wußte und weiß es bis heute, wie sie dorthin gekommen ist. Ohne die Säkularisation wäre diese Handschrift wohl noch lange Zeit unbeachtet und der Forschung unzugänglich geblieben. Dieses Beispiel steht für viele. Wer die enormen organisatorischen und kostenwirtschaftlichen Probleme kennt, die mit der Systematisierung und Bereithaltung von Archiv- und Bibliotheksgut verbunden sind, der wird den Klosterkonventen aus diesen Verhältnissen auch keinen Vorwurf machen. Wenn große Bibliotheken und Archive nebenberuflich von 1–2 Konventsmitgliedern betreut werden müssen, dann sind Bereithaltungsleistungen für die wissenschaftliche Benutzung, wie sie ein Archiv- und Bibliothekssystem wie das des bayerischen Staates erbringt, nicht zu organisieren und auch nicht zu finanzieren.

Aus der Sicht der Wissenschaft hat also dieser Teil der Säkularisation zweifellos wertvollstes Überlieferungsgut erst der Bearbeitung zugänglich gemacht. Selbst die Konzentration an einem Platz, also in München, bedeutet für die Wissenschaft bis zu dem heutigen Tag einen großen Vorteil, denn es ist für Forscher jeder Richtung nun einmal einfacher und billiger, ihre Grundlagenarbeit an einem Platz mit einer Übersicht über alle Bestände leisten zu können, als von Ort zu Ort zu reisen, wie sie es hätten tun müssen, wenn das Überlieferungs- und Bibliotheksgut der Klöster noch so dezentralisiert geblieben wäre, wie es vor 1803 war.

Gerade umgekehrt verhält es sich beim allgemeinen Bibliotheksgut der Klöster, das der Benutzung „durch das Volk", wie es früher hieß, und durch die Konvente selbst, die Lehrer, Ärzte oder Beamten am Ort zugänglich war. Hier hat die Konzentration einer geradezu idealen Verteilung von Informations- und Bildungsgut auf einige wenige städtische Punkte verödend gewirkt. Man kann davon sprechen, daß ein guter Teil der „katholischen Inferiorität" des 19. Jahrhunderts, die weithin identisch war mit einer bayerischen Inferiorität, hier eine ihrer Wurzeln hat. Die eigentliche kulturelle Katastrophe der Bibliothekenaufhebung, die auch die Wissenschaft bis auf den heutigen Tag zu spüren bekommt, hat sich aber auf dem Gebiet der Systematik, also der Bibliotheksordnung, abgespielt.

Zerstörte Bibliotheksordnungen

Alle Klöster mit größeren Bücherbeständen hatten eine hervorragend organisierte Ordnung mit Katalogen entwickelt, die den sofortigen Zugang zu jedem Sachgebiet und jedem Titel sicherten, der sogar vielfach einfacher zu finden war als bei den heutigen Bibliotheksystematiken. So unbekümmert zum Beispiel die Pollinger Augustiner und die Steingadener Prämonstratenser dem Durcheinander in ihren Wirtschaftsbüchern gegenüberstanden, so genau nahmen sie es mit der Ordnung in ihren Bibliotheken.

Allein durch die Technik der Aufhebung und der Übernahme mußte diese Ordnung zwangsläufig zerstört und zerrissen werden. Dies kam einmal daher, daß die Sonderkommission unter Aretin eine Auswahl aus den Büchern traf, also nicht alle übernahm. Ein Teil, allerdings ein viel geringerer als immer angenommen, nämlich 1 800 Zentner Bücher wurden als Altpapier verkauft. Die übernommenen Bestände wurden dann noch einmal getrennt in solche, die an die kurfürstliche Hofbibliothek nach München, und solche, die an die Provinz- und Schulbibliotheken übergeben werden sollten. Schon das mußte in der Bibliothekssystematik wie ein Kochquirl wirken. Das eigentliche Chaos entstand aber erst bei der Verpackung und beim Abtransport. Es standen viel zu wenig Kisten für die Unterbringung des Materials zur Verfügung, es fehlte an Arbeitskräften und Fuhrkapazitäten, und die bedauernswerten Kommissare kämpften einen ständigen Kampf mit den Anforderungen der Betriebsleitungen der Mayrhöfe nach Arbeits- und Fuhrkräften für die Frühjahrsbestellung 1803 und den Befehlen ihrer Vorgesetzten, den Abtransport der Bücher und Archive zu beschleunigen. Eiligst wurden Kisten und Kästen zusammengenagelt – in Benediktbeuern etwa mußte das Sägewerk tagelang dafür Bretter schneiden –, und dann mußte jeder, der Hände und Füße hatte, beim Einpacken der Bücher zugreifen. Ohne altbayerischen Ochsenknechten oder Tagelöhnern zu nahe treten zu wollen – für die Behandlung von Archivgut und die Ausräumung von Bibliotheken waren sie nicht vorgebildet. Die im Dreck liegenden Bücher, über die die Wagenräder fuhren, sind meistens in eben diesen Dreck geraten, wenn bei der Abfuhr Kisten zerbrachen oder ganze Fuhrwerke zu Bruch gingen.

Diese Zerstörung jeder Bücherordnung stellte also die eigentliche Bildungskatastrophe im Gefolge der Säkularisation dar. Der Generaldirektor der Bayerischen Staatsbibliotheken, Dr. Dreßler, hat am 23. Juli 1977 in seinem Festvortrag beim „Pollinger Bücherfest", als 1 500 Bände aus der Pollinger Bibliothek als Leihgabe des Staates in ihre eigentliche Heimat, den wieder hergestellten Bibliothekssaal, zurückgekehrt sind, berichtet, daß etwa 60 Jahre vergangen sind, bis das 1803 angerichtete Chaos bibliothekarisch notdürftig bewältigt werden konnte. Auf manchen Gebieten sei es aber bis heute noch nicht voll bereinigt. Ein solcher Zustand bedeutet, daß zwei bis drei Generationen von einem großen Teil der schriftlichen und literarischen Überlieferung ihrer Heimat und ihres Staates ausgeschlossen waren. Noch einmal sei betont, daß es die bayerische Landbevölkerung war, die von dieser Abschließung betroffen wurde.

Konzentrationen von Kunst- und Kulturgut, aber auch Zerstörungen und unbeabsichtigter Untergang vieler Einzelstücke sind bei den Klostergalerien und Sammlungen in größerem Umfang als bei den Bibliotheken das Kennzeichen der Säkularisationsfolgen. Die meisten Klöster verfügten über eigene Gemälde und Kupferstichsammlungen – hier ist ganz besonders das Benediktinerkloster Prüfening bei Regensburg zu nennen –, in denen neben manchem „frommen Kitsch" viel Malerei von Weltgeltung, nicht nur aus Italien, sondern auch aus den Niederlanden, vertreten war. Hinzu kamen einmalige Sammlungen von gotischen Gemälden wie in Polling oder frühmittelalterlichen Glasmalereien wie bei den Karthäusern von Prüll bei Regensburg. Auch diese Kunstsammlungen, sofern sie nicht in den Kirchen sowieso zugänglich waren, gehörten zum Erlebnisbestand der Bewohner der Klostergebiete. Wer ins Kloster kam, und sei es zur Entrichtung seiner Gilten, der ging auch an diesen Galerien vorbei, bis sie 1803 abgehängt, konzentriert und teilweise auch, oft unbeabsichtigt, verschleudert wurden, weil das Aufhebungspersonal nicht in der Lage war, ihre Herkunft und ihren Wert zu erkennen. Genau weiß man nicht, was dabei untergegangen ist, weil es vielfach an brauchbaren, d.h. identifizierbaren Beschreibungen fehlt. Als Hauptfolge der Konzentration trat auch hier wieder die Verödung ein. Alles, was man als wertvoll erkannte, brachte man nach München oder wenigstens in die nächste Stadt. Das galt selbst für sogenannte Steinzierarte, also steinerne Verzierungen an Außenteilen der Gebäude, an Brunnen und in Parkanlagen, ja sogar für Grabsteine und natürlich nicht zuletzt für die Skulpturen aus der Römerzeit, die viele Klöster aus Funden aufbewahrten. Besonders die Klöster im Raum Burghausen und Mühldorf, also Raitenhaslach, Au und Gars, sowie Attel bei Wasserburg besaßen römische

Grabungsfunde. Alles verschwand nach München, und mancher Adelige oder reich gewordene Kriegsgewinnler, die es in der napoleonischen Zeit mehr als genug gab, kaufte vom bayerischen Staat ein solches Stück, dessen Platz in den ländlichen Klöstern leerblieb.

Ein ganz besonderes Kapitel, das noch eingehender Bearbeitung bedürfte, ist die Verödung der musikalischen Kultur auf dem Lande. Was heute mit den Konzerten in Benediktbeuern, in der Wies und in Rottenbuch sowie in den Klosterkirchen zwischen Salzach und Inn wieder eingeführt wurde, war bis 1803 selbstverständlich: eine hochentwickelte musikalische Kultur auf dem bayerischen Land. Nahezu alle Klöster verfügten über „Musikalienkabinette", worunter man reichsortierte Instrumentensammlungen verstand, und vielfältige Musikaliensammlungen, aus deren Inventaren hervorgeht, daß zum Beispiel Weyarn, Seeon, Rott oder Steingaden, also nicht gerade Klöster von internationaler Größe und Geltung, immer zu den ersten gehört haben, in denen neu erschienene Werke von Haydn oder Mozart angeschafft und aufgeführt wurden. Die damals sämtlich kleinen Konvente enthielten nie genug musikalische Talente, um aus ihnen genügend große Klangkörper zu bilden. Deshalb war es selbstverständlich, daß nicht nur die Schüler der Klosterseminare, sondern auch musikbeflissene Bewohner der Klostergebiete zur Musikpflege mit herangezogen wurden. Tegernsee und Wessobrunn unterhielten daneben Bühnen und Schultheater, die außerhalb der Erntezeiten immer bespielt wurden. Was hier zerstört wurde, als die „Schreckensmänner", wie der Historiker Scheglmann die Aufhebungskommissare genannt hat, erschienen, das kann sich am besten der vorstellen, der heute an einem Nachmittag im Juni oder Juli ein Konzert in einem der Klöster besucht, wenn der Duft eines hohen Sommers durch die Rokokogewölbe der Kirchen von Baumburg, Rottenbuch oder der Wies zieht.

Vorhin war von dem Klang versunkener Glocken die Rede.

Sie sind, 326 an der Zahl und 1966 Zentner schwer, im wahrsten Sinne des Wortes versunken, nämlich in der Glut der Schmelzöfen, an die sie der bayerische Staat verkauft hatte. Wie er sich dabei wieder einmal selber nach Herzenslust geschädigt hat, das zeigen am besten zwei Zahlen, die sich hier ermitteln ließen. Der Wert dieser 326 Glocken, die 1803 für immer verstummt sind, lag nach Wiederbeschaffungswerten bei 260000 Gulden, erlöst hat der Staat dafür 98446 Gulden. Das Gesetz von Angebot und Nachfrage erwies auch hier seine Kraft.

Untergegangenes Kirchensilber

Oft und vor allem oft in kurzen Abständen seiner Geschichte hatte es der bayerische Staat immer wieder auf das Kirchensilber abgesehen. Wenn seine Geldverlegenheiten besonders groß geworden und die Zahlungsunfähigkeit besonders nahegerückt war, dann zog er wieder einmal das Kirchensilber ein, vielfach nur, um es zu verpfänden, genau so häufig aber, um es in Münze umzuwandeln. 1803 war es wieder einmal so weit. Von allen bayerischen Kirchen wurde Silber, im wesentlichen Meß- und Altarsilber, im Edelmetallwert von 887089 Gulden eingezogen. Hinzu kam das Klostersilber im Wert von 129064 Gulden. Was hier an Zeugnissen der sakralen Kunst, aber auch an Überlieferung handwerklicher Kunst- und Gestaltungsfähigkeit vernichtet worden ist, läßt sich naturgemäß weder beschreiben noch bewerten, weil wir Heutigen diese Gegenstände ja nicht kennen. In den Inventaren heißt es bestenfalls: ein Weihrauchfaß aus Silber oder 4 silberne Altarleuchter – mehr nicht. Welche gestaltete Form hier unterging, läßt sich kaum noch rekonstruieren. Diese Silberbestände wanderten nämlich überwiegend in die bayerische Münze und wurden zu Zahlungsmitteln umgeschmolzen und geprägt. Man kann nach den damaligen Münzverhältnissen davon ausgehen, daß der Staat aus Edelmetallmengen, die er selbst nach dem Silberwert mit etwa einer Million Gulden bewertet hat, Zahlungsmittel im Nennwert von etwa 2 Millionen Gulden unter Berücksichtigung des staatlichen Münzgewinnes herstellen lassen konnte. Gerade damit hat der bayerische Staat natürlich der Bevölkerung mit dem Silber, das er aus ihren Kirchen und damit aus ihren Blicken entfernt hatte, noch einmal zusätzlichen lang anhaltenden Schaden zugefügt, nämlich durch den großen ab 1804 einsetzenden Inflationsschub.

Um das zu verstehen, muß man wissen, daß die Währungspolitik der Vergangenheit eine rein „metallistische" war, um den wissenschaftlichen Fachausdruck zu gebrauchen. Darunter ist zu verstehen, daß die Möglichkeiten der Geldschöpfung von der Menge an Edelmetall abhingen, die der Verfügung der einzelnen staatlichen Münzhoheit zugänglich war. Wer über genügend Edelmetall verfügte, konnte nach Meinung der damaligen Staatsführungen auch entsprechende Geldmengen in Umlauf setzen. So fand ein ewiger Konkurrenzkampf um die Edelmetallverwendung statt, und die merkantilistischen Staaten des 18. Jahrhunderts versuchten alle, die Silber- und Goldverwendung als Schmuck und Dekoration einzuschränken und zu unterbinden, weil sie ihr deflationierende Wirkungen auf die Geldmenge zuschrieben. Die Ware-Geldbeziehung war nicht bekannt, keine Staatsführung machte sich bei ihren währungspolitischen Entscheidungen Gedanken darüber, ob die in Umlauf gesetzte Geldmenge und die damit geschöpfte Kaufkraft auch durch ein proportional gegenüberstehendes Warenangebot gedeckt war. Der Besitz von Silber als Rohstoff für die Geldschöpfung bedeutete bereits Deckung genug und gewissermaßen auch damit die Rechtfertigung für Kaufkraftschöpfung. Der „Alte Fritz" in Berlin wußte es sogar noch besser. Auf Anraten seines Bankiers Ephraim ließ er die ebenso berüchtigten wie gefürchteten „Ephraimiten" in die Welt setzen, Talerstücke, deren Silbergehalt er absichtlich unter das vorgeschriebene Münzgewicht verringert hatte, um so mehr Ephraimiten erzeugen zu können. Die Fürsten hatten mit diesen im Grunde kriminellen Praktiken freilich die Rechnung ohne den Wirt, also ohne das Volk gemacht. Es besaß nämlich mehr wirtschaftlichen Sachverstand als seine Fürsten und ließ sich diese Gaunereien nicht gefallen. Die Gegenwehr bestand darin, daß sich jeder Anbieter den erstrebten Preis kurzerhand in Gramm Silber ausrechnete und beim Verkauf dann eben soviele Talerstücke oder Gulden verlangte, daß er auch bei verschlechtertem Münzgewicht zu der gewünschten Menge Silber kam. Auf diese Weise traten starke Preisauftriebe ein.

Der bayerische Geldschöpfungsvorgang aus dem Kirchen und Klostersilber war nun noch etwas komplizierter. Der Staat ließ zwar vollwertige Guldenstücke herstellen, aber die verfügbare Warenmenge reichte für die schlagartig in Umlauf gesetzte zusätzliche Kaufkraft durch Geldmenge nicht aus, so daß die Inflation, in Bayern ohnehin schon kräftig im Gange, enorm angeheizt wurde und in den Jahren ab 1804 zu einer starken Verarmung des größten Teils der Bevölkerung führte. Wo man also hinschaut, die wirtschaftlichen, kulturellen und sozialen Folgen der Säkularisation kann man nur negativ beurteilen.

Nur eine Einschränkung ist hier zu machen. Sie betrifft die fast 100 000 ha Forsten, die den Klöstern gehört haben und vom bayerischen Staat übernommen wurden. Die Übernahme erfolgte allerdings nicht geschlossen, etwa 20 % dieser Forstflächen wurden hauptsächlich in den Gebirgsrevieren, zur Ablösung von Forstrechten an die Bauern und Anlieger, abgetreten. Sieht man von der einen großen Ausnahme Benediktbeuern ab, dann haben die bayerischen Prälatenklöster ihre Forsten so unzureichend und teilweise so nachlässig bewirtschaftet und so wenig Fähigkeiten entwickelt, aus der mittelalterlichen Form der primitiven Aneignungswirtschaft herauszufinden, daß auf diesem Gebiet die sehr unfreundliche Beurteilung der Wirtschaftsführung der Orden durch den Staat berechtigt war, die zu echten volkswirtschaftlichen Mindererträgen geführt hatte. Die Übernahme der Klosterforsten durch den Staat, wobei besonders die riesigen Waldbesitzungen von Niederaltaich und Tegernsee zu nennen sind, bedeuteten sowohl forstwirtschaftlich als auch im allgemeinen volkswirtschaftlichen Sinne einen Fortschritt und einen Gewinn für ganz Bayern.

Versucht man nun einen Schlußstrich zu ziehen, dann kommt man zu dem Ergebnis, daß ohne die Bibliotheken, ohne die Kunstgegenstände, das Kirchensilber und die Einrichtungen der Klosterhaushalte, die im wirtschaftlichen Sinn entweder als Privatbesitz zu gelten haben, oder für die keine Werte gefunden werden können, allein die Sachwerte, die der Staat in der Säkularisation der Klöster übernommen hat, eine Schätzungssumme von 21 922 165 Gulden 36 $^3/_4$ Kreuzer ergeben. Der Besitz an Rechten auf Abgaben der Untertanen, die der Staat noch bis 1848 in der herkömmlichen Form beanspruchen konnte, erreicht nach den damals üblichen Bewertungsverfahren einen kapitalisierten Wert von 13 406 604 Gulden 23 $^1/_4$ Kreuzer. Für Pensionen und Sozialleistungen wurden vom Staat 12 675 420 Gulden aus diesen Erträgen wieder ausgegeben.

Die Prälatenklöster haben alle mit niedrigen kapitalwirtschaftlichen Erträgen gearbeitet. Ihr Anlagekapital verzinste sich im allgemeinen nur mit weniger als 1 Prozent. Dies war vor allem dem hohen Sozialaufwand bei der Beschäftigung, Entlohnung und Versorgung auf sozialem, kulturellem und infrastrukturellem Gebiet zuzuschreiben. Für hauptberuflich und ständig Beschäftigte aller wichtigen ländlichen Berufe wurden etwa 4 500 voll entlohnte Arbeitsplätze bereitgestellt. Hinzu kamen Beschäftigungen in Teilzeit- und Auftragsverfahren für handwerkliche und kleinbäuerliche Mischexistenzen in den Gerichtsherrschaftsbezirken, die zusammen mit den Lohnbeschäftigten der Eigenunternehmen eine Gesamtzahl von 9750 Arbeitskräften ergeben, die in einem direkten Austauschverhältnis von Arbeit und Lohnleistungen zu den Klöstern standen. Bei den damals festgestellten Familienstrukturen von etwa 4,2 Personen pro Familie ist davon auszugehen, daß etwa 45000 nicht ordensangehörige Personen mit ihrer Existenz unmittelbar von den Ordensbesitzungen abhingen. Hinzu kamen dann die etwa 1800 Ordensangehörigen selbst, bei denen die Grenze etwas unbestimmt ist, je nachdem, ob man die in den Prälatenklöstern untergebrachten Bettelmönche und die Novizen voll den Konventen zurechnet oder nicht.

An die Voll- und Teilzeitbeschäftigten wurden jährlich Lohnwerte nach Geldwert über etwa 410000 Gulden ausgezahlt, was Durchschnittsbezügen von knapp 100 Gulden in Naturalien und Geld pro Person entsprach, ergänzt durch die Gestellung von Wohnung oder durch die Nutzung des eigenen Kleinanwesens. Diese Sozialgruppe erreichte damit den Lebensstandard der Landhandwerker, der Kleingewerbetreibenden und der Schicht unterhalb der Vollbauern im damaligen Bayern. Im Durchschnitt haben die Klöster 30 % ihrer Einnahmen für Personalkosten wieder ausgegeben. Insgesamt stellt man bei einer Zusammenrechnung aller Ausgabetypen einen Personal- und Fürsorge- und Versorgungsaufwand von über 50 % aller Einnahmen fest, wenn man die Leistungen für die Schulen, die Krankenanstalten, die Alten- und Behindertenfürsorge und die Armenunterstützung berücksichtigt.

Eine ihrer wesentlichsten wirtschaftlichen Funktionen hatten die Prälatenklöster und die Kollegiatstifte in der ländlichen Kreditwirtschaft. Sie dienten zugleich als die wichtigsten Sammelstellen für die Einlagen der Kleinsparer. In der ländlichen Wirtschaft Bayerns vor 1803 arbeiteten etwa 1,9 Millionen fl mittel- und langfristige Kredite der Klöster. Der Personalkredit überwog, bevorzugtes Kreditziel war im Handwerk die Begründung von teilselbständigen Existenzen und von Haus- und Wohneigentum, in der Landwirtschaft die Finanzierung von Erbauseinandersetzungen, Betriebserweiterungen, Investitionen. Auf zinsverbilligte oder zinslose Kredite in Geld und auf Nothilfe in Naturalform oder durch Stundung von Forderungen bestand für die Untertanen ein gewohnheitsrechtlich definierter Rechtsanspruch.

Folgen für die ländliche Wirtschaft

Die Kirchen- und Klosterkassen bildeten für die ländliche Wirtschaft die wichtigsten Kreditquellen. Nach heutiger Kaufkraft erreichten diese Kredite einen Wert von etwa 30–40 Millionen DM. Diese Quelle wurde 1803 schlagartig und ersatzlos beseitigt. Interessant ist nun, daß die Sparfähigkeit der ländlichen Bevölkerung den Kreditbedarf deutlich überstieg, und zwar allein gegenüber den Klöstern um 30%. Sie hatten Spar- und Mündelgelder über 2 $\frac{1}{2}$ Millionen hereingenommen, die hauptsächlich von Lohnarbeitern, Häuslern, Kleinbauern und Handwerkern stammten. Von etwa 1720–1765 fanden diese Gelder über die kirchlichen Bauvorhaben den Weg in die Baumärkte und damit in die Finanzierung der spätbarocken Baukultur Bayerns. Nach Abschluß dieser Investitionsprogramme wurden die Klöster verstärkt zu Kapitaltransferstellen, die über derartige Kapitalhereinnahmen den Kauf von Landschaftsanleihen und damit den Staatshaushalt finanzierten. Die Erhaltung der Kreditfähigkeit Bayerns als Grundlage der Erhaltung des bayerischen Staates ist somit zu einem wesentlichen Teil eine Leistung des Prälatenbesitzes gewesen. Zugleich wurde auf diesem Weg dem Sparkapital des ländlichen Kleinsparers der Markt für öffentliche Anleihen zugänglich. Die Spartätigkeit der unterbäuerlichen Sozialschicht konnte über dieses Sammelsystem für die Haushaltsfinanzierung des Staates aktiviert werden. Die schlagartige Beseitigung dieser Strukturen führte zur Kreditnot sowohl der ländlichen Wirtschaft als auch des Staates selbst und auf dem Lande zur Ausbreitung des Wuchers.

Die 57 Ordensniederlassungen der landständischen Prälatenklöster haben 182 landwirtschaftliche und 403 handwerkliche oder gewerbliche Betriebsstätten unterhalten. Hinzu kamen 51 Weinbaubetriebe. Der Verbund dieser sehr beschäftigungsintensiven Betriebseinheiten mit den forstlichen Betriebsteilen und dem Kapital- und Rechtsbesitz führte zu einem ausgewogenen innerbetrieblichen Ausgleich von Risiko, Kosten und Erträgen. Er bestimmte den gesamten Unternehmensertrag. Dem Kapital, das der große Forstbesitz darstellte, kam die Aufgabe der Kapitaldeckung, dem gewerblichen und landwirtschaftlichen die der Sicherung von Beschäftigung und Ertrag zu. Ertragsbildend waren die Brauereien, die Gastwirtschaften und die Mühlen, der Getreidebau und die Nutzung der Rechte auf Abgaben, ertragszehrend der Gebäudebesitz, die Handwerke zur Lebensmittelverarbeitung und zur Herstellung von Versorgungsgütern, die Sozialeinrichtungen und die Weinbaubetriebe. Dieser Verbundcharakter und dieser innere Ausgleich bestimmten die Stabilität dieser Besitze und schufen damit auch ihre Fähigkeit, Arbeit und Lohn zu sichern. Die Zerreißung dieses Verbundes hat dann nicht nur Arbeitsplätze, sondern auch volkswirtschaftliche Erträge abgebaut. Die privatwirtschaftlich unbefriedigende Ertragslage der Klöster resultierte teilweise aus ihren sozialen Verpflichtungen, zum anderen Teil ihrer intensiven Betätigung in der Versorgung ihrer Einflußgebiete mit Einrichtungen der Seelsorge, des Schulwesens, der Erwachsenenbildung und der Sozialfürsorge.

Insgesamt unterhielten die landständischen Klöster 46 Grund- und weiterführende Schulen, 55 Bibliotheken, 21 Kranken- und Pflegeanstalten, 42 Apotheken, 2 Laienbühnen und 3 Berufsfachschulen; hinzu kamen 3 Sternwarten und 11 technisch-physikalische Versuchs- und Lehrwerkstätten. Wegen der Mängel in der Buchführung konnte die Zahl der Stipendien, die an Jugendliche und Studenten aus den Klosterherrschaftsbezirken gewährt worden waren, um ihnen Sonderausbildungen oder den Besuch der Universitäten Ingolstadt oder Landshut zu ermöglichen, nicht genau ermittelt werden. Man kann aber davon ausgehen, daß es bei durchschnittlichen Einwohnerzahlen in den Klosterherrschaftsgebieten von etwa 370 Personen in jedem einzelnen Fall ständig 5–6 solcher Förderungsmaßnahmen gegeben hat, so daß auch etwa 250 junge Leute bei einer höherwertigen auswärtigen Ausbildung Rückhalt an den Klöstern hatten. Hinzu kamen die Aufwendungen für den Unterhalt der Benediktineruniversität Salzburg, die besonders auf mathematischem Gebiet im 18. Jahrhundert als hochqualifizierte Ausbildungsstätte anzusehen ist.

Was den Ordensbesitzungen im merkantilistischen 18. Jahrhundert zum Vorwurf gemacht wurde, nämlich ihre kapitalwirtschaftliche Kredittätigkeit, ihr Streben nach Stärkung der Kapitaldeckung und die niedrigen privatwirtschaftlichen Gewinne waren im Letzten eine Folge der Erfüllung von Aufgaben, die heute als Pflichtaufgaben der Gebietskörperschaften gelten.

Die kulturelle und infrastrukturelle Verödung des Landes, die erst in der Gegenwart ihren Ausgleich gefunden hat, ist in der Säkularisation nach dem besonderen Verfahren Bayerns verwurzelt. Die Volkskultur, die Bildungs- und Gestaltungsfähigkeit breitester Volksschichten, wie sie besonders in der bäuerlichen und handwerklichen Bau-, Wohn und Trachtenkultur zum Ausdruck kommt, haben ihre Grundlage in den damals beseitigten breitgestreuten Bildungs- und Formungseinrichtungen, die netzartig gleichmäßig über das ganze Land verteilt waren.

Schließlich kann man auch sagen, daß von einem unvertretbaren Bauaufwand der Klöster in der Barockperiode nicht die Rede sein kann. Das gesamte in sakralen und in klösterlichen Zweckbauten investierte Kapital einschließlich der berühmtesten ländlichen Barock- und Rokoko-Kirchen Bayerns hatte 1803 einen Zeitwert von etwa 2,5 Millionen Gulden. Damit hatten die Klöster nur 13 % ihres Anlagekapitals in Gebäuden investiert, was für so personalintensive Dienstleistungskomplexe sogar ein sehr niedriger Wert ist, der heute weit überschritten wird.

Am Säkularisationstage ließ sich nur ein Fall mit einem wirtschaftlich verzerrten Anteil des Gebäudekapitals am Gesamtkapital nachweisen, jener der Wieskirche mit einem Anteil von 47 % am Gesamtkapital der Prämonstratenserabtei Steingaden. Die Frage nach der Rechtfertigung dieses Aufwandes beantwortet sich durch das Bauwerk selbst. Wirtschaftshistorisch stellt sich der Bauaufwand der bayerischen Klöster als ein sinnvoller Vorgang der Umleitung von Sparkapital aus der ländlichen Wirtschaft in den Baumarkt dar. Hier wurde bewußt Konjunkturstützung als Grundlage der Vollbeschäftigung des 18. Jahrhunderts getrieben. Die völlig überbesetzten Handwerke konnten so beschäftigt werden, es fand eine Umverteilung von Gewinnen und Kapital zugunsten sonst unterbeschäftigter und arbeitsloser Gruppen statt.
Dieses Konjunkturverhalten des Prälatenstandes wurde ergänzt und gestützt durch die Ausgabenpolitik des bayerischen Staates, der ständig etwa 5 Staatshaushalte in Form von Defiziten und Schulden als Mittel der Konjunktur- und Beschäftigungsfinanzierung in die Wirtschaft Bayerns leitete. Nicht umsonst haben auswärtige Besucher des Landes, namentlich wenn sie aus der Schweiz kamen und es sich um sparsame Eidgenossen handelte, entrüstet darauf hingewiesen, daß ganz München nur vom Hof lebe. In Wirklichkeit war dies die weltliche Seite der Beschäftigungsfinanzierung, die draußen auf dem Land von der Kirche getragen wurde.
Möglich war aber auch dem kurfürstlichen Staat dies wieder nur mit Hilfe der Stände, und hier wieder besonders des reichsten, des Prälatenstandes. Als Landstand, und damit als

Mitträger der Herrschaft hatte dieser Prälatenstand seinen Besitz an Anlagegütern über die Landschaft und ihren Kreditapparat als Sicherheit für die Staatsschulden verpfändet. Der Wert dieses Besitzes mit 35 Millionen Gulden einschließlich aller Rechte reichte durch etwa 150 Jahre aus, um den durchschnittlichen staatlichen Schuldenstand von 15 Millionen Gulden in dieser Zeit zu decken und damit die Kreditfähigkeit Bayerns und so den Staat selber zu erhalten.

So ist in jeder Hinsicht, ganz besonders aber volks- und staatswirtschaftlich die Säkularisation als Fehlschlag anzusehen. Sie hat Kulturgüter zerstört und soziale Strukturen beseitigt, sie hat auch ertragsfähige Unternehmenszusammenhänge abgebaut und vor allem ein bis dahin praktiziertes Prinzip der Kapital- und Ertragsdeckung sozialer Sicherungsstrukturen durch das Prinzip der staatlichen Haushaltsdeckung ersetzt. Der bereits vor 1800 bekannte Weg, den Prälatenbesitz für den Staat über landschaftlich garantierte Zwangsanleihen zu aktivieren, aber das Klostergut selbst von den Märkten fernzuhalten, hätte haushaltswirtschaftlich zu einem weit höheren Ertrag für den Staat geführt. Dem steht der unbestreitbare Vorteil der Rechtsvereinheitlichung und der Bildung eines geschlossenen Staats- und Verwaltungsgebietes gegenüber, der mit der Säkularisation eingeleitet wurde. Auch die Vorbereitung der Grundentlastung und der Bildung eines vollen unbeschränkten bäuerlichen Eigentums durch die bayerische Art der Klosteraufhebung ist als positive historische Bewegung zu werten.

Um so nachhaltiger wirkte sich jedoch auf negative Weise die Verelendung der Gruppen der Lohnarbeiter, der Handwerker und der unterbäuerlichen Teilzeitlandwirte der damaligen Zeit aus, die ihre Arbeitsplätze verloren hatten. Auch eine starke Parzellierung des Grundbesitzes und die Zurückdrängung der landwirtschaftlichen Großbetriebe aus dem bis dahin bestehenden ausgewogenen Gemisch von großen

Mayrhöfen und allen Typen bäuerlicher und kleinstbäuerlicher Anwesen sind als Nachteil anzusehen.

„Bayerns goldenes Zeitalter" – so hat Herbert Schindler die Barockperiode des 18. Jahrhundert genannt. Natürlich hat es damals Not, Krieg, Ungerechtigkeit und Leid im Überfluß gegeben wie in allen Perioden der Geschichte. Und doch: es muß wohl so etwas gegeben haben wie eine „gute alte Zeit", sonst wäre all das, was wir heute als Zeugen von Bayerns goldenem Zeitalter bewundern, wohl nicht da. Die Dorfhandwerker, wie Dominikus Zimmermann und andere, hätten sich ihren versteinerten Jubel in Weiß, Rot und Gold nicht ausdenken können, wenn sie nicht von einer allgemeinen Stimmung getragen worden wären, die ihnen diese Eingebungen vermittelt hat.

Nehmen wir also einmal an, das späte 17. und 18. Jahrhundert seien wirklich Bayerns goldenes Zeitalter und ein Stück der guten alten Zeit gewesen – hier sollte versucht werden, darzustellen, wie diese gute alte Zeit organisiert und wie sie in ihrem wirtschaftlichen und sozialen Teil auch finanziert worden ist. Nicht zuletzt sollte aber dahinter die Gestalt des „geheimnisvollen Menschenkenners", wie ihn Reinhard Raffalt genannt hat, des Benedikt von Nursia, erkennbar gemacht werden, dessen Gedanken diese Art der Formung des Sozialprozesses in einem tausendjährigen Weg durch die Geschichte möglich gemacht haben.

Von der Säkularisation selbst aber läßt sich sagen, was nur fünfzig Jahre nach dieser Maßnahme von dem bayerischen Historiker Georg von Lerchenfeld 1854 niedergeschrieben worden ist: „In einem geordneten Verfassungsstaate, in welchem die öffentliche Meinung die geeigneten Organe besitzt, um sich geltend zu machen, in welchem Regierung und Volk gelernt haben, eigene und fremde Rechte gegenseitig zu achten, wäre eine Maßregel dieser Art wenigstens in einem solchen Umfange und mit solcher Ausführung wohl niemals möglich gewesen."

Literaturverzeichnis

W. Abel, Agrarkrisen und Agrarkonjunktur. Eine Geschichte der Land- und Ernährungswirtschaft Mitteleuropas seit dem hohen Mittelalter. 2. Aufl. Hamburg und Berlin 1966.

H. Aubin und W. Zorn (Hrsg.), Handbuch der Deutschen Wirtschafts- und Sozialgeschichte. I + II. Stuttgart 1971/76.

K. O. von Aretin, Bayerns Weg zum souveränen Staat. Landstände und konstitutionelle Monarchie 1714–1818. München 1976.

H. U. von Balthasar, Die großen Ordensregeln. Einsiedeln-Zürich. 1961.

W. Brandes – E. Woermann, Landwirtschaftliche Betriebslehre. I. Göttingen 1969.

M. Buchberger (Hrsg.), Lexikon für Theologie und Kirche. 1. Aufl. 10 Bd. Freiburg 1930–38 (1957–68).

K. Bosl, Die Geschichte der Repräsentation in Bayern. Landständische Bewegung, landständische Verfassung, Landesausschuß und altständische Gesellschaft. München 1974.

M. Doeberl, Der Ursprung der Amortisationsgesetzgebung in Bayern. In: Forschungen zur Geschichte Bayerns. Berlin 1902.

R. van Dülmen, Propst F. Töpsl (1711–96) und das Augustinerchorherrenstift Polling. In: ZBLG II 1967.

E. Dittrich, Die deutschen und österreichischen Kameralisten. Erträge der Forschung. Bd. 23. Darmstadt 1974.

J. von Eichendorff, Über die Folgen von der Aufhebung der Landeshoheit der Bischöfe und der Klöster in Deutschland. In: Sämtliche Werke des Freiherrn Joseph von Eichendorff. Hrsg. von W. Kosch und A. Sauer. 10 Bd. Regensburg o. J.

Exordium Cistercii.

Faustzahlen für die Landwirtschaft. Bochum 1974.

W. Fink, Beiträge zur Geschichte der bayerischen Benediktinerkongregation. Metten 1934.

P. Fried, Herrschaftsgeschichte der altbayerischen Landgerichte Dachau und Kranzberg im Hochmittelalter sowie in der frühen Neuzeit. München 1962.

K. S. Frank, Grundzüge der Geschichte des christlichen Mönchtums. Grundzüge Bd. 25. Darmstadt 1975.

G. Franz (Hrsg.), Deutsches Bauerntum im Mittelalter. Wege der Forschung. Bd. CCCCXVI. Darmstadt 1976.

S. von Frauendorfer und H. Haushofer, Ideengeschichte der Agrarwirtschaft und Agrarpolitik im deutschen Sprachgebiet. I + II. 2. Aufl. München-Basel-Wien 1963.

G. Franz (Hrsg.), Deutsche Agrargeschichte. Bd. I–V. Stuttgart 1963–1968.

G. Franz und H. Haushofer (Hrsg.), Große Landwirte. Frankfurt 1970.

F. Gogarten, Verhängnis und Hoffnung der Neuzeit. Die Säkularisation als biologisches Problem. Stuttgart 1953.

H. Horstkötter OPräm, Der heilige Norbert und die Prämonstratenser. Die kirchliche Erneuerung im 12. Jahrhundert und in der heutigen Zeit. Hamborn 1975.

M. Heimbucher, Orden und Kongregation in der katholischen Kirche. Paderborn-Ahlen. 1933/35.

W. von Hofmann, Das Säkularisationsprojekt von 1743. In: Festschrift für S. Riezler. Gotha 1913.

J. von Hazzi, Statistische Aufschlüsse über das Herzogtum Bayern. 4 Bd. Nürnberg 1801–1808.

G. Heer, Aus der Vergangenheit von Kloster und Tal Engelberg 1120–1970. Engelberg 1975.

H. Jacobs, Die Hirsauer. Köln 1961.

D. Knowles, Geschichte des christlichen Mönchtums. München 1969.

L. König, Die Säkularisation und das Reichskonkordat.

Innsbruck 1904.

E. Krausen, Beiträge zur sozialen Herkunft der altbayerischen Prälatenklöster des 17. und 18. Jahrhunderts. In: ZBLG 33, 1970.

Derselbe, Die Herkunft der bayerischen Prälaten des 17. und 18. Jahrhunderts. In: ZBLG 27, 1964.

Derselbe, Beiträge zur sozialen Schichtung altbayerischer Prälatenklöster des 17. und 18. Jahrhunderts. Die Zusammensetzung der Konvente von Metten. Raitenhaslach, Reichersberg und Windberg. München 1961.

J. Kulischer, Allgemeine Wirtschaftsgeschichte des Mittelalters und der Neuzeit. I + II. 5. Aufl. Darmstadt 1976.

F. Lütge, Die bayerische Grundherrschaft. Stuttgart 1949.

Derselbe, Geschichte der deutschen Agrarverfassung. Stuttgart 1963.

L. Lekai und A. Schneider, Geschichte und Wirken der weißen Mönche. Köln 1958.

Dieselben, Die Zisterzienser. Geschichte und Geist. Köln 1974.

F. W. von Loewenstein, Festvortrag zum 950-jährigen Bestehen der Stiftskirche Oberkaufungen. Maschinenschrift (unveröffentlicht) 1975.

G. von Lerchenfeld, Geschichte Bayerns unter König Max Josef I. mit besonderer Beziehung auf die Entstehung der Verfassungsurkunde. München 1854.

R. Marcic, Geschichte der Rechtsphilosophie. Freiburg 1971.

P. C. Mayer-Tasch (Hrsg.), Die Verfassungen Europas. Stuttgart 1966.

J. Mauvillon (Hrsg.), Von der preußischen Monarchie unter Friedrich dem Großen. Deutsche Übersetzung. Bd. I–IV. Braunschweig und Leipzig 1793–1794.

F. Prinz, Frühes Mönchtum in Frankenreich. München-Wien 1965.

F. Prinz (Hrsg.), Mönchtum und Gesellschaft im Frühmittelalter. Wege der Forschung. Bd. CCCXII. Darmstadt 1976.

J. Semmler, Karl der Große und das fränkische Mönchtum. Düsseldorf 1967.

M. Spindler (Hrsg.), Handbuch der Bayerischen Geschichte. I–IV. München 1975–77.

A. Schlögl (Hrsg.), Bayerische Agrargeschichte. München 1954.

A. M. Scheglmann, Die Säkularisation im rechtsrheinischen Bayern. 3 Bd. Regensburg 1903–1906.

H. Schmelzle, Der Staatshaushalt des Herzogtums Bayern im 18. Jahrhundert. Stuttgart 1900.

E. Schremmer, Die Wirtschaft Bayerns. Vom hohen Mittelalter bis zum Beginn der Industriealisierung. München 1970.

A. Schlittmeier, Die wirtschaftlichen Auswirkungen der Säkularisation in Niederbayern, untersucht am Beispiel der Abtei Niederaltaich und seiner Propsteien Rinchnach und St. Oswald. Landshut 1961.

A. Schneider, Der Gewinn des bayerischen Staates von säkularisierten landständischen Klöstern in Altbayern. In: MBM Heft 23. München 1970.

H. J. Schoeps, Neue Quellen zur Geschichte Preußens im 18. Jahrhundert. Berlin 1968.

H. Schindler, Große bayerische Kunstgeschichte. I + II. München 1976.

Derselbe, Bayerns goldenes Zeitalter. Bilder aus dem Barock und Rokoko. München 1968.

L. Schindler (Hrsg.), Die Landwirtschaft. HdB. für den praktischen Landwirt. 2. Aufl. Bd. I + II. München 1953.

B. Steidle, Die Regel St. Benedikts. Beuron 1962.

O. Steinwachs, Der Ausgang der landschaftlichen Verordnung in Bayern. In: OA 55–57 1910–1913.

D. Stutzer, Schulen für das ganze Land. In: Unser Bayern. Nr. 25. München 1977.

Derselbe, Die Wirtschaftsaufzeichnungen eines landwirtschaftlichen Betriebes im Österreich des 18. Jahrhunderts. In: Die Bodenkultur. Journal für landwirtschaftliche Forschung. 28. Bd. Heft 1. Wien 1977.

Derselbe, Die Schlesische Landschaft zur Zeit ihrer Gründung 1770–1775. In: Berichte über Landwirtschaft. Bd. 54. Heft 4. Hamburg und Berlin 1976.

Derselbe, Die Güter der Herren von Eichendorff in Oberschlesien und Mähren. Würzburg 1974.

H. Tremel, Die säkularisierten Klosterwaldungen in Altbayern. Dießen 1924.

E. Weis, Montgelas 1759–1799. Zwischen Revolution und Reform. München 1971.

M. Weber, Soziologie. Weltgeschichtliche Analysen. Hrsgg. von J. Winckelmann. 3. Aufl. Stuttgart 1964.

H. Winkel, Die deutsche Nationalökonomie im 19. Jahrhundert. Erträge der Forschung. Bd. 74. Darmstadt 1974.

J. Zech von Lobming auf Neuhofen, Anzeige der in dem Churfürstenthume Baiern, Herzogthume Obernpfalz, Landgrafschaft Leuchtenberg, dann anderen churfürstlichen Reichsgraf- und Herrschaften befindlichen Klöster, Graf- und Herrschaften, Hofmarkten, Edelmannsitzen und Landsaßen-Güthern, dann deren Inhabern, wie auch Städten und Märkten. II. Aufl. München 1778.

© 1978 ISBN 3–475–52237–3

Das Buch erscheint in der Reihe „Rosenheimer Raritäten" im
Rosenheimer Verlagshaus Alfred Förg GmbH & Co. KG,
Rosenheim. Es wurde gedruckt bei der Aumüller Druck KG,
Regensburg, und gebunden in der Verlagsbuchbinderei Hans
Klotz, Augsburg. Den Schutzumschlag gestaltete Ulrich
Eichberger, München, nach einem Auszug aus einer „maleri-
schen" Gebietskarte für das bairische Militär von 1624, die
das Kloster Schlehdorf mit dem Kochelsee und dem Herzog-
stand zeigt. Die Vorlagen für die Abbildungen innerhalb des
Textes und für den Schutzumschlag stellte freundlicherweise
das Bayer. Hauptstaatsarchiv, Bestandteil Klosterliteralien,
in München zur Verfügung, die Vorlagen für den Kunst-
druckteil die Bayer. Staatsgemäldesammlungen, München
(Tafel 2, 5 – 8), das Bayer. Landesamt f. Denkmalspflege,
München (Tafel 3), das Stadtarchiv Passau (Tafel 1) und das
Kloster der Salesianer Don Boscos, Benediktbeuern (Tafel 4).